Service-orientierte Geschäftsmodelle

Lizenz zum Wissen.

Sichern Sie sich umfassendes Wirtschaftswissen mit Sofortzugriff auf tausende Fachbücher und Fachzeitschriften aus den Bereichen: Management, Finance & Controlling, Business IT, Marketing, Public Relations, Vertrieb und Banking.

Exklusiv für Leser von Springer-Fachbüchern: Testen Sie Springer für Professionals 30 Tage unverbindlich. Nutzen Sie dazu im Bestellverlauf Ihren persönlichen Aktionscode C0005407 auf *www.springerprofessional.de/buchkunden/*

Jetzt 30 Tage testen!

Springer für Professionals.
Digitale Fachbibliothek. Themen-Scout. Knowledge-Manager.

- Zugriff auf tausende von Fachbüchern und Fachzeitschriften
- Selektion, Komprimierung und Verknüpfung relevanter Themen durch Fachredaktionen
- Tools zur persönlichen Wissensorganisation und Vernetzung

www.entschieden-intelligenter.de

Springer für Professionals   ◯ Springer

Tilo Böhmann · Markus Warg · Peter Weiß
(Hrsg.)

Service-orientierte Geschäftsmodelle

Erfolgreich umsetzen

Springer Gabler

Herausgeber
Prof. Dr. Tilo Böhmann
Universität Hamburg
Hamburg
Deutschland

Prof. Dr. Peter Weiß
Markdorf, Deutschland

Prof. Dr. Markus Warg
SIGNAL IDUNA Gruppe
Hamburg, Deutschland

ISBN 978-3-642-41624-8   ISBN 978-3-642-41625-5 (eBook)
DOI 10.1007/978-3-642-41625-5

Die Deutsche Nationalbibliothek verzeichnet diese Publikation in der Deutschen Nationalbibliografie; detaillierte bibliografische Daten sind im Internet über http://dnb.d-nb.de abrufbar.

Springer Gabler
© Springer-Verlag Berlin Heidelberg 2013
Das Werk einschließlich aller seiner Teile ist urheberrechtlich geschützt. Jede Verwertung, die nicht ausdrücklich vom Urheberrechtsgesetz zugelassen ist, bedarf der vorherigen Zustimmung des Verlags. Das gilt insbesondere für Vervielfältigungen, Bearbeitungen, Übersetzungen, Mikroverfilmungen und die Einspeicherung und Verarbeitung in elektronischen Systemen.

Die Wiedergabe von Gebrauchsnamen, Handelsnamen, Warenbezeichnungen usw. in diesem Werk berechtigt auch ohne besondere Kennzeichnung nicht zu der Annahme, dass solche Namen im Sinne der Warenzeichen- und Markenschutz-Gesetzgebung als frei zu betrachten wären und daher von jedermann benutzt werden dürften.

Lektorat: Michael Bursik, Assistenz: Janina Sobolewski

Gedruckt auf säurefreiem und chlorfrei gebleichtem Papier

Springer Gabler ist eine Marke von Springer DE. Springer DE ist Teil der Fachverlagsgruppe Springer Science+Business Media
www.springer-gabler.de

Service-orientierte Geschäftsmodelle implementieren – Eine Gebrauchsanweisung für das Buch

Was haben Apple, Nespresso und Fielmann gemeinsam? Sie stehen als erfolgreiche Beispiele für viele service-orientierte Geschäftsmodelle. Alle bieten überlegene Produkte und Dienstleistungen, doch service-orientierte Geschäftsmodelle verändern die Geschäftslogik hin zu langfristigen und interaktiven Kundenbeziehungen sowie situationsgerechten Lösungen für Kunden. Wäre Apple Nokia heute so überlegen ohne zig-tausende interaktive Apps, die für die Kunden immer wieder positive Erlebnisse und dauerhaften Nutzen mit den Apple-Produkten sicherstellen? Hätte Nespresso den gleichen Erfolg gehabt ohne die immer wieder neuen Wahlmöglichkeiten und positiven Einkaufserlebnisse für seine Kunden? Wo stände Fielmann heute ohne seine Servicegarantie?

Doch die Umsetzung von service-orientierten Geschäftsmodellen ist mit hohen Hürden verbunden. Von der Analyse bis zur Umsetzung stellt die Implementierung solcher Geschäftsmodelle die Unternehmen vor neue Herausforderungen. Daher will dieses Buch Wissen über service-orientierte Geschäftsmodelle vermitteln, aber auch einfache Methoden und Werkzeuge vorstellen, die den Prozess von der Analyse bis zur Umsetzung service-orientierter Geschäftsmodelle unterstützen. Damit helfen die Inhalte Entscheidern, die Service-Orientierung im Unternehmen zu stärken. Keine leichte Aufgabe, denn es geht um nicht weniger als die notwendigen Veränderungen, die die gesamte Organisation betreffen. Service-Orientierung verlangt neue Denkweisen der Mitarbeiter hin zu mehr Kundenorientierung, Anpassungen von bereits etablierten Unternehmenskulturen sowie von Innovationsprozessen. Der Fokus wechselt im Extrem von reiner Produktzentrierung zu Service als Kernleistung und Ausgangspunkt des Unternehmens. Produkte sind dann nicht mehr der Mittelpunkt, aber fester Bestandteil von Leistungen und Mehrwert für die Kunden. Traditionelle Geschäftsmodelle werden verändert und transformiert.

Das Buch vermittelt notwendige Grundlagen und Konzepte auf dem Gebiet der service-orientierten Geschäftsmodelle. Die praktische Ausrichtung wird in den einzelnen Kapiteln mit theoretischen Hintergründen unterlegt. Auf diese Weise erhalten Praktiker auf der einen Seite wichtige Denkanstöße und Anregungen für notwendige Veränderungs- und Transformationsprozesse, auf der anderen Seite ein an der Praxis ausgerichtetes Nachschlagewerk.

Dem Buch liegt die Prämisse zu Grunde, dass Geschäftsmodelle zukünftig mehr oder weniger stark Veränderungen unterliegen. Diese Veränderungen entstehen aufgrund der rasanten technologischen Entwicklungen insbesondere auf dem Gebiet der Informations- und Kommunikationstechnologien (IKT). Geschäftsmodelle haben infolge dessen einen immer kürzeren Lebenszyklus. Schlagworte wie Apps, soziale Netzwerke, Shareeconomy oder auch Industrie 4.0 stehen sinnbildlich für die hohen Erwartungen, die mit der voranschreitenden Digitalisierung aller Lebensbereiche aufgrund der rasanten technologischen Entwicklungen verbunden sind. Diese Trends und Entwicklungen stehen aber auch für die Notwendigkeit, die aktuellen Strategien und die eigenen Geschäftstätigkeiten kritisch zu prüfen. Unternehmen müssen hierzu neue Ideen entwickeln und verstärkt neue Wege gehen. Dazu kommt die in vielen Wirtschaftsbereichen zu beobachtende Entwicklung hin zu Käufermärkten. Käufermärkte verlangen von Unternehmen mehr Differenzierung der Kernleistung. Viele Beispiele zeigen, dass dies durch Service-Orientierung gelingen kann.

Die Digitalisierung erlaubt es und die Differenzierung erfordert es, den tatsächlich beim Kunden erzeugten Nutzen und das Wertversprechen stärker als bisher in den Mittelpunkt der geschäftlichen Aktivitäten zu rücken. Dies erfordert eine andere, auf Dauer ausgerichtete, intensivere Kundenbeziehung. Dies ist der Kern von service-orientierten Geschäftsmodellen.

Mit neuen, service-orientierten Geschäftsmodellen können Unternehmen auf diese aktuellen Veränderungen reagieren und ihre Position stärken. Eine konsequente und stärkere Ausrichtung der Wertschöpfung an den Kundenbedürfnissen, Herstellung einer virtuellen Kundennähe sowie stärkere Personalisierung des Angebots sind wichtige neue Gestaltungsdimensionen.

Dieses Buch will diese Veränderungen unterstützen. Das Buch gibt Denkanstöße und motiviert neue Denkweisen in Anlehnung an eine service-orientierte Logik, um die Transformation von etablierten Geschäftsmodellen zu gestalten. Die einzelnen Kapitel beginnen mit den Kerngedanken service-orientierter Geschäftsmodelle und schließen mit der Vorstellung von managementorientierten IT-Werkzeugen für die Unterstützung des Umsetzungsprozesses.

Im ersten Kapitel werden Geschäftsmodelle allgemein und speziell service-orientierte Geschäftsmodelle eingeführt und deren zentrale Konzepte erläutert. Dabei werden besonders die Veränderungen der Geschäftslogik beschrieben, die mit diesen Geschäftsmodellen verbunden sind. Das Kapitel stellt einen speziellen Ansatz vor, der die systematische Analyse der Auswirkungen von Service-Orientierung auf die einzelnen Dimensionen von Geschäftsmodellen unterstützt. Geschäftsmodelle sind hilfreich, um die Wertschöpfungslogik von Unternehmen zu beschreiben und wesentliche Veränderungen in dieser Wertschöpfung sichtbar zu machen. Durch Service-Orientierung verändert sich diese Logik hin zu einer konsequent auf den Kunden ausgerichteten, relationalen Form der Wertschöpfung.

Im zweiten Kapitel werden hierzu konkrete Beispiele betrachtet, um die Veränderungstreiber von Geschäftsmodellen aufzuzeigen. Dazu werden verfügbare Entscheidungsalternativen zur Generierung service-orientierter Geschäftsmodelle beschrieben. Dies unterstützt Praktiker bei Konzeption und Entwicklung von Strategien und eigenen Lösungsansätzen.

Ausgehend von der Analyse der Anforderungen gilt es schließlich eine geeignete Dienstleistungsstrategie für das Unternehmen zu entwickeln und zu gestalten. Vor diesem Hintergrund ist der Einfluss von Produkt- und Dienstleistungsmerkmalen auf die Nachfrage- und Umsatzentwicklung zu untersuchen. Die zuvor motivierten Einflüsse führen zu Anpassungen vorhandener Lebensmodelle. Dies wiederum hat zur Folge, dass sich das Nachfrageverhalten durch geänderte Kundenpräferenzen verändert. Dies motiviert eine volkswirtschaftliche Betrachtung des Themenkomplexes, weil hieraus insbesondere hinsichtlich des bestehenden Wirkungszusammenhangs von Gestaltungs- und Einflussfaktoren ein tiefergehendes Verständnis erreicht wird.

Im dritten Kapitel werden deshalb Nutzen für Nachfrager und Anbieter beleuchtet. Durch die aktuellen Entwicklungen werden sich die Präferenzen und Erwartungen der Kunden sowie auch der Anbieter hinsichtlich des zu erzeugenden Nutzens signifikant verändern. Der Kundenprozess muss deshalb im Mittelpunkt strategischer Analysen stehen. Mittels der Service-Wert-Matrix wird eine Methode vorgestellt, die hilft, ein Geschäftsmodell zu analysieren und optimal an den Kundenanforderungen auszurichten. Um das Zusammenspiel von Angebot und Nachfrage, Wohlfahrts- sowie Preis-, Mengen- und Umsatzeffekten zu visualisieren, werden Angebots- und Nachfragekurven verwendet. Auf diese Weise werden die Wirkungsmechanismen einzelner Geschäftsmodelle aufgezeigt.

Welche weiteren Dimensionen es vor dem Hintergrund von service-orientierten Geschäftsmodellen zu berücksichtigen gilt, wird anhand des ISS-ServiceKompass im vierten Kapitel betrachtet. Neben der Herausforderung der Entwicklung von service-orientierten Geschäftsmodellen stellt die konkrete Umsetzung in die Praxis eine große Herausforderung dar. Verfügbare Ansätze und Lösungen gehen nur unzureichend auf die Spezifika von service-orientierten Geschäftsmodellen ein. Deshalb werden in der Praxis eingesetzte Verfahren und Werkzeuge für das Management untersucht und bewertet. Service-orientierte Geschäftsmodelle erfordern ebenfalls eine kritische Überprüfung vorhandener Controlling-Instrumente und des Qualitätsmanagements. Neben der konsequenten Kundenorientierung sind die Ergebnis- und Erlebnisqualität von Lösungsansätzen zu berücksichtigen. Dies stellt etablierte Ansätze und Verfahren vor neue Herausforderungen. Um Abhilfe zu schaffen, müssen bestehende Defizite und Lücken in bestehenden Systemen analysiert und kompensiert werden. Mit dem ISS-ServiceKompass wird ein innovativer Lösungsansatz vorgestellt, der ausgehend von einer ganzheitlichen Kundenausrichtung das Controlling der relevanten Erfolgsfaktoren und Maßnahmen sowie ihrer Zusammenhänge berücksichtigt und die Lücken der traditionellen Instrumente schließt.

Zu guter Letzt geht es im fünften Kapitel um IKT in Gesellschaft und Unternehmen und deren Rolle für die Umsetzung service-orientierter Geschäftsmodelle. Die Unterscheidung von unterschiedlichen Analyseebenen unterstützt eine systematische Vorgehensweise und erlaubt die Bewertung verfügbarer IKT-bezogener Gestaltungselemente. Ausgehend von der Unterscheidung von drei konkreten Analyse- und Gestaltungsebenen wird der Zusammenhang von Geschäftsmodell und IKT-Infrastruktur beschrieben. Geschäftsprozesse bilden ein zentrales Konzept des Kapitels, das die Ebenen Strategie und IKT-Infrastruktur verknüpft.

Last but not least möchten wir als Herausgeber zwei Menschen besonders hervorheben, ohne die es dieses Buch nicht geben würde. So geht unser herzlicher und besonderer Dank an Frau Svenja Saure, die mit großem persönlichem Engagement die Schlussredaktion übernommen hat und Herrn Andreas Zolnowski, der mit viel Einsatz das Buchprojekt in der Entstehung begleitet hat.

Tilo Böhmann
Markus Warg
Peter Weiß

Inhaltsverzeichnis

Grundlagen service-orientierter Geschäftsmodelle 1
Andreas Zolnowski und Tilo Böhmann

Veränderungstreiber service-orientierter Geschäftsmodelle 31
Andreas Zolnowski und Tilo Böhmann

Service-orientierte Geschäftsmodelle und ihr Nutzen für
Nachfrager und Anbieter 53
Markus Warg und Saskia Rennebach

Controlling service-orientierter Geschäftsmodelle 85
Markus Warg, Uwe Hoffmann und Christine Boekhoff

Informationssysteme zur Gestaltung und Umsetzung von
service-orientierten Geschäftsmodellen 113
Peter Weiß

Autorenverzeichnis

Prof. Dr. Tilo Böhmann leitet den Arbeitsbereich IT-Management und -Consulting am Fachbereich Informatik der Universität Hamburg. Seine Forschungsinteressen gelten dem Service Engineering und dem Dienstleistungsmanagement. Er ist Autor zahlreicher Fachpublikationen zu diesen Themen. Tilo Böhmann hat sich an der Technischen Universität München habilitiert, wurde an der Universität Hohenheim (Stuttgart) promoviert und hat einen Masterabschluss der London School of Economics and Political Science.

Dr. Christine Caroline Boekhoff ist seit 2008 für Prof. Dr. Warg als Vorstandsassistentin tätig. Im Rahmen des Entflechtungsprojektes der Deutscher Ring Gesellschaften leitete Frau Dr. Boekhoff das Projektoffice des Deutscher Ring Krankenversicherungsverein a.G. Frau Dr. Boekhoff ist Volljuristin und Wirtschaftsjuristin (Univ. Bayreuth). Sie studierte an den Universitäten Bayreuth und Göttingen sowie an der Deutschen Universität für Verwaltungswissenschaften Speyer. Frau Dr. Boekhoff promovierte an der Universität Göttingen in einem verfassungsrechtlichen Thema.

Uwe Hoffmann ist seit 1978 bei der SIGNAL IDUNA Gruppe tätig. Nach Ausbildung und verschiedenen Funktionen im Vertrieb sowie der Leitung technischer und organisatorischer (integrations-) Projekte leitet Herr Hoffmann seit 2002 das zentrale Qualitätsmanagement.

Die Themenfelder Kundenzufriedenheit, Beschwerdemanagement, Servicecontrolling sowie das Umsetzungscontrolling von service-orientierten Maßnahmen gehören zu den Schwerpunkten der von ihm geleiteten Einheit.

Saskia Rennebach ist seit 2009 bei der SIGNAL IDUNA Gruppe als Projektmanagerin unter Herrn Prof. Dr. Warg tätig. Dort leitete Sie das Projektoffice für das Entflechtungsprojekt der Deutschen Ring Gruppe sowie das Datenlöschungs- und Rückbauprojekt. Frau Rennebach hat BWL und Kommunikationswissenschaften an der Universität Leuphana studiert.

Prof. Dr. Makus Warg ist Vorstandsmitglied der SIGNAL IDUNA Gruppe, Dortmund und Hamburg, und hat an der International Business School of Service Management (ISS) eine Professur für Finance and Risk Management. Er promovierte im Bereich Internationales Finanzmanagement an der Universität Trier, der University of British Columbia und der Universität Autonoma de Barcelona.

Prof. Dr. Peter Weiß ist seit April 2011 Professor für Service Operations Management an der ISS International Business School of Service Management in Hamburg. Seine Forschungsgruppe am ISM Institute of Service Management an der ISS koordiniert das BMBF-Forschungsprojekt PROMIDIS, welches sich mit der Gestaltung, Messung und Verbesserung der Ressourceneffizienz und prozessbezogenen Produktivitätsbetrachtungen von industriellen Dienstleistungen beschäftigt. Seit April 2011 ist er Dekan für die MBA-Programme und seit 2012 zusätzlich für die Masterprogramme verantwortlich. Professor Weiß leitet seit über 10 Jahren Forschungs- und Transferprojekte im nationalen und internationalen Umfeld. Seine Arbeitsschwerpunkte sind Geschäftsprozess- und Datenmanagement, E-Business-Standards (speziell Transaktions- und Klassifikationsstandards), Aus- und Weiterbildung von IT Professionals sowie Standardisierung. Er hat langjährige Erfahrung im Bereich Projektmanagement, E-Business-Standards sowie der Mitarbeit in europäischen und nationalen Standardisierungsgremien.

Dipl.-Wirt.-Inf. Andreas Zolnowski ist wissenschaftlicher Mitarbeiter am ISM Institute of Service Management gGmbH in Hamburg. Er ist Wirtschaftsinformatiker und hat an der Universität Duisburg-Essen, Standort Essen studiert. Seine Forschung beschäftigt sich vorwiegend mit service-orientierten Geschäftsmodellen. Während seiner Arbeit als wissenschaftlicher Mitarbeiter war Andreas Zolnowski Projektleiter und Koordinator unterschiedlicher Forschungsprojekte und Autor unterschiedlicher nationaler und internationaler Fachpublikationen.

Grundlagen service-orientierter Geschäftsmodelle

Andreas Zolnowski und Tilo Böhmann

Zusammenfassung

Dieses Kapitel vermittelt wesentliche Grundlagen für die Analyse und Gestaltung von service-orientierten Geschäftsmodellen. Geschäftsmodelle sind ein Konzept, um die Wertschöpfungslogik von Unternehmen zu beschreiben und wesentliche Veränderungen in der Wertschöpfung sichtbar zu machen. Durch Service-Orientierung verändert sich diese Logik hin zu einer auf den Kunden ausgerichteten, relationalen Form der Wertschöpfung. Verfolgen Unternehmen die Service-Orientierung ernsthaft, hat dies Konsequenzen für alle Dimensionen ihres Geschäftsmodells. Das Kapitel führt systematisch in das Konzept des Geschäftsmodells und der Service-Orientierung ein, um Merkmale der Service-Orientierung und der damit einhergehenden Veränderungen herauszuarbeiten. Auf dieser Grundlage folgt ein Überblick über die wesentlichen Möglichkeiten zur Unterstützung der Analyse und Gestaltung von service-orientierten Geschäftsmodellen. Dabei zeigen sich Lücken in bestehenden Darstellungsformen, so dass ein spezieller Ansatz für service-orientierte Geschäftsmodelle vorgestellt wird. Damit erhalten diejenigen, die Unternehmen auf dem Weg zu erfolgreichen service-orientierten Geschäftsmodellen führen oder begleiten, konkrete Werkzeuge an die Hand, die sie bei der Analyse und Kommunikation von Geschäftsmodellen unterstützen.

T. Böhmann (✉) · A. Zolnowski
Universität Hamburg, Fachbereich Informatik, Vogt-Kölln-Str. 30,
22527 Hamburg, Deutschland
E-Mail: Tilo.Boehmann@uni-hamburg.de

A. Zolnowski
E-Mail: zolnowski@informatik.uni-hamburg.de

Nach der Lektüre dieses Kapitels können Sie...

- Die Bedeutung von Geschäftsmodellen einschätzen und unterschiedliche Geschäftsmodellansätze anwenden.
- Dienstleistungsspezifische Charakteristika benennen und unterschiedliche Geschäftsmodellansätze daran reflektieren.
- Das Service-Geschäftsmodellraster zur Analyse und Kommunikation service-orientierter Geschäftsmodelle erläutern und anwenden

1 Geschäftsmodelle – eine systematische Einführung

Ryanair, IKEA, Apple, Nespresso[1] – diese Namen stehen für eine radikale Infragestellung der Wertschöpfungslogik in ihren Branchen. An jedem dieser Beispiele wird schnell deutlich, dass sie sich nur schwer mit den klassischen Denkmodellen von Produkt- oder Dienstleistungsinnovation verstehen lassen. Durch die Abkehr vom eigentlichen Produkt hin zu integrierten Lösungen aus Produkt und Dienstleistung, sind die Veränderungen dafür zu umfassend und zu tief greifend. Sie betreffen alle Dimensionen der Wertschöpfung, vom Marketing und Vertrieb über die Leistungserstellung bis hin zur Produktentwicklung und zum Preismodell.

Um solche umfassenden Veränderungen der Wertschöpfungslogik zu erfassen, wird das Konzept des Geschäftsmodells verwendet. Es wurde erstmalig im Zusammenhang mit der Internet-Revolution der Jahrtausendwende popularisiert und hat sich als hilfreiche Perspektive zur Analyse von fundamentalen Veränderungen in Wissenschaft und Praxis fest etabliert. Gleichzeitig lässt sich jedoch feststellen, dass die Bedeutung des Begriffs nicht immer eindeutig ist und dadurch Missverständnisse entstehen können. Somit stellt sich die Frage, was tatsächlich ein Geschäftsmodell ist und wie dieses definiert werden kann. Die Unsicherheit im Bezug auf die Nutzung des Begriffs Geschäftsmodell spiegelt sich in der Vielzahl unterschiedlicher Definitionen wieder [19, 33, 34]. Im folgenden Abschnitt wird eine Übersicht über ausgewählte Geschäftsmodelldefinitionen gegeben. Abschließend werden in Abschn. 1.2 die wichtigsten Geschäftsmodellelemente benannt und eingeführt.

1.1 Vergleich unterschiedlicher Geschäftsmodellansätze

Die folgende Tabelle (siehe Tab. 1) stellt das breite Spektrum der unterschiedlichen Geschäftsmodellansätze dar. Damit soll eine Übersicht darüber gegeben werden, welche Dimensionen von den jeweiligen Autoren fokussiert werden. Um ein genaueres Verständnis der dargestellten Ansätze zu erlauben, werden diese anschließend separat aufgegriffen und

---

[1] Alle Marken und Warenzeichen sind Eigentum der jeweiligen Unternehmen.

Grundlagen service-orientierter Geschäftsmodelle

Tab. 1 Dimensionen von Geschäftsmodellen

	Wertversprechen	Kunden	Partner/Wettbewerber	Erlösquellen	Strategie	Aktivitäten	Kostenelemente	Werteflüsse	Ressourcen	Distribution	Organisation
Slywotzky (1995)	–	•	–	–	–	–	–	–	–	–	–
Timmers (1998)	•	•	•	•	–	–	–	–	–	–	–
Ethiraj et al. (2000)	•	–	–	•	•	•	•	•	–	–	–
Gordijn & Akkermanns (2001)	•	•	•	–	–	–	–	•	–	–	–
Weill und Vitale (2001)	•	•	•	–	–	–	–	•	–	–	–
Wirtz (2001)	•	•	•	•	•	•	•	–	–	•	–
Alt & Zimmermann (2001)	•	•	•	•	•	•	–	–	–	–	–
Afuah & Tucci (2001)	•	–	–	–	•	•	–	–	•	–	–
Hedman & Kalling (2003)	•	•	•	•	•	•	–	–	•	–	•
Osterwalder (2004)	•	•	•	•	–	•	•	–	•	•	–
Harreld et al. (2007)	•	•	•	•	•	–	–	–	–	–	–
Al-Debei (2010)	•	–	–	•	•	–	•	–	–	–	–
Zahl der Nennungen	11	9	8	8	7	6	4	3	3	2	1

näher erläutert. Dabei ist zu beachten, dass die Autoren teilweise eine unterschiedliche Terminologie nutzen. Um unter diesen Umständen eine verbesserte Vergleichbarkeit zu erreichen, wurde die Terminologie vereinheitlicht.

Eine der ersten, bedeutenden Definitionen wurde 1998 von Timmers vorgestellt. So definiert Timmers [24] ein Geschäftsmodell als „[…] eine Architektur für ein Produkt, eine Dienstleistung und deren Informationsflüsse sowie einer Beschreibung der unterschiedlichen Geschäftsakteure und ihrer Rollen, einer Beschreibung des potenziellen Nutzens der unterschiedlichen Akteure und einer Darstellung der Erlösquellen" (übersetzt nach [24]). Da nach Timmers die Beschreibung eines Geschäftsmodells allein nicht ausreicht, um seine Bedeutung für die Erfüllung der Unternehmensziele zu visualisieren, ordnet er das Geschäftsmodell einem Marketing-Modell unter. Es besteht aus dem Geschäftsmodell und einer zusätzlichen Marketingstrategie. Nach dieser Definition bestehen Geschäftsmodelle aus unterschiedlichen Teilelementen. Dazu zählen eine Beschreibung des eigentlichen Angebots und des daraus resultierenden Nutzens sowie eine Beschreibung der dazu benötigten Akteure und der zur Realisation benötigten Werteströme.

Slywotzky [23] spricht von Business Design anstatt von Geschäftsmodellen und definiert sie als „Gesamtheit, wie ein Unternehmen seine Kunden auswählt, seine Angebote definiert und differenziert, die eigens ausgeführten oder auch ausgelagerten Aktivitäten beschreibt, Ressourcen zusammenstellt, in den Markt eintritt, Kundennutzen erstellt und Erlöse generiert. Es stellt das gesamte System dar, wie Kundennutzen geliefert und daran Geld verdient wird" (übersetzt nach [23]). Wie bereits Timmers [24] definiert auch Slywotzky ein Geschäftsmodell anhand einer Reihe unterschiedlicher Elemente. Ein wesentliches Element ist dabei das Wertversprechen, das für eine bestimmte Kundengruppe definiert wird. Des Weiteren werden die Ressourcen und Aktivitäten, die zur Erstellung des Nutzens benötigt werden sowie die Mechanismen, wie mit dem Geschäftsmodell Geld erwirtschaftet wird, betrachtet.

Ethiraj et al. [7] beschreiben ein Geschäftsmodell als „[…] eine einzigartige Zusammenstellung von Elementen, die die Organisationsziele, Strategien, Prozesse, Technologien sowie die Struktur umfassen und zur Generierung von Kundennutzen konzipiert sind, um sich damit erfolgreich im Wettbewerb eines Marktes zu behaupten" (übersetzt nach [7]). Sie argumentieren, dass sich Geschäftsmodelle an fünf Dimensionen festmachen lassen: „a) dem Kernwertversprechen, b) den Erlösquellen, c) den Mechanismen wie Erlöse generiert werden, d) den Kosten, die bei der Generierung der Erlöse anfallen und e) dem Plan und der Wachstumskurve" (übersetzt nach [7]). Die ersten beiden Dimensionen des Geschäftsmodells beschreiben dabei das Wertversprechen und die Wertaneignung und somit die Mechanismen, wie ein Wert für den Kunden bereitgestellt und im Nachhinein durch eine angemessene Preisgebung zur Rechnung gestellt wird. Es folgen die Verfahrensweisen, wie die Leistung erbracht wird und welche Kosten dabei verursacht werden. Durch die Planung und Prognose der zukünftigen Entwicklung wird zuletzt versucht den langfristigen Erfolg abzusichern.

Gordijn und Akkermanns [9] definieren ein Geschäftsmodell als „[…] ein konzeptuelles Modell, das beschreibt, wie wertstiftende Elemente in Multi-Akteurs Netzwerken erstellt, ausgetauscht und konsumiert werden" (übersetzt nach [9]). Damit stellen sie die Mechanismen in den Mittelpunkt, durch die der Nutzen erstellt, transferiert und konsumiert wird. Die hier vorgestellte Definition spiegelt sich in der e3-Value Ontology wieder [9]. Diese ist eine Darstellungsform für Geschäftsmodelle und wird im nächsten Abschnitt genauer erläutert.

Weill und Vitale [28] definieren ein Geschäftsmodell als „eine Beschreibung der Rollen und Beziehungen zwischen Konsumenten, Kunden, Partnern und Lieferanten eines Unternehmens, der wesentlichen Flüsse von Produkten, Informationen, Geld sowie des grundsätzlichen Nutzens der Teilnehmer" (übersetzt nach [28]). Wie auch bei der e3-Value Ontology, fokussieren Weill und Vitale in ihrer Geschäftsmodelldefinition den Austausch von Produkten, Informationen und Geld. Dieser Fokus spiegelt sich auch in der entwickelten Darstellungsform wieder, die im folgenden Kapitel näher betrachtet wird.

Nach Wirtz [29] kann das Geschäftsmodell eines Unternehmens über vier Partialmodelle beschrieben werden. Dazu zählen das Marktmodell, Kapitalmodell, Leistungsmodell und Beschaffungsmodell [29]. Das Marktmodell beinhaltet das Wettbewerbs- und das Nachfragermodell. Um die Nachhaltigkeit zu unterstützen, ist beim Wettbewerbsmodell die Ausrichtung gegenüber dem Wettbewerb beschrieben. Analog zu Slywotzky [23] wird beim Nachfragermodell eine Selektion der Kunden beschrieben. Das Kapitalmodell umfasst das Finanzierungs- und Erlösmodell. Diese beiden Modelle sollen sowohl die Kostenstrukturen als auch die Einkünfte des Geschäftsmodells darstellen. Durch die Beschreibung des Erlösmodells wird die Wertaneignung abgebildet. Das Leistungsmodell besteht aus dem Leistungserstellungs- und Leistungsangebotsmodell. Während beim Leistungserstellungsmodell analog zu Ethiraj et al. [7] die Art und Weise beschrieben wird, wie der Wert geschaffen wird, soll das Leistungsangebotsmodell das Wertversprechen abbilden. Zuletzt beschreibt Wirtz das Beschaffungs- und Distributionsmodell. Es umfasst die Beschaffung der Ressourcen, die für die Erstellung eines Wertes benötigt werden und die Bindung zum Kunden über die Distribution der Leistung.

Alt und Zimmermann [3] fassen verschiedene Ansätze zusammen. Sie heben die vier Gestaltungsdimensionen *Mission* (Ziele und Wertversprechen), *Struktur* (Akteure und Ausrichtung), *Prozesse* (Kundenorientierung und Koordination) sowie *Erlöse* (Erlösquellen, Geschäftslogik) hervor. Die Mission ist dabei das wichtigste Element des Geschäftsmodells und umfasst die übergeordnete Vision und die Strategien, die im Wertversprechen münden. Unter der Struktur werden alle Elemente verstanden, die eine Organisation bilden und ausprägen. Die Prozessdimension stellt die Auswahl der Kunden und die Art und Weise, wie der Wert generiert wird, dar. Als letzte Instanz werden Erlöse betrachtet, die für die Wertaneignung stehen. Alle diese Gestaltungsdimensionen sind durch die Gestaltungsdimension der Technologie verbunden, die eine Umsetzung des Geschäftsmodells ermöglicht. Gleichzeitig sind in der Ausgestaltung der vier Kerndimensionen rechtliche Fragen konsistent zu berücksichtigen [3].

Die zentralen Elemente der Geschäftsmodelldefinition von Afuah und Tucci [1] beginnen mit dem Wertversprechen. Es wird jedoch als *Customer Value* bezeichnet, was auf den eigentlichen Nutzen des Kunden hindeutet. Die Wertaneignung kann aus zwei unterschiedlichen Perspektiven betrachtet werden. *Revenue Sources* bezeichnen die unterschiedlichen Einkommensquellen, die durch das Geschäftsmodell definiert werden. Darüber hinaus wird die *Preisgestaltung* aufgegriffen, die eine besonders hohe Bedeutung für die Erlöse hat. Weitere Elemente der Geschäftsmodelldefinition werden durch die *Ressourcen* und ihre *Implementierung* dargestellt. Zuletzt werden zwei Perspektiven der strategischen Entwicklung genannt. So müssen sowohl die *aktuellen Rahmenbedingungen* als auch die *nachhaltige Entwicklung* des Geschäftsmodells in den Blick genommen werden [1].

Hedman und Kalling [15] beschreiben das Geschäftsmodell mit Hilfe von sieben Elementen. Diese sind in Form der *Kunden*, des *Wettbewerbs*, des *Wertversprechens*, der *Organisationssysteme*, der *Ressourcen*, der *Beschaffung* und der *Prozesse* aufzufinden. Auch an dieser Stelle umfasst das Element des Kunden die Selektion der Kundengruppe, der ein Wert angeboten werden soll. Das Element Wettbewerb definiert die strategische Ausrichtung, um eine nachhaltig erfolgreiche Wettbewerbsposition gegenüber der Konkurrenz zu schaffen. Das Wertversprechen beschreibt die generierte Leistung, die dem Kunden zur Verfügung gestellt wird. Organisationssysteme umfassen den Rahmen, der innerhalb der Unternehmung geschaffen wird. Bei den Ressourcen werden die Beschaffung sowie die Ressourcen als solche betrachtet, die in Verbindung mit den eingesetzten Prozessen zur Schaffung eines Wertes benötigt werden [15].

Auf Grundlage einer Literaturstudie definiert Osterwalder [19] ein Geschäftsmodell folgendermaßen: „Ein Geschäftsmodell ist ein konzeptuelles Modell, das eine Menge von Elementen und Beziehungen umfasst und damit erlaubt, die Logik der Erlösgenerierung darzustellen. Es umfasst eine Beschreibung des Nutzens, den ein Unternehmen einem oder unterschiedlichen Kundensegmenten anbietet, die Architektur des Unternehmens und ihrer Netzwerke von Partnern zur Erstellung, Vermarktung und Auslieferung dieses Nutzens sowie der relationalen Ressourcen, die zur Generierung von profitablen und nachhaltigen Erlösen benötigt werden" (übersetzt nach [19]). Die in der Definition der Business Model Ontology genannten Dimensionen werden auf vier Säulen verteilt: Product, Customer Interface, Infrastructure Management und Financial Aspects. Die erste Säule *Product* betrachtet vornehmlich das Wertversprechen. Das *Customer Interface* besteht aus der Kundenauswahl, dem Vertriebskanal und der Kundenbeziehung. Diese drei Elemente erfassen die Auswahl, Berührungspunkte und Bindung zum Kunden. Das *Infrastructure Management* wird von der Wertkonfiguration, Kernkompetenzen und dem Partnernetzwerk bestimmt. Hier werden Ressourcen und Fähigkeiten beschrieben, die ggf. in Verbindung mit weiteren Unternehmen einen Wert schaffen. Die vierte Säule, *Financial Aspects*, beschreibt die Kostenstruktur und die Wertaneignung [19]. Auf Grundlage dieser Arbeit, veröffentlichten Osterwalder und Pigneur [20] die Business Model Canvas[2]. Sie ist eine Darstellungsform für Geschäftsmodelle und wird im nächsten Abschnitt genauer betrachtet.

---

[2] Bei der *Canvas* (deutsch: Leinwand) handelt es sich um eine vereinfachte Repräsentation der wesentlichen Elemente eines Geschäftsmodells. Sie kann auf einem einfachen Blatt Papier dargestellt werden und ist somit ideal für einen unkomplizierten Einsatz in Workshops geeignet.

Auch in den letzten Jahren werden Geschäftsmodelle als wesentliche Elemente von Innovationsprozessen bzw. der strategischen Geschäftsplanung hervorgehoben. So erläutern Harreld et al. [14] am Beispiel der IBM die Bedeutung der Entwicklung von Geschäftsmodellen, die auf Grundlage der strategischen Ausrichtung, der Marktdaten sowie der Ergebnisse von Innovationsprozessen entwickelt werden. Dabei werden die Dimensionen Kundenauswahl, Wertversprechen, Wertaneignung, Abgrenzung der eigenen Aktivitäten im strategischen Sinne und Nachhaltigkeit beschrieben [19].

Eine neuere Definition von Al-Debei [2] lautet wie folgt: „Ein Geschäftsmodell ist eine abstrakte Darstellung einer Organisation, sei es konzeptionell, textlich und/ oder grafisch, aller wesentlichen und verbundenen architektonischen, kooperationalen und finanziellen Regelungen, die von einem Unternehmen entworfen und entwickelt wurden sowie aller Kernangebote, seien es Produkte oder Dienstleistungen, die auf diesen Regelungen basieren und zur Erreichung der strategischen Ziele benötigt werden" (übersetzt nach [2]). Im Gegensatz zu den vorgestellten Definitionen erfolgt die Aufzählung der elementaren Geschäftsmodelldimensionen nur rudimentär. Vielmehr betont Al-Debei den Zweck sowie das Ziel von Geschäftsmodellen.

Nachdem in diesem Abschnitt unterschiedliche Geschäftsmodelldefinitionen vorgestellt und analysiert wurden, werden im Folgenden die wesentlichen Elemente dieser Definitionen herausgestellt.

1.2 Die wesentlichen Elemente von Geschäftsmodellen

Wie die Analyse der Geschäftsmodelldefinitionen zeigt, kann insbesondere das **Wertversprechen** als essentieller Bestandteil eines Geschäftsmodells identifiziert werden. Klassisch betrachtet, spiegelt das Wertversprechen dabei ein Angebot eines Unternehmens wieder. Im Gegensatz zur weitläufig verbreiteten Meinung beschreibt das Wertversprechen jedoch nicht ausschließlich die Eigenschaften eines Produktes und einer Dienstleistung sondern den angestrebten Nutzen für den Kunden. Es wird somit die Frage geklärt, welchen Nutzen der Kunde aus dem angebotenen Produkt oder der Dienstleistung bezieht.

Fast alle Modelle erfordern die Beschreibung von **Kunden** oder **Kundengruppen.** Das bedeutet, dass der Kunde bei der Erstellung eines Geschäftsmodells definiert und das Wertversprechen auf die Wünsche und Bedarfe der Kunden bzw. Kundengruppen ausgerichtet werden muss.

Danach folgt die Betrachtung des Marktumfeldes. Das Marktumfeld kann sowohl aus **Wettbewerber** als auch aus **Partnern** bestehen, die in Interaktion mit dem Geschäftsmodell stehen. Generell wird der Markt durch Konkurrenten geprägt ggf. sogar eingeschränkt. Eine besonders hohe Bedeutung für das Geschäftsmodell können jedoch mögliche Partner einnehmen, da das Wertversprechen eines Unternehmens, Produkts oder einer Dienstleistung teilweise erst in Kooperation zwischen unterschiedlichen Partnern realisiert werden kann. In diesem Zusammenhang ist es notwendig zu erläutern, wie und mit Hilfe welcher Partner das Wertversprechen erstellt wird und wie es dem Kunden einen Nutzen liefert.

Gleich häufig wie das Marktumfeld werden auch **Erlösquellen** genannt und damit die Frage aufgeworfen, wie mit dem jeweiligen Geschäftsmodell Erträge erzielt werden können. Als wesentlicher Einflussfaktor stellt sich das Erlösmodell dar, das beschreibt, wie und was der Kunde für den erzeugten Nutzen bezahlen muss.

An fünfter Stelle der am meisten erwähnten Geschäftsmodelldimensionen befindet sich die **Strategie**. Die bisher aufgeführten Dimensionen können zur direkten Beschreibung eines Angebots eingesetzt werden. Im Gegensatz dazu ist die Strategie eine allgemeinere Betrachtung, die die Rahmenbedingungen eines Geschäftsmodells beschreibt und definiert. Dies wird auch in der Literatur deutlich, die ein Geschäftsmodell als eine Umsetzung einer Strategie darstellt [2][19].

Mit sechs Erwähnungen folgen auf dem sechsten Platz die **Aktivitäten**. Aktivitäten umfassen Prozesse, die notwendig sind, um ein Geschäftsmodell realisieren zu können. Hier kann im Weiteren differenziert werden, von wem diese Aktivitäten übernommen werden müssen. Sobald ein Unternehmen das Geschäftsmodell nicht selbstständig realisieren kann, müssen Aktivitäten von Partnern übernommen werden.

An siebter Stelle werden die **Kostenelemente** hervorgehoben. Insgesamt werden damit nicht nur die Erlöse, sondern auch die Kosten eines Geschäftsmodells betrachtet. Kosten fallen insbesondere an, wenn Aktivitäten durchgeführt oder Ressourcen eingesetzt werden. **Wertflüsse** wurden insgesamt drei mal benannt und fokussieren den Austausch unterschiedlicher wertstiftender Elemente. Damit soll dargestellt werden, wie die Interaktion zwischen den unterschiedlichen Akteuren abläuft und damit wie diese Elemente erstellt, ausgetauscht und konsumiert werden.

Ressourcen stellen neben den Aktivitäten das zweite Standbein zur Realisierung des Geschäftsmodells dar. Ressourcen können dabei vielfältig differenziert werden und umfassen unter anderem materielle Ressourcen, immaterielle Ressourcen und finanzielle Ressourcen. Wie auch bei den Aktivitäten, müssen fehlende Ressourcen durch Partner übernommen werden.

Die **Distribution** wurde zwei Mal benannt und steht somit an zehnter Stelle der wesentlichen Geschäftsmodellelemente. Sie umfasst den Vertriebskanal der genutzt wird, um das Wertversprechen dem Kunden oder der Kundengruppe zur Verfügung zu stellen.

Mit einer Nennung, steht die **Organisation** an letzter Stelle der wesentlichen Elemente. Unter der Organisation werden Organisationssysteme verstanden die den Rahmen für ein Geschäftsmodell bilden und innerhalb der Unternehmung existieren.

Zusammenfassend beschreiben Geschäftsmodelle die Art und Weise, wie unter Einsatz von Ressourcen und Aktivitäten ein spezifischer Nutzen für einen Kunden geschaffen wird und wie damit Erlöse generiert werden können.

2 Der Wandel zur Service-Orientierung

Der Wandel einzelner Geschäftsmodellelemente oder gar ganzer Geschäftsmodelle ist ein wichtiges Thema unserer heutigen Zeit. Fundamentale Änderungen in der Wertschöpfung lassen sich dabei aus der zunehmenden Service-Orientierung ableiten. Dies spiegelt sich

Abb. 1 Charakteristika einer service-orientierten Dienstleistung

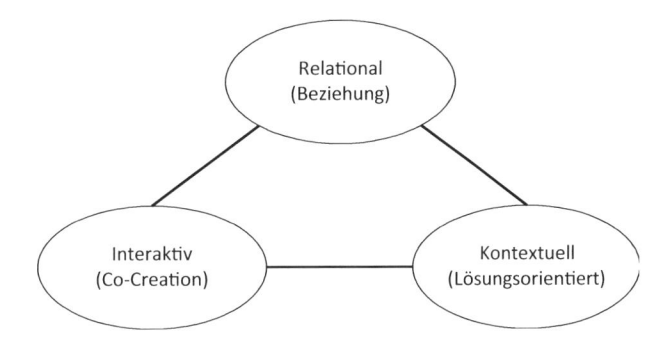

```
        Relational
        (Beziehung)
       /          \
      /            \
Interaktiv ——— Kontextuell
(Co-Creation)   (Lösungsorientiert)
```

sowohl in der Praxis als auch in der Theorie wieder. Aus einer praxisrelevanten Perspektive können viele unterschiedliche Trends beobachtet werden. Stand früher der Verkauf eines Produkts bzw. einer Dienstleistung im Vordergrund, ist es nun der Kunde mit seinen Wünschen und Bedarfen. Der Anbieter stellt sich so der Herausforderung, die Aktivitäten des Kunden zu unterstützen und ihm dadurch einen Mehrwert zu liefern. Hierfür sind Wissen und Informationen der Schlüssel, die für diese relationale, interaktive und kontextuelle Form der Wertschöpfung zwischen Kunden und Anbieter ausgetauscht werden müssen (siehe Abb. 1) und eine langfristige Kundenbindung die Voraussetzung. Dies wirkt sich auch auf die Erlöse eines Unternehmens aus, sei es durch eine geringere Preiselastizität oder durch regelmäßige Erlöse aus der Kundenbeziehung.

Ein bekanntes Beispiel für diesen Wandel lässt sich unter anderem im Flugzeugbau wiederfinden. Rolls-Royce, einer der weltweit führenden Produzenten von Flugzeugturbinen, entwickelte mit dem Programm „Power by the hour" eine Alternative zum klassischen Verkauf von Turbinen [22]. Als zentrales Wertversprechen dieses Programms stellt Rolls-Royce eine garantierte Einsatzzeit von Triebwerken als Dienstleistung bereit. Das Unternehmen übernimmt so einen Teil des Risikos der Fluggesellschaften, das insbesondere aus dem Ausfall eines Fluges aufgrund von Triebwerksproblemen resultiert. Eine langfristige Partnerschaft mit den Fluggesellschaften ist hierfür die Grundlage und sichert Rolls-Royce außerdem einen kontinuierlichen Erlösstrom neben den einzelnen Verkäufen.

Die an dieser Stelle beschriebenen praktischen Beobachtungen, lassen sich jedoch auch aus einer theoretischen Perspektive analysieren. Dabei wird jedoch schnell klar, dass es sich nicht nur um kleine Veränderungen handelt, sondern ein ganzer Paradigmenwechsel im Gange ist, der sich insbesondere auf die fortschreitende Globalisierung, die immer stärkere Bedeutung des Kunden [13] und die steigende Bedeutung der Informationstechnologie [17] zurückführen lässt. In diesem neuen Paradigma beschreibt Service kein einfaches Angebot, sondern eine ganzheitliche Perspektive auf die Generierung eines Mehrwerts [6]. Diese neue Perspektive wird in der Literatur als „*Service Logic*" bezeichnet [12]. Eine Gegenüberstellung der klassischen Produkt-Orientierung und der emergierenden Service-Orientierung nach Grönroos wird in Tab. 2 dargestellt [11].

Im Gegensatz zur Güter-Orientierung, bei der Ressourcen eine dominante Rolle spielen, steht bei der Service-Orientierung der Prozess des Kunden im Vordergrund. Das

Tab. 2 Vergleich zwischen Service-Orientierung und Produkt-Orientierung [11]

	Service-Orientierung	Produkt-Orientierung
Art des Wertversprechens	Unterstützung der wertschöpfenden Aktivitäten	Bereitstellung wertschöpfender Ressourcen
Perspektive	Ein Prozess, bei dem eine Reihe unterschiedlicher Ressourcen zur Unterstützung der wertschöpfenden Prozesse des Kunden eingesetzt werden	Ein oder mehrere Ressourcen, die von einem Kunden eingesetzt werden, um einen Mehrwert zu generieren
Geschäftslogik	Unterstützung von Prozessen, die beim Kunden einen Mehrwert generieren	Bereitstellung von Ressourcen für den Einsatz beim Kunden
Rolle des Kunden	Co-Production und Co-Creation eines Mehrwerts	Einziger werterstellender Akteur
Rolle des Unternehmens	Anbieter eines Dienstleistungs-prozesses und Co-Production sowie Co-Creation in den konsumierenden Prozessen des Kunden	Alleiniger Produzent und Anbieter von Gütern als Ressource für den Kunden

Wertversprechen eines Unternehmens ist kundenorientiert und umfasst im Wesentlichen die Unterstützung der wertschöpfenden Aktivitäten.

In vergleichbarer Weise argumentiert auch die „Service-Dominant Logic" (SDL) [27]. Vargo und Lusch [27] stellen die Bedeutung von vier sogenannten „Kernprämissen" der Service-Orientierung heraus [16][25].

Die wesentlichen Aussagen der vier Kernprämissen beziehen sich auf die Interaktion zwischen Anbietern und Kunden. Gemäß der SDL werden Dienstleistungen immer in Co-Creation mit dem Kunden erbracht. Dies bedeutet, dass die Interaktion zwischen Kunden und Anbietern, ein wesentliches Charakteristikum von Dienstleistungen ist und der Mehrwert einer Dienstleistung nur im Zusammenwirken von Anbieter und Kunde realisiert werden kann [10]. Damit bewirkt Co-Creation eine Abkehr von strikten Rollen in einer Produzenten- und Konsumentenbeziehung, die in einer stärkeren Einbeziehung von Kunden in den Werterstellungsprozess mündet [21]. Die dabei angestrebte Aufhebung der strikten Trennung zwischen Produzenten und Konsumenten lässt sich insbesondere in der Notwendigkeit der Integration von Ressourcen wiederfinden. So besagt die SDL, dass alle Akteure innerhalb eines Dienstleistungsprozesses Ressourcen integrieren. Dies sind in der Regel das Wissen oder die Fähigkeiten der einzelnen Akteure [27]. Darüber hinaus können im Dienstleistungsprozess auch weitere Ressourcen wie z. B. Server, Maschinen oder auch Gebäude integriert werden. Durch die Integration dieser Ressourcen zur Unterstützung des Kunden entsteht der Mehrwert. Wichtig ist, dass diese Ressourcen sowohl vom Anbieter als auch vom Kunden kommen können.

Die letzte Aussage der Kernprämissen charakterisiert den Nutzen von Dienstleistungen und beschreibt ihn als spezifisch, erfahrungsbezogen, kontextbezogen und von subjektiver Bedeutung [26]. Damit wird auch hier die besondere Rolle des Kunden im Dienstleistungsprozess unterstrichen. Identische Dienstleistungen können für unterschiedliche Kunden einen verschiedenen Nutzen bringen, da dieser insbesondere durch die Rahmenbedienungen des Kunden beeinflusst wird. Diese Kontextualisierung wird in der Literatur durch das Konzept des *„value-in-use"* unterstützt. Das Konzept hebt die Zusammenarbeit von Anbieter und Kunden im Werterstellungsprozess hervor und sagt, dass der Wert des Kunden erst während der Leistungserbringung einer Dienstleistung entsteht [27]. Neuere wissenschaftliche Literatur erweitert dieses Konzept zum *„value-in-context"*. Hierbei wird der Kundennutzen während der Leistungserstellung durch den individuellen Kontext bestimmt [4]. Dadurch kann mit einem Geschäftsmodell für verschiedene Kunden ein unterschiedlicher Mehrwert realisiert werden.

Auch diese theoretisch orientierte Perspektive kann anhand des Rolls-Royce Beispiels verdeutlicht werden. Je nach Vereinbarung der unterschiedlichen Akteure und der Zielvorstellung der Fluggesellschaft kann mit der Übernahme des Triebwerksrisikos ein unterschiedlicher Mehrwert erwirkt werden. Je nach gewählter Priorität können in den Prozessen des Kunden sowohl Kosteneinsparungen als auch Qualitätsverbesserungen erreicht werden. Dies steht in einem engen Zusammenhang mit dem übrigen Zustand der Flugzeuge und damit auch mit der Frage der Ressourcenintegration. Dazu gehört insbesondere die Ausstattung der Flugzeuge der Fluggesellschaft mit den Triebwerken von Rolls-Royce. Sobald nun ein Zwischenfall eingetreten ist, kann die Dienstleistung in enger Abstimmung zwischen Fluggesellschaft und Rolls-Royce durchgeführt werden. So entsteht der Mehrwert für die Fluggesellschaft durch eine enge Zusammenarbeit mit Rolls-Royce [22].

Eine konsequente service-orientierte Ausrichtung der Wertschöpfung beeinflusst Geschäftsmodelle von Unternehmen. Sie erfordert nicht isolierte Dienstleistungsinnovationen, sondern verändert alle Dimensionen von Geschäftsmodellen. Um die Auswirkungen zu verstehen, bedarf es geeigneter Werkzeuge zur Analyse und Generierung von service-orientierten Geschäftsmodellen.

3 Analyse und Gestaltung von service-orientierten Geschäftsmodellen

3.1 Darstellungsmöglichkeiten von Geschäftsmodellen

Wie bereits die Zusammenfassung der unterschiedlichen Geschäftsmodelldefinitionen zeigen konnte, existieren in der Literatur zahlreiche Standpunkte. Der praktische Einsatz dieser Ansätze ist jedoch nur begrenzt möglich.

Sobald die bestehenden Konzepte in der Praxis angewendet werden sollen, um beispielsweise Geschäftsmodelle zu analysieren und zu gestalten oder die Transformation hin zu service-orientierten Geschäftsmodellen zu unterstützen, müssen geeignete Methoden zur Beschreibung, zum Austausch und zur Bearbeitung von Geschäftsmodellen existieren. Um dieses Ziel zu erreichen, müssen die Methoden unterschiedliche Fragestellungen beantworten können. Was sind die wesentlichen Elemente eines solchen Modells? Wer wird benötigt, um das Geschäftsmodell zu etablieren? Was sind die Minimalanforderungen für die Durchführung eines solchen Geschäftsmodells?

Um mit diesen Fragen umgehen zu können, ist die Darstellung von Geschäftsmodellen notwendig. Eine geeigneter Darstellungsansatz ermöglicht es, eine einheitliche Sprache zu schaffen, mit der service-orientierte Geschäftsmodelle beschrieben, verglichen und analysiert werden können.

Doch welche Alternativen existieren zur Darstellung von Geschäftsmodellen und können diese auch zur Darstellung von service-orientierten Geschäftsmodellen angewendet werden? Dieser Abschnitt führt gängige Methoden zur Darstellung von Geschäftsmodellen ein. Darüber hinaus werden die Methoden anhand ihrer Eignung zur Darstellung service-orientierter Geschäftsmodelle analysiert und Defizite aufgezeigt. Dies erlaubt, bestehende Methoden anhand ihrer Eignung zur Darstellung von service-orientierten Geschäftsmodellen einzuschätzen und zu nutzen.

Generell kann zwischen zwei unterschiedlichen Methoden zur Darstellung von Geschäftsmodellen unterschieden werden. Auf der einen Seite stehen Ansätze, die den Austausch unterschiedlicher Elemente fokussieren und damit erklären, welche Werteflüsse bei der Realisierung eines Produkts oder einer Dienstleistung existieren. Dazu zählen insbesondere die e3-Value Ontology [8] und der Ansatz nach Weill und Vitale [28]. Auf der anderen Seite stehen Ansätze, die die wesentlichen Elemente von Geschäftsmodellen darstellen. Die Autoren fokussieren dabei eine ganzheitliche Betrachtung der Logik der Wertschöpfung. Der Vorteil dieses Weges ist die einfache und intuitive Darstellung der wesentlichen Elemente von Geschäftemodellen. Der in dieser Forschungsströmung am meisten verbreitete Ansatz wird durch die Business Model Canvas von Osterwalder und Pigneur [20] geliefert und hat in der Praxis weite Verbreitung gefunden.

3.2 Darstellung von service-orientierten Geschäftsmodellen

Aufgrund des Paradigmenwandels hin zu einer Service-Orientierung sollte jedoch zunächst geprüft werden, ob die bereits existierenden Ansätze den neuen Anforderungen entsprechen können. Denn der durch die Servicelogik beschriebene Wandel impliziert eine umfangreiche Neuausrichtung der Wertschöpfung. Dadurch werden umfangreiche Änderungen der Geschäftsmodelle notwendig. Gleichzeitig bedeutet dies jedoch auch, dass bestehende Geschäftsmodellansätze die relationale, interaktive und kontextuelle Natur einer Service-Orientierung darstellen müssen.

Wie bereits beschrieben, stellen Geschäftsmodelle die Geschäftslogik eines Angebots dar. Um diese auch bei service-orientierten Angeboten darstellen zu können, muss zusätzlich die Interaktion zwischen dem Kunden und dem Anbieter dargestellt werden. Diese Notwendigkeit wurde auch in einer Analyse der Kundenintegration in service-orientierten Geschäftsmodellen verdeutlicht [31].

Grundlagen service-orientierter Geschäftsmodelle

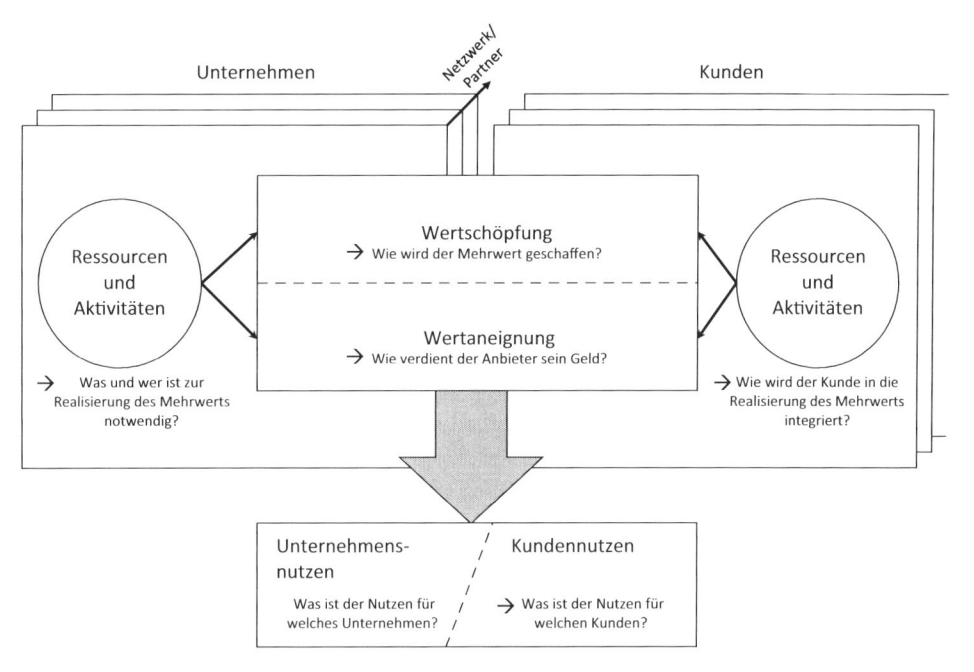

Abb. 2 Der Grundgedanke von service-orientierten Geschäftsmodellen

Je nachdem welche Geschäftsmodelldimensionen im Einzelnen betrachtet werden, muss der Einfluss des Kunden auf diese dargestellt werden. Am Beispiel der Business Model Canvas [20] zeigen Zolnowski und Böhmann [31], dass der Kunde einen umfangreichen Einfluss auf die Dimensionen der Canvas ausüben kann. So kann der Kunde Einfluss auf die Kostenstruktur haben, indem er notwendige Ressourcen bereitstellt oder Aktivitäten übernimmt und diese Kosten selber trägt. Durch die starke Individualität einer Dienstleistung ist der Kunde weiterhin an der Ausgestaltung des Wertversprechens beteiligt, indem dieses anhand seiner Wünsche und Bedarfe ausgerichtet wird. Auch bestimmt der Kunde, wie die Kommunikation zwischen ihm und dem Anbieter ablaufen soll [31]. Denkbar ist schließlich, dass der Kunde sogar an den Erlösen eines Geschäftsmodells partizipiert.

Unter der Voraussetzung der Eigenschaften der Servicelogik, den wichtigsten Geschäftsmodelldimensionen sowie dem Ziel, dass ein service-orientiertes Geschäftsmodell die Geschäftslogik einer Dienstleistung darstellen muss, muss eine generelle Logik von service-orientierten Geschäftsmodellen abgeleitet werden. Analog zu Mizik und Jacobson [18] sollte dabei die zentrale Rolle der Wertschöpfung und Wertaneignung berücksichtigt werden [18]. Abbildung 2 stellt die beschriebene Logik des Geschäftsmodells dar.

Abbildung 2 beschreibt die Co-Creation und somit Interaktion zwischen Unternehmen und Kunden. Diese wird insbesondere dadurch gekennzeichnet, dass die Akteure eines Geschäftsmodells, Ressourcen und Aktivitäten zur Wertschöpfung und Wertaneignung gemeinsam einsetzen. Darüber hinaus integriert der Kunde den eigenen Kontext in die wertschöpfenden Aktivitäten. Das Ergebnis dieses gemeinsamen Prozesses kann für alle beteiligten Akteure nutzenstiftend wirken.

3.3 Ansätze zur Darstellung von Geschäftsmodellen

Dieser Abschnitt beschreibt unterschiedliche Darstellungsformen und analysiert sie anhand ihrer Eignung zur Darstellung von service-orientierten Geschäftsmodellen. Dafür werden die im letzten Abschnitt eingeführten Anforderungen näher betrachtet. Für ein besseres Verständnis der Ansätze wird ein stark vereinfachtes Fallbeispiel angewendet. Damit sollen die Stärken und Schwächen der Methoden verdeutlicht werden. Anwender können so die für ihren Analyse-, Erstellungs- oder Kommunikationszweck am besten geeignete Methode auswählen.

> **Fallbeispiel**
> Das gewählte Fallbeispiel beschreibt den Verkaufsprozess von Küchen bei IKEA. Im Gegensatz zum üblichen Küchenverkauf, bei dem der Anbieter in Kooperation mit dem Kunden eine Küche plant und sich an dessen Wünschen und Bedarfen orientiert, ermöglicht es IKEA dem Kunden, seine neue Küche selbst zu planen und zu gestalten. Mit Hilfe des Küchenplaners kann der Kunde seine Küche bereits vor dem Kauf betrachten und überprüfen. So kann er aus vielen unterschiedlichen Küchenelementen wählen, seine eigene Küche zusammenstellen und sie in einem virtuellen Raum betrachten [5]. Bei diesem Beispiel übernimmt der Kunde Teile des Verkaufsprozesses und erhält damit einen ersten Eindruck von seiner potenziellen Küche. Wenn gewünscht, kann der Kunde nun zu einem Mitarbeiter gehen und sich weiter beraten lassen. Im Extremfall könnte der Kunden sogar den gesamten Beratungsprozess umgehen und sich die Küche ausschließlich durch eine Spedition liefern lassen.

3.3.1 Darstellung von Geschäftsmodellen nach Weill und Vitale

Die zunehmende Bedeutung des E-Business führte nach Weill und Vitale [28] zur Entwicklung eines Darstellungsansatzes für Geschäftsmodelle. Dieser Ansatz sollte die Entwicklung von E-Commerce Lösungen in Unternehmen unterstützen.

Wie bereits beschrieben, verstehen Weill und Vitale ein Geschäftsmodell als eine Beschreibung von Rollen und Beziehungen zwischen Konsumenten, Kunden, Partnern und Zulieferern sowie den wesentlichen Werteflüssen, bestehend aus Produkten, Informationen und Geld, zwischen diesen Akteuren.

Anwendung des Ansatzes

Die unterschiedlichen Akteure werden als Vier- und Fünfecke dargestellt. Vierecke stellen dabei das eigentliche Unternehmen und seine Partner, Fünfecke stellen Kunden und Zulieferer dar. Die unterschiedlichen Akteure sind mit Linien verbunden, die ihre Beziehungen untereinander darstellen. Eine durchgezogene Linie stellt dabei eine reale Beziehung und eine gestrichelte Linie eine elektronische Beziehung über ein Kommunikationsmedium dar. Die Art und Weise der Beziehung wird anhand von Pfeilen dargestellt, die zwischen

Grundlagen service-orientierter Geschäftsmodelle

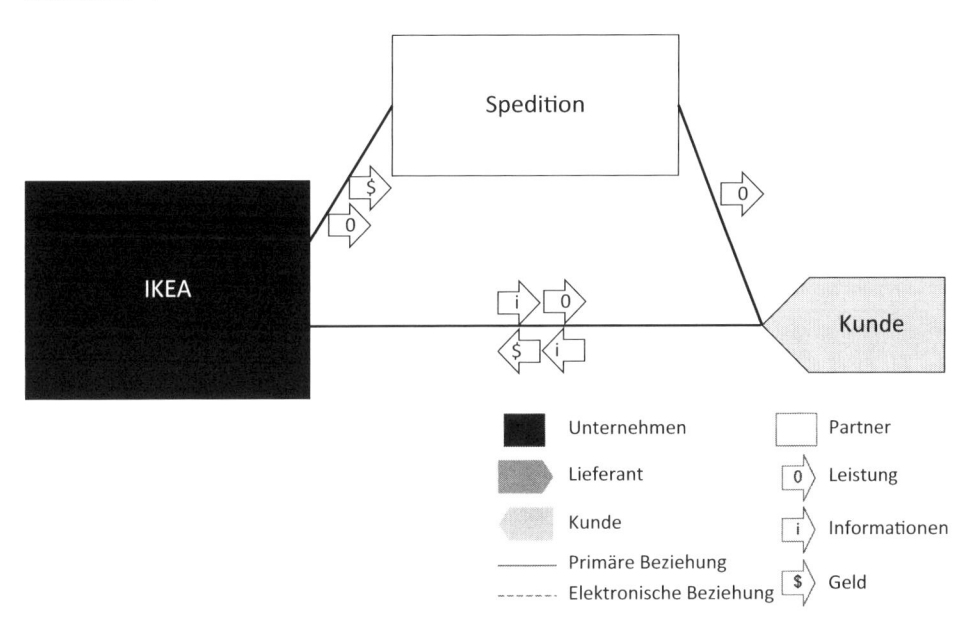

Abb. 3 Darstellung nach Weill und Vitale – Fallbeispiel

den drei unterschiedliche Beziehungsarten Leistung, Informationen und Geld unterscheiden. Der hier beschriebene Ansatz wird in Abb. 3 exemplarisch dargestellt.

Die Abbildung zeigt ein Fallbeispiel mit drei Akteuren: IKEA, einem Kunden sowie einer Spedition als Partner. Die wichtigste Beziehung zwischen den Akteuren wird zwischen IKEA und seinem Kunden gehalten. Während IKEA Informationen über seine Produkte und der Kunde Informationen über seine Wünsche und Bedarfe einbringen, generieren beide gemeinsam eine Lösung. Diese Lösung kann im persönlichen Gespräch mit einem Berater oder mit Hilfe einer Planungssoftware erarbeitet werden. Sobald der Kunde eine passende Lösung gefunden hat, kann er die Küche bezahlen. In diesem Moment kann der Kunde seine Leistung direkt von IKEA beziehen oder mit Hilfe einer Spedition anliefern lassen. Im zweiten Fall übernimmt die Spedition die Waren und transportiert sie zum Kunden. Da die Zahlung des Transports bereits vom Kunden an IKEA geleistet wurde, zahlt IKEA die Zustellung durch die Spedition.

Bewertung des Ansatzes

Der Ansatz nach Weill und Vitale sollte angewendet werden, wenn die Beziehungen in einem Netzwerk unterschiedlicher Akteure dargestellt werden müssen. Ein besonderer Vorteil dieses Ansatzes ist dabei der einfache Aufbau. Durch die Fokussierung auf vier Akteurstypen und die Unterscheidung zwischen zwei Beziehungstypen können netzwerkbasierte Geschäftsmodelle schnell und einfach dargestellt werden. Durch die Differenzierung zwischen den Werteflüssen Leistung, Information und Geld kann die wesentliche Logik der Geschäftsmodelle dargestellt werden.

Die stark vereinfachte Darstellungsform ist gleichzeitig auch der wesentliche Kritikpunkt dieses Ansatzes. Er bietet ausschließlich eine sehr einfache Darstellung der Leistungserstellung und lässt viele Details vermissen. Dies wird insbesondere klar, wenn man auf die wesentlichen Elemente eines Geschäftsmodells abstellt. Es wird zwar deutlich, welche Werteflüsse innerhalb des Geschäftsmodells fließen, jedoch wird u. a. nicht klar, was das eigentliche Wertversprechen ist, welche Distributionskanäle genutzt werden oder welche Erlösmodelle es gibt.

Wann sollte dieser Ansatz angewendet werden?

Sie möchten die Akteure eines Geschäftsmodells und ihre Beziehungen untereinander darstellen.

Pro	*Kontra*
Einfache Darstellung von Netzwerken und darin anfallenden Werteflüssen	Stark vereinfachter Ansatz zur Darstellung von Werterstellungsaktivitäten
Fokussierung auf Produkt, Information und Geld	Keine Details

Pro und Kontra des Ansatzes nach Weill und Vitale [28]

Bewertung des Einsatzes bei service-orientierten Geschäftsmodellen

Dieser Ansatz lässt sich nur teilweise zur Darstellung von service-orientierten Geschäftsmodellen einsetzen. Zwar werden die Beziehungen zwischen dem geschäftsmodellbestimmenden Unternehmen, den Partnern und dem Kunden aufgezeigt, sie beschränken sich jedoch ausschließlich auf den Austausch von Produkten, Informationen und Geld. Ein möglicher Einfluss des Kunden auf bestimmt Teile des Geschäftsmodells wird nicht beschrieben. Durch die Abstraktion des Geschäftsmodellansatzes kann nicht dargestellt werden, welche Aktivitäten oder Ressourcen vom Kunden integriert, wie mit dem Kunden interagiert oder auch finanzielle Abhängigkeiten mit dem Kunden vereinbart werden. Der fehlende Einfluss des Kunden zeigt sich insbesondere im Wertversprechen, dass aufgrund seiner Charakteristika gerade durch den Kunden bestimmt wird. So kann festgestellt werden, dass sowohl die Co-Creation als auch die Integration von Ressourcen bei diesem Ansatz nicht dargestellt sind.

Positiv hingegen ist die Möglichkeit Partnernetzwerke innerhalb von service-orientierten Geschäftsmodellen darzustellen. Netzwerke sind gerade im Dienstleistungssektor von großer Bedeutung, weil nicht immer alle Ressourcen und Kompetenzen auf Seiten des Dienstleisters gebündelt werden können und der Dienstleister so intermediär auftreten muss. Dies gilt insbesondere in Geschäftsmodellen, bei denen die Dienstleistung aus dem Vermitteln von weiteren Dienstleistungen oder Produkten besteht.

3.3.2 e3-Value Ontology von Gordijn

Mit der e3-Value Ontology entwickelte Gordijn [8] einen Ansatz zur Darstellung von Geschäftsmodellen. Auch dieser Ansatz fokussiert die Darstellung von Werteflüssen in einem Netzwerk unterschiedlicher Akteure. Im Gegensatz zur klassischen Wertschöpfungskette, die eine Sequenz von Wertschöpfungsprozessen aneinanderreiht, unterstreicht dieser Ansatz die Bedeutung von umfassenden Netzwerken. Dabei stehen eine netzwerkbasierte Generierung, Austausch und Konsum eines Mehrwerts im Vordergrund.

Anwendung des Ansatzes

Die e3-Value Ontologie besteht aus den folgenden Elementen. Der *Actor* ist eine ökonomisch eigenständige Einheit, wie z. B. ein Unternehmen oder ein Endkunde, die das Ziel hat, einen Mehrwert zu schaffen. Das Ziel aller Transaktionen innerhalb der e3-Value Ontology ist das *Market Segment*, das die Auswahl der potenziellen Kunden umschreibt. Einheiten, die zwischen den unterschiedlichen Akteuren ausgetauscht werden, heißen *Value Objects*. Sie repräsentieren alle Arten von Produkten oder Dienstleistungen. *Value Ports* stellen die Verbindungsstellen zwischen den unterschiedlichen Akteuren dar und werden dem *Value Interface* untergeordnet. Das Value Interface stellt dabei eine Gruppe von zusammenhängenden, eingehenden oder ausgehenden Angeboten dar. Einzelne Value Ports werden durch das *Value Exchange* Objekt verbunden, das einen potenziellen Austausch von Werten darstellt. Jegliche Art von Angebot und Anfrage werden als *Value Offering* bezeichnet. Der gesamte Komplex an Ereignissen wird als *Value Transaction* bezeichnet. Die folgende Abbildung stellt die gewählte Fallstudie in der e3-Value Ontology dar [8].

Das Fallbeispiel beschreibt den Kauf einer Küche bei IKEA. Wie die e3-Ontologie zeigt, sind mit IKEA, dem Kunden und der Spedition drei Akteure in den Verkaufsprozess involviert. Wie in Abb. 4 dargestellt, möchte der Kunde eine Küche kaufen und wendet sich dafür an die Beratung von IKEA. Die Beratung kann dabei sowohl durch das Personal von IKEA als auch durch die Planungssoftware erfolgen. Mit Hilfe der eingebrachten Kundeninformationen, wird eine Küchenlösung erarbeitet und an den Verkauf weitergeleitet. Die Verkaufsabteilung bestätigt dieses Angebot und leitet den Verkauf über die Beratung ein. Wenn der Kunde eine Abholung wünscht, wird der Verkauf eingeleitet und an die Warenausgabe weitergeleitet. Diese ist dafür zuständig die Abholung der Küche zu koordinieren. Falls der Kunde jedoch die Lieferung durch eine Spedition wünscht, leitet der Verkauf die Küche an die Spedition weiter. Diese ist nun für die Auslieferung der Küche verantwortlich. Da der Kunde die Spedition bereits bei IKEA bezahlt hat, leitet IKEA diese Zahlung an die Spedition weiter. Sobald die Spedition die Küche ausgeliefert hat, informiert sie IKEA über die erfolgreiche Lieferung.

Bewertung des Ansatzes

Die e3-Value Ontology sollte eingesetzt werden, wenn die Schaffung, der Austausch und der Konsum eines Nutzens innerhalb eines Netzwerks unterschiedlicher Akteure dargestellt werden soll. Durch die Fokussierung auf die nutzenstiftenden Aktivitäten und den Austausch dieses Nutzens über definierte Schnittstellen ist der besondere Vorteil dieses

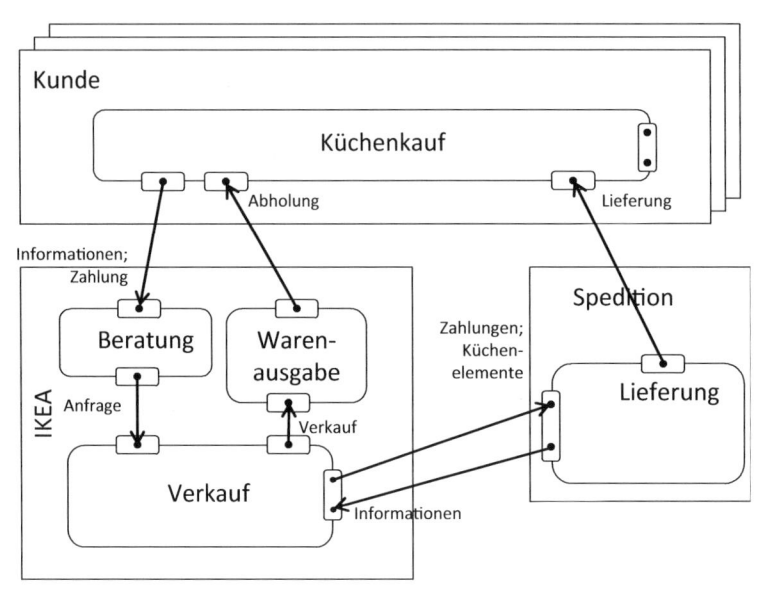

Abb. 4 e3-Value Ontology – Fallbeispiel

Ansatzes gegenüber dem von Weill und Vitale [28] der deutliche höhere Detaillierungsgrad. So wird dabei nicht nur abstrakt zwischen Produkt, Information und Geld unterschieden. Jedoch nimmt die Komplexität der Darstellung mit einer zunehmenden Anzahl an Akteuren stark zu.

Durch die einseitige Fokussierung auf nutzenstiftende Prozesse, werden jedoch nicht alle Elemente von Geschäftsmodellen betrachtet. So werden keine finanziellen Einzelheiten berücksichtig und damit die Frage, wie Umsatz erzielt wird, nicht beantwortet. Des Weiteren wird die Interaktion und Einflussnahme des Kunden auf die einzelnen Elemente eines Geschäftsmodells nicht näher erläutert.

Wann sollte dieser Ansatz angewendet werden?

Sie wollen darstellen, wie ein Mehrwert innerhalb eines Netzwerks geschaffen, ausgetauscht und konsumiert wird.

Pro	Kontra
Überblick über die nutzenstiftenden Aktivitäten der unterschiedlichen Akteure	Kein besonderer Fokus auf die Interaktion mit dem Kunden
Überblick über die Schnittstellen zwischen den Akteuren	Keine Berücksichtigung von finanziellen Einzelheiten
–	Hohe Komplexität bei größeren Netzwerken

Pro und Kontra des e3-Value Ansatzes [8]

Bewertung des Einsatzes bei service-orientierten Geschäftsmodellen
Auch dieser Ansatz kann bei der Darstellung service-orientierter Geschäftsmodelle nicht vollkommen überzeugen. Durch den deutlich höheren Detaillierungsgrad, kann jedoch eine genauere Darstellung erreicht werden.

Durch den Fokus auf die nutzenstiftenden Aktivitäten und die dazwischen liegenden Interaktionen kann die Partizipation des Kunden dargestellt werden. Dies bezieht sich jedoch im Wesentlichen auf eine mögliche Nachfrage oder ein Angebot des jeweiligen Akteurs. Mit Hilfe dieser Beziehungen ist es möglich, die Integration von Ressourcen unterschiedlicher Akteure und damit ein wichtiges Charakteristikum von service-orientierten Geschäftsmodellen darzustellen. Weitere Wechselwirkungen zwischen dem Geschäftsmodell und dem Kunden können jedoch nicht dargestellt werden. Wie auch beim Ansatz von Weill und Vitale [28] kann nicht dargestellt werden, wie konkret mit dem Kunden interagiert wird oder wie finanzielle Abhängigkeiten mit dem Kunden vereinbart werden. Auch ein service-orientiertes Wertversprechen kann mit diesem Ansatz nicht vollständig dargestellt werden. Letztendlich kann festgestellt werden, dass die Interaktion mit dem Kunden zwar teilweise dargestellt wird, jedoch keine besondere Hervorhebung des Kunden angestrebt wird. Dadurch kann die Co-Creation, die den gesamten Wertschöpfungsprozess einer Dienstleistung durchziehen kann, nicht in ihrer Gesamtheit dargestellt werden.

Schließlich bietet dieser Ansatz eine fortgeschrittene Möglichkeit zur Darstellung service-orientierter Geschäftsmodelle. Gleichzeitig können jedoch durch den fehlenden Einfluss des Kunden nicht alle service-orientierten Charakteristika berücksichtigt werden.

3.3.3 Die Business Model Ontology von Osterwalder und die Business Model Canvas von Osterwalder und Pigneur

Die Business Model Ontology wurde von Osterwalder [19] auf der Basis einer Literaturrecherche entwickelt und betrachtet Geschäftsmodelle aus einer anderen Perspektive als die Ansätze von Weill und Vitale [28] und Gordijn [8]. Im Gegensatz zur Darstellung von Werteflüssen und damit der Betrachtung des Austauschs zwischen unterschiedlichen Akteuren nimmt die Business Model Ontology eine ganzheitliche Sicht auf ein Unternehmen oder ein spezifisches Angebot ein. Im Mittelpunkt steht dabei die Geschäftslogik. Sie beschreibt, wie ein Wert geschaffen, dem Kunden angeboten und letztendlich auch finanziert wird.

Basierend auf den Arbeiten zur Business Model Ontology entwickelten Osterwalder und Pigneur [20] in Kooperation mit einer Vielzahl unterschiedlicher Praktiker die Business Model Canvas (BMC). Die BMC wurde entwickelt, um die Business Model Ontology für die Praxis nutzbar zu machen und die Darstellung von Geschäftsmodellen zu ermöglichen.

Anwendung des Ansatzes
Insgesamt versteht Osterwalder unter einem Geschäftsmodell ein konzeptionelles Werkzeug, das mit Hilfe von Elementen und Beziehungen die Logik darstellt, wie ein Unternehmen Geld verdient. Zur Anwendung dieses Ansatzes sollte unter neun verschiedenen

Tab. 3 Dimensionen eines Geschäftsmodells nach Osterwalder [19]

Säule	Dimension	Beschreibung
Produkt/Dienstleistung	Wertversprechen (Value Proposition)	Das Wertversprechen beschreibt das Angebot, das den Kunden präsentiert wird
Kundenschnittstelle	Kundensegment (Customer Segment)	Das Kundensegment beschreibt die Gruppe an Kunden, der das Wertversprechen angeboten werden soll
	Kundenbeziehung (Customer Relationship)	Die Kundenbeziehung beschreibt die Art und Weise, wie ein Kunde gebunden wird und Kundenloyalität erreicht werden soll
	Kanal (Channels)	Der Kanal definiert, über welche Distributionskanäle das Wertversprechen dem Kunden erbracht wird
Infrastruktur	Schlüsselressourcen (Key Resources)	Schlüsselressourcen beschreiben die wichtigsten Ressourcen, die zur Erstellung des Wertversprechens benötigt werden
	Schlüsselaktivitäten (Key Activities)	Schlüsselaktivitäten beschreiben die wichtigsten Aktivitäten, die zur Erstellung des Wertversprechens benötigt werden
	Schlüsselpartner (Key Partners)	Schlüsselpartner werden benötigt, um fehlende Ressourcen zu beschaffen oder fehlende Aktivitäten zu übernehmen
Finanzielle Aspekte	Erlösströme (Revenues Streams)	Erlösströme beschreiben, wie mit einem Geschäftsmodell Erlöse generiert werden
	Kostenstruktur (Cost Structure)	Die Kostenstruktur definiert die wesentlichen Kostenpositionen bei der Schaffung des Wertversprechens

Geschäftsmodelldimensionen unterschieden werden können. Diese werden in Tab. 3 dargestellt.

Die Anwendung dieses Ansatzes erfolgt anhand der BMC und wird in Abb. 5 illustriert.

Wie das Fallbeispiel von IKEA zeigt, verfolgen die Business Model Ontology und die Business Model Canvas eine abgewandelte Perspektive. Im Gegensatz zu den bereits vor-

Schlüsselpartner	Schlüsselaktivitäten	Wertversprechen	Kundenbeziehung	Kundensegmente
- Spedition	- Beratung und Verkauf	- Modulare und individualisierte Küchenlösungen - Do-it-yourself Küchenplaner - Virtuelle Küchenvorschau	- Marke - Kundenorientierung	- Privat- und Geschäftskunden
	Schlüsselressourcen - Personal - Planungssoftware - Ausstellungsfläche		**Kanäle** - Internet - Filiale	
Kostenstruktur - Beratungspersonal - Softwarelösung			**Erlösströme** - Festpreise für Küchenelemente	

Abb. 5 Business Model Canvas – Fallbeispiel

gestellten Darstellungsansätzen wird kein gesamtes Netzwerk unterschiedlicher Akteure betrachtet sondern ausschließlich IKEA, das auch als Träger des Geschäftsmodells verstanden werden kann.

Im Zentrum der Darstellung steht das Wertversprechen von IKEA und damit die modulare und individualisierte Gestaltung von Küchenlösungen. Dieses Wertversprechen wird durch die Möglichkeit des Kunden eine Küchenplanungssoftware einzusetzen und der damit verbundenen virtuellen Küchenvorschau erweitert. Zur linken Seite des Wertversprechens werden die wesentlichen Elemente beschrieben, damit das Wertversprechen erbracht werden kann. Wichtige Ressourcen sind dafür das Personal, die Planungssoftware und die Ausstellungsfläche in den Filialen. Hinzu kommt die Spedition als Partner, der für die Lieferung der Küche zuständig ist. Die wichtigsten Aktivitäten für IKEA sind die Beratung der Kunden und der finale Verkauf. Zur rechten Seite des Wertversprechens wird der Zugang zum Kunden beschrieben. IKEA möchte sein Wertversprechen sowohl Privat- als auch Geschäftskunden anbieten und sie durch eine starke Kundenorientierung und die Marke an sich binden. Dies wird sowohl über das Internet als auch durch zahlreiche IKEA Filialen ermöglicht. Die Finanzperspektive auf das Geschäftsmodell findet sich unter dem Wertversprechen. Ein Großteil der Kosten dieses Geschäftsmodells entsteht durch das Beratungspersonal sowie die Erstellung der Softwarelösung. Seine Erträge erzielt IKEA durch den einfachen Verkauf der Küchen.

Bewertung des Ansatzes

Dieser Ansatz sollte gewählt werden, wenn eine umfassende Übersicht über ein Geschäftsmodell angefertigt werden soll. Dabei stehen jedoch ein zentrales Unternehmen und dessen wesentliche Geschäftsmodelldimensionen im Mittelpunkt.

Ein wesentlicher Vorteil dieses Ansatzes ist die breite Anwendbarkeit. Durch den generischen Aufbau der BMC, kann sie unter vielen unterschiedlichen Rahmenbedingungen angewendet werden. Positiv hervorzuheben ist zudem die Zusammenstellung der Geschäftsmodelldimensionen, die anhand einer Literaturrecherche ausgewählt wurden und damit dem allgemeinen Verständnis eines Geschäftsmodells folgen. Ein weiterer positiver

Aspekt der BMC ist die praktische Etablierung und Anwendbarkeit. Sie wurde in Zusammenarbeit vieler unterschiedlicher Praktiker erstellt und ist beinahe ohne vorherige Erklärung einsetzbar, da die gewählte Terminologie größtenteils allgemein verständlich ist.

Die breite Anwendbarkeit ist jedoch auch der größte Nachteil dieses Ansatzes. So muss zunächst definiert werden, welche Bezugspunkte eingenommen werden, da sowohl eine ganzheitliche Darstellung eines Unternehmens, eines einzelnen Angebots oder auch eines einzelnen Prozesses gewählt werden kann. Des Weiteren ist der generische Aufbau der BMC nicht in jeder Situation von Vorteil und muss teilweise an Voraussetzungen angepasst werden.

Wann sollte dieser Ansatz angewendet werden?
Sie wollen die wesentlichen Elemente eines Geschäftsmodells identifizieren sowie die Logik hinter dem Geschäftsmodell verstehen und darstellen.

Pro	Kontra
Hat eine breite Anwendbarkeit	Gefahr von Missverständnissen durch teilweise unklare Bezugspunkte
Überblick über die wesentlichen Bestandteile eines Geschäftsmodells	Sehr generischer Ansatz, der teilweise erst an bestimmte Voraussetzungen angepasst werden muss
Einfache Anwendung in einem Managementworkshop	Darstellung komplexer Netzwerke nicht möglich

Pro und Kontra des Business Model Canvas [20]

Bewertung des Einsatzes bei service-orientierten Geschäftsmodellen
Die veränderte Perspektive dieses Ansatzes spiegelt sich auch in seiner Fähigkeit zur Darstellung von service-orientierten Geschäftsmodellen wieder. Im Gegensatz zu den bereits beschriebenen Ansätzen nach Weill und Vitale [28] und Gordijn [8] steht nicht mehr ein ganzes Netzwerk aus Akteuren sondern ein einzelnes Unternehmen im Mittelpunkt. Durch eine reine Benennung notwendiger Partner und potenzieller Kunden, verliert dieser Ansatz die Interaktion mit weiteren Akteuren. Dies wird jedoch dadurch abgemildert, dass bei der Nutzung der BMC durch eine farbliche Kodierung zusammengehörige Elemente, wie z. B. Ressourcen/Aktivitäten eines Partners oder Wertversprechen eines bestimmten Kundensegments, gemeinschaftlich dargestellt werden sollen. Problematisch wird es jedoch, wenn der Einfluss des Kunden auf die einzelnen Geschäftsmodelldimensionen dargestellt werden soll. So wird u. a. nicht aufgezeigt, welchen Einfluss der Kunde auf die Definition von Erlösmodellen hat, wie er Kostenstrukturen beeinflusst, was der subjektive Nutzen für den Kunden ist oder wie der Kunde die Interaktion mit dem Dienstleistungsanbieter beeinflusst. Auch die Interaktion mit möglichen Partnern wird nur eingeschränkt dargestellt.

Insgesamt bietet dieser Ansatz die Möglichkeit, das Geschäftsmodell eines Unternehmens oder eines Angebots darzustellen. Ziel dabei ist die Abbildung der Geschäftslogik und damit die Beantwortung der Frage, wie ein Unternehmen Geld verdienen kann. Durch den Fokus auf ein zentrales Unternehmen oder Angebot wird jedoch der Netzwerkaspekt von service-orientierten Geschäftsmodellen ausgeblendet.

3.3.4 Service Business Model Canvas nach Zolnowski und Böhmann

Der vierte Ansatz betrachtet die Weiterentwicklung der Business Model Canvas durch Zolnowski und Böhmann [31][32] zur Service Business Model Canvas (SBMC). Dieser Ansatz basiert auf der Geschäftsmodelldefinition von Osterwalder [19] und den in der Business Model Ontology elaborierten Elementen. Ein Geschäftsmodell ist somit ein konzeptionelles Werkzeug, das mit Hilfe ausgewählter Elemente und Beziehungen die Logik darstellt, wie ein Wertversprechen generiert wird und ein Unternehmen damit Geld verdient. Es wird somit eine ganzheitliche Perspektive angenommen, die auf die Darstellung der Geschäftslogik abzielt. Die Besonderheit dieses Ansatzes ist jedoch die Service-Orientierung. Die besonderen Charakteristika des Service werden spezifisch berücksichtigt und implementiert. Dazu zählen insbesondere die Co-Creation und die Ressourcenintegration, die besonders wichtige Elemente zur Darstellung der relationalen und interaktiven Wertschöpfung von service-orientierten Geschäftsmodellen darstellen. Mit Hilfe dieses Ansatzes soll eine umfassende Darstellung der Logik service-orientierter Geschäftsmodelle erreicht werden.

Dies geschieht, indem die Anordnung der Dimensionen angepasst und dadurch der Kunde in eine direkte Beziehung zu den anderen Geschäftsmodelldimensionen gestellt wird. Des Weiteren differenziert sich der Geschäftsmodellansatz über drei unterschiedliche Perspektiven, die die Einflüsse der unterschiedlichen Akteure stärker in den Vordergrund rücken. Unter Berücksichtigung dieser Änderungen kann dargestellt werden, welchen Beitrag und Nutzen die jeweiligen Akteure im Geschäftsmodell haben [32]. Somit kann die Co-Creation im service-orientierten Geschäftsmodell dargestellt werden. Die SBMC wird in Abb. 6 dargestellt.

Im Wertversprechen des SBMC wird je nach Perspektive das spezifische Wertversprechen für den einzelnen Akteur dargestellt. Dadurch kann der Nutzen für die einzelnen Akteure separat definiert werden. Die Beziehung umfasst die Art, wie die unterschiedlichen Akteure Einfluss auf die Interaktionen innerhalb des Geschäftsmodells haben. Dabei wird explizit der Beitrag für die Entwicklung und Weiterentwicklung der Beziehungen illustriert. Die Kanäle beschreiben die Interaktionspunkte zwischen den einzelnen Akteuren. Bei der Erlösstruktur werden mögliche Erlöse der Akteure dargestellt. Schlüsselressourcen und Schlüsselaktivitäten stellen den Beitrag der einzelnen Akteure zum Dienstleistungsprozess dar. Zuletzt werden in der Kostenstruktur die wesentlichen Kosten der einzelnen Akteure adressiert [32].

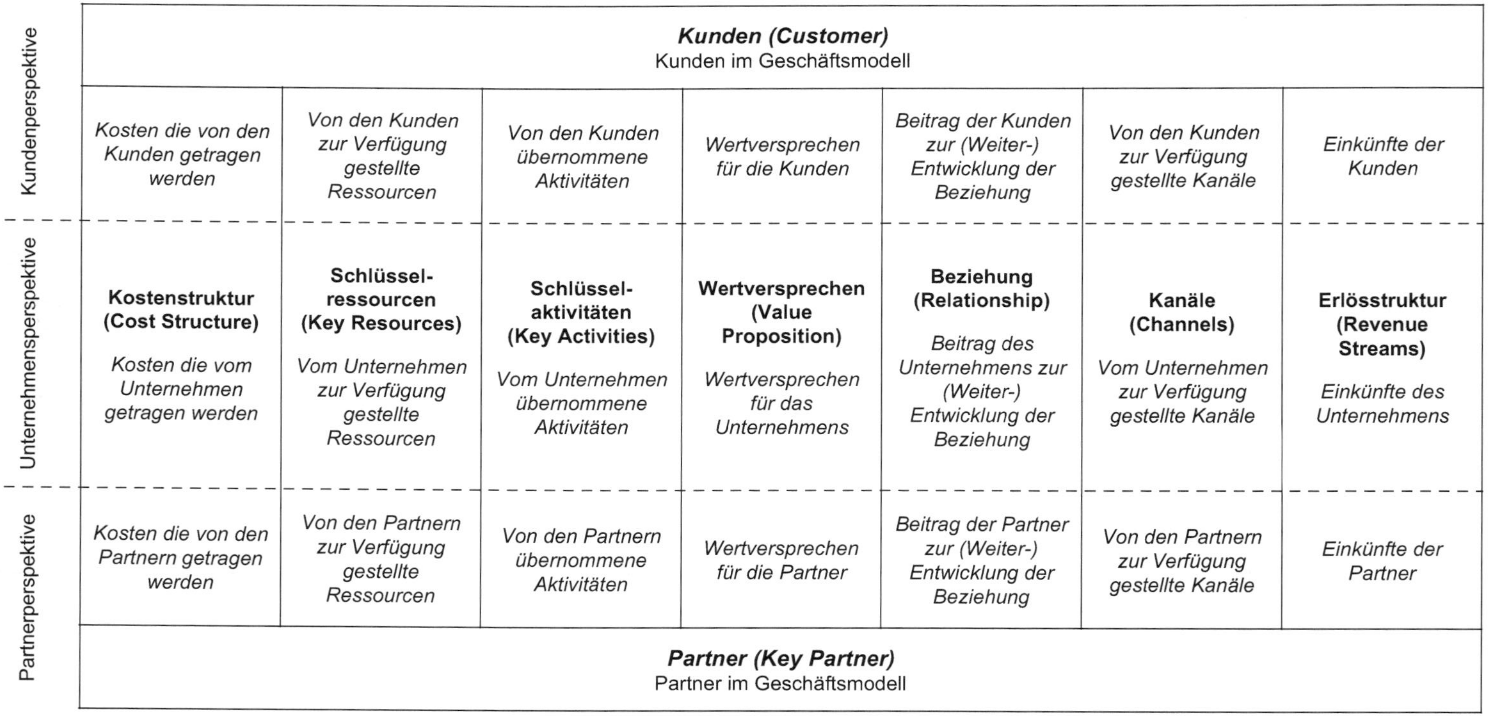

	Kostenstruktur (Cost Structure)	Schlüsselressourcen (Key Resources)	Schlüsselaktivitäten (Key Activities)	Wertversprechen (Value Proposition)	Beziehung (Relationship)	Kanäle (Channels)	Erlösstruktur (Revenue Streams)
Kundenperspektive — *Kunden (Customer)* Kunden im Geschäftsmodell	Kosten die von den Kunden getragen werden	Von den Kunden zur Verfügung gestellte Ressourcen	Von den Kunden übernommene Aktivitäten	Wertversprechen für die Kunden	Beitrag der Kunden zur (Weiter-) Entwicklung der Beziehung	Von den Kunden zur Verfügung gestellte Kanäle	Einkünfte der Kunden
Unternehmensperspektive	Kosten die vom Unternehmen getragen werden	Vom Unternehmen zur Verfügung gestellte Ressourcen	Vom Unternehmen übernommene Aktivitäten	Wertversprechen für das Unternehmens	Beitrag des Unternehmens zur (Weiter-) Entwicklung der Beziehung	Vom Unternehmen zur Verfügung gestellte Kanäle	Einkünfte des Unternehmens
Partnerperspektive — *Partner (Key Partner)* Partner im Geschäftsmodell	Kosten die von den Partnern getragen werden	Von den Partnern zur Verfügung gestellte Ressourcen	Von den Partnern übernommene Aktivitäten	Wertversprechen für die Partner	Beitrag der Partner zur (Weiter-) Entwicklung der Beziehung	Von den Partnern zur Verfügung gestellte Kanäle	Einkünfte der Partner

Abb. 6 Service Business Model Canvas nach Zolnowski und Böhmann [31, 32]

Anwendung des Ansatzes

Wie bereits erwähnt, stützt sich die Anwendung dieses Ansatzes auf die bestehende Definition und die Elemente von Osterwalder [19]. Diese bestehen aus dem Wertversprechen, dem Kundensegment, der Kundenbeziehung, dem Kanal, den Schlüsselressourcen, den Schlüsselaktivitäten, dem Schlüsselpartner, den Erlösströmen und der Kostenstruktur, die in Abb. 7 näher beschrieben werden.

Das Wertversprechen des ersten Fallbeispiels kann in zwei Bereiche untergliedert werden. IKEA selber verspricht den Verkauf von modularen und individualisierten Küchenlösungen an Privat- und Geschäftskunden. Durch die Integration des Kunden und die Nutzung des Küchenplaners kann der Kunde eine komplett individuelle Küchenplanung durchführen und die Ergebnisse sogar in einer virtuellen Vorschau betrachten. Dadurch kann sich der Kunde eine bessere Übersicht der geplanten Küche verschaffen. Je nach Entscheidung des Kunden, kann er dieses Wertversprechen über das Internet oder in der jeweiligen IKEA Filiale beziehen. In den Filialen stehen zusätzliche Kundenberater zur Verfügung, die den Kunden individuell beraten und ihn so durch eine hohe Kundenorientierung an IKEA binden sollen. Die Kundenbindung wird durch die starke Marke „IKEA" erhöht. Die Zahlung der Küche erfolgt nach Katalogpreisen je nach Küchenelement.

Zur Bereitstellung der Dienstleistung werden Aktivitäten von unterschiedlichen Akteuren benötigt. IKEA selber bietet die individuelle Beratung sowie den Verkauf der eigenen Produkte an. Um jedoch die Küchenlösung zu erstellen, ist die Mitwirkung des Kunden notwendig, der eine bedarfsgerechte Vorauswahl möglicher Küchenelemente durchführen muss oder gar die gesamte Planung der Küche übernehmen kann. Sobald der Kunde die Küche gekauft hat, wird auf Wunsch des Kunden eine Spedition zur Lieferung der Küche benötigt.

IKEA benötigt dafür die folgenden Ressourcen: das Personal, die Softwarelösung und die Ausstellungsfläche der Filialen. Der Kunde muss für die Planungen vorab Zeit investieren und seine Wünsche und Bedarfe im Konzept der Küche berücksichtigen.

Die wesentlichen Kosten des Geschäftsmodells liegen im Personal und der Bereitstellung der Softwarelösung.

Bewertung des Ansatzes

Die Nutzung der Service Business Model Canvas sollte favorisiert werden, wenn serviceorientierte Geschäftsmodelle betrachtet werden. Wie bei der BMC wird bei diesem Ansatz explizit die Geschäftslogik eines Unternehmens oder einer Dienstleistung betrachtet und anhand der bekannten Dimensionen der Business Model Ontology analysiert. Gleichzeitig wird jedoch auch das Zusammenspiel zwischen den unterschiedlichen Akteuren im Geschäftsmodell betrachtet. Damit liefert dieser Ansatz die Möglichkeit, Co-Creation im Detail zu betrachten. Zudem ist es möglich, die Integration der Ressourcen von Partnern oder des Kunden darzustellen.

Analog zur BMC sollten auch bei diesem Ansatz die Bezugspunkte im Vorfeld definiert werden. Auch die Darstellung komplexer Netzwerke ist bei diesem Ansatz schwierig. Anders als im BMC können jedoch durch die Perspektivendarstellung einfach Netzwerke im SBMC dargestellt werden.

	Partner	Schlüsselaktivitäten	Wertversprechen	Beziehung	Kunden
		- Vorauswahl - Planung	- Individuelle Küchenplanung - Virtuelle Vorschau	- Individuelles Design	- Privat- und Geschäftskunden
		Schlüsselressourcen	**Wertversprechen**	**Kanäle**	
		- Personal - Softwarelösung - Ausstellungsfläche	- Modulare und individualisierte Küchenlösungen	- Filialen	
Kostenstruktur				**Erlösstruktur**	
- Personal - Softwarelösung				- Festpreise für Küchenelemente	
Partner					
- Spedition	- Auslieferung				

Perspektiven (von links nach rechts): *Kundenperspektive* (Endkunden) — *Unternehmensperspektive* (IKEA) — *Partnerperspektive* (Spedition)

Abb. 7 Service Business Model Canvas – Fallbeispiel

Wann sollte dieser Ansatz angewendet werden?

Sie wollen ein service-orientiertes Geschäftsmodells verstehen, analysieren oder entwickeln.

Pro	Kontra
Betrachtung der Co-Creation zwischen den unterschiedlichen Akteuren	Gefahr von Missverständnissen durch teilweise unklare Bezugspunkte
Überblick über die wesentlichen Bestandteile eines service-orientierten Geschäftsmodells	Abbildung von komplexen Netzwerken schwierig
Darstellung der Interaktion mit dem Kunden	–

Pro und Kontra der Service Business Model Canvas [31]

Bewertung des Einsatzes bei service-orientierten Geschäftsmodellen

Durch die spezifische Weiterentwicklung der BMC, wurde dieser Ansatz für die Darstellung von Co-Creation und der Integration von Ressourcen optimiert. Somit bietet dieser Ansatz die Möglichkeit die Interaktion mit dem Kunden darzustellen und die Anforderungen an ein service-orientiertes Geschäftsmodell einzuhalten.

Durch die Neuausrichtung der Canvas und der dadurch erwirkten Annäherung des Kunden an die restlichen Geschäftsmodelldimensionen, kann die Interaktion zwischen dem Kunden und Geschäftsmodell direkt dargestellt werden. Somit ist es möglich, den Einfluss des Kunden auf die Werterstellung, auf den Kundenkontakt wie auch auf die finanziellen Rahmenbedingungen zu verdeutlichen. Unterstützt wird dies durch die Einteilung der Canvas in drei Perspektiven.

Die Darstellung der Wechselwirkungen zwischen einem Unternehmen und seinen Kunden sowie Partnern erlaubt eine detaillierte und differenziertere Analyse und Gestaltung von service-orientierten Geschäftsmodellen. Ausgehend vom Geschäftsmodell des Kunden, kann beispielsweise ein spezifisch angepasstes Geschäftsmodell entwickelt werden, das ein individuell angepasstes Wertversprechen realisieren kann. Weiterhin können bei einem bereits bestehenden Geschäftsmodell die Wechselwirkungen zwischen den Akteuren analysiert werden. Etwa welche Auswirkungen es hat, wenn bestimmte Ressourcen aufgrund einer Transformation des Geschäftsmodells durch einen anderen Akteur bereitgestellt werden müssen.

Insgesamt bietet dieser Ansatz eine gute Möglichkeit zur Darstellung von service-orientierten Geschäftsmodellen. Er sollte genutzt werden, wenn die Geschäftslogik einer Dienstleistung mit der darin enthaltenen Co-Creation dargestellt werden soll.

4 Zusammenfassung

Wie in diesem Kapitel gezeigt werden konnte, existiert bislang kein einheitliches Verständnis zu Geschäftsmodellen. Unterschiedliche Ansätze und Methoden spiegeln diese Vielfalt in der wissenschaftlichen Diskussion wider. Gleichwohl können viele Gemeinsamkeiten zwischen den unterschiedlichen Meinungen identifiziert werden. Die größten Parallelen finden sich in Elementen wie dem Wertversprechen, den Kunden sowie Partnern und Konkurrenten. Durch die allgemeine Diskussion werden jedoch service-spezifische Elemente nicht direkt fokussiert. Dabei stellen Dienstleistungen mit ihren spezifischen Eigenschaften eine besondere Herausforderung dar. Diese spiegelt sich insbesondere im kontextuellen, interaktiven und relationalen Charakter service-orientierter Geschäftsmodelle wider.

Die Darstellung service-orientierter Geschäftsmodelle bedarf geeigneter Werkzeuge, die ihre wesentlichen Elemente betrachten. Der Einsatz unterschiedlicher Werkzeuge führt zu Lösungsvarianten, die jeweils ihre eigenen Vor- und Nachteile haben.

Die Darstellung von Geschäftsmodellen nach Weill und Vitale mündet in einer Übersicht der Beziehungen innerhalb eines Netzwerks unterschiedlicher Akteure. Die e3-Value Ontology stellt die Schaffung, den Austausch und den Konsum eines Nutzens innerhalb eines Netzwerks unterschiedlicher Akteure dar. Bei der Business Model Canvas wird ein ganzheitlicher Überblick über die wichtigsten Elemente eines Geschäfts gegeben. Zuletzt stellt die Service Business Model Canvas eine Weiterentwicklung der Business Model Canvas dar, die auf die Darstellung der Co-Creation in einem service-orientierten Geschäftsmodell spezialisiert ist.

Aufgrund der unterschiedlichen Zielrichtungen kann je nach Einsatzzweck ein anderes Werkzeug ausgewählt werden. Dadurch können jeweils unterschiedliche spezifische Fragestellung bei der Analyse und Generierung von service-orientierten Geschäftsmodellen fokussiert werden.

Literatur

1. Afuah A, Tucci CL (2001) Internet business models and strategies. Text and cases. Mcgraw-Hill Higher Education
2. Al-Debei MM (2010) The design and engineering of innovative mobile data services: An ontological Framework founded on business model thinking, Brunel University
3. Alt R, Zimmermann HD (2001) Introduction to special section-business models. Electronic Markets 11(1):3–9
4. Chandler JD, Vargo SL (2011) Contextualization and value-in-context: How context frames exchange. Marketing Theory 11(1):35–35
5. Edvardsson B, Gustafsson A, Kristensson P, Witell L (2010) Service innovation and customer co-development. In: Handbook of Service Science, S 561–577
6. Edvardsson B, Gustafsson A, Roos I (2005) Service portraits in service research: a critical review. International Journal of Service Industry Management 16(1):107–121
7. Ethiraj S, Guler I, Singh H (2000) The impact of Internet and electronic technologies on firms and its implications for competitive advantage

8. Gordijn J (2002) Value-based requirements engineering-exploring innovative e-commerce ideas, Vrije Universiteit
9. Gordijn J, Akkermans H (2001) e3-value: design and evaluation of e-business models. IEEE Intelligent Systems 16(4):11–17
10. Grönroos C (2008) Service logic revisited: who creates value? And who co-creates? In. European Business Review 20(4):298–314
11. Grönroos C (2007) Service management and marketing: customer management in service competition. John Wiley & Sons, Chichester
12. Grönroos C (2006) Adopting a service logic for marketing. Marketing Theory 6(3):317–333
13. Grönroos C (1994) From marketing mix to relationship marketing: towards a paradigm shift in marketing. Management Decision 32(2):4–20
14. Harreld JB, O Reilly CA, Tushman ML (2007) Dynamic capabilities at IBM: driving strategy into action. Calif Manage Rev 49(4):21–21
15. Hedman J, Kalling T (2003) The business model concept: theoretical underpinnings and empirical illustrations. European Journal of Information Systems 12(1):49–59
16. Lusch RF (2012) S-D Logic: Making Sense of Economy & Society. McGuire Center for Entrepreneurship University of Arizona. Feb 16
17. Lusch RF (2011) Reframing supply-chain management: a service-dominant logic perspective. Journal of Supply Chain Management 47(1):14–18
18. Mizik N, Jacobson R (2003) Trading off between value creation and value appropriation: the financial implications of shifts in strategic emphasis. J Marketing 67(1):63–76
19. Osterwalder A (2004) The Business model ontology—a proposition in a design science approach
20. Osterwalder A, Pigneur Y (2010) Business model generation. John Wiley & Sons, Hohoken
21. Prahalad CK, Ramaswamy V (2004) Co-creating unique value with customers. Strategy & Leadership 32(3):4–9
22. Prasad VN, George SS (2009) Rolls-royce: a manufacturer at your service. In: ecch the case for learning
23. Slywotzky AJ (1995) Value migration: how to think several moves ahead of the competition. Harvard Business Press, Boston
24. Timmers P (1998) Business models for electronic markets. Electronic Markets 8:3–8
25. Vargo SL (2012) Service-dominant logic: reflections and directions. WMG Service Systems Research Group Research Seminar Series. Feb 29:2012
26. Vargo SL, Lusch RF (2008) Service-dominant logic: continuing the evolution. J Acad Mark Sci 36(1):1–10
27. Vargo SL, Lusch RF (2004) Evolving to a new dominant logic for marketing. Journal of Marketing 68(January):1–17
28. Weill P, Vitale MR (2001) Place to space—migrating to E-business models. Harvard Business School Press, Boston
29. Wirtz BW (2001) Electronic business. Gabler, Wiesbaden
30. Zolnowski A, Böhmann T (2011) Business modeling for services: current state and research perspectives. Americas Conference on Information Systems (AMCIS) 2011 Proceedings – All Submissions. Paper 394
31. Zolnowski A, Böhmann T (2013) Customer integration in service business models. Proceedings of the 46th Hawaii International Conference on System Sciences (HICSS 46). Hawaii
32. Zolnowski A, Weiß C, Böhmann T (2014) Representing service business models with the service business model canvas—the case of a mobile payment service in the retail industry. Proceedings of the 47th Hawaii International Conference on System Sciences (HICSS 47). Hawaii
33. Zolnowski A, Böhmann T (2010) Stand und Perspektiven der Modellierung von Geschäftsmodellen aus Sicht des Dienstleistungsmanagements. Physica, Heidelberg
34. Zott C, Amit R, Massa L (2010) The business model: theoretical roots, recent development, and future research. Navarra: IESE Business School—University of Navarra

Veränderungstreiber service-orientierter Geschäftsmodelle

Andreas Zolnowski und Tilo Böhmann

Zusammenfassung

Mit der Entwicklung und Umsetzung von service-orientierten Geschäftsmodellen nutzen Unternehmen neue Marktchancen, die sich durch verändertes Nachfrageverhalten und technologische Innovationen eröffnen. Kunden suchen nach integrierten Lösungen und können den Nutzen von Service zunehmend besser beurteilen, was eine verstärkte Erlösorientierung ermöglicht. Zudem verändert die Digitalisierung Service radikal.

Dieses Kapitel beschreibt die Auswirkungen der Veränderungstreiber der Integration, Erlösorientierung und Digitalisierung. Darauf aufbauend wird an konkreten Beispielen verdeutlicht, wie sich diese Veränderungstreiber auf service-orientierte Geschäftsmodelle auswirken.

Nach der Lektüre dieses Kapitels können Sie…

- Wesentliche Veränderungstreiber service-orientierter Geschäftsmodelle benennen.
- Auswirkungen der Veränderungstreiber auf service-orientierte Geschäftsmodelle erkennen.
- Beispiele für innovative service-orientierte Geschäftsmodelle kennenlernen.

T. Böhmann (✉) · A. Zolnowski
Fachbereich Informatik, Universität Hamburg, Vogt-Kölln-Str. 30,
22527 Hamburg, Deutschland
E-Mail: Tilo.Boehmann@uni-hamburg.de

A. Zolnowski
E-Mail: zolnowski@informatik.uni-hamburg.de

1 Veränderungstreiber service-orientierter Geschäftsmodelle

Mit Hilfe der im ersten Kapitel vorgestellten Darstellungsformen kann die Geschäftslogik von service-orientierten Geschäftsmodellen analysiert und kommuniziert werden. Nun stellt sich jedoch die Frage, ob es bestimmte Muster gibt, die besonders häufig bei service-orientierten Geschäftsmodellen auftreten. Im Laufe dieses Kapitels werden anhand von Merkmalen service-orientierter Geschäftsmodelle wesentliche Gestaltungsalternativen herausgearbeitet. Daraufhin werden Veränderungsachsen vorgestellt, die den Wandel zur Service-Orientierung vorantreiben und innovative Geschäftsmodelle ermöglichen.

1.1 Charakteristika service-orientierter Geschäftsmodelle

Wie bereits im ersten Kapitel beschrieben werden service-orientierte Geschäftsmodelle anhand von drei Charakteristika klassischer, produkt-orientierter Geschäftsmodelle unterschieden. Die Kriterien spiegeln dabei die Eigenschaften von Dienstleistungen wieder und beschreiben sie als eine relationale, interaktive und kontextuelle Form der Wertschöpfung (siehe „Grundlagen service-orientierter Geschäftsmodelle", Abschn. 2, Abb. 1).

Die **relationale** Eigenschaft einer Dienstleistung beschreibt die Form und Dauer der Anbieter-Kunden-Beziehung. Da eine Dienstleistung nicht wie beispielsweise eine einzelne Verkaufstransaktion punktuell ausgeführt und abgeschlossen werden kann, wird eine zeitliche Komponente notwendig. Im Gegensatz zu einer einzelnen Transaktion ist eine Dienstleistung ein andauernder Prozess, der einen Mehrwert über einen gewissen Zeitraum schafft. In ihrer Beziehung lernen sich die Partner im Laufe der Zeit immer weiter kennen. Es entsteht Wissen, dass im Verlauf der Beziehung eingesetzt werden kann, um die Dienstleistung immer weiter an die Wünsche und Bedarfe des Kunden anzupassen oder gar neue Dienstleistungen zu entwickeln.

Während der gesamten Anbieter-Kunden-Beziehung, ist der Leistungserstellungsprozess von einer umfangreichen **Interaktion** geprägt. Die Interaktion kann dabei unterschiedlich stark ausgeprägt sein. Vom einfachen Empfang der Dienstleistung, über die Integration eigener Ressourcen und Aktivitäten bis hin zur kompletten Individualisierung und Integration in die eigenen Unternehmensprozesse. Die Interaktion hat dabei einen besonderen Stellenwert, da der Mehrwert einer Dienstleistung nur im Zusammenspiel von Anbieter und Kunden entstehen kann.

Eine weitere Eigenschaft einer Dienstleistung beschreibt ihre **kontextuelle** Abhängigkeit. So kann eine Dienstleistung bei verschiedenen Kunden einen jeweils anderen Mehrwert erbringen. Der Kontext, in dem die Leistung erbracht wird, ist dabei entscheidend.

1.2 Die Veränderungstreiber

1.2.1 Digitalisierung

Im Gegensatz zum produkt-orientierten Geschäftsmodell haben beim service-orientierten Geschäftsmodell Information und Wissen eine Schlüsselrolle [14]. Daher erweitert die stark wachsende Digitalisierung aller Lebensbereiche und Wertschöpfungsketten die Möglichkeiten für die Realisierung von service-orientierten Geschäftsmodellen substantiell.

Lusch et al. identifizierten sieben wesentliche Gründe, welche Möglichkeiten dafür durch IT entstehen [6]:

1. Durch die Integration von IT in bestehende Produkte werden zusätzliche Dienstleistungen ermöglicht.
2. Neue Möglichkeiten des Self-Service werden geschaffen.
3. Die Möglichkeit weitere Dienstleistungen anzubieten steigt.
4. Die Notwendigkeit etwas physisch zu transportieren sinkt.
5. Das Wissen über Kunden und Partner wird erweitert.
6. Neue Möglichkeiten mit Kunden und Partnern direkt zu interagieren werden geschaffen.
7. Die Koordination zwischen den Partnern wird effektiver und schneller.

Insgesamt kann der Einsatz von IT den Zugang zum Kunden verbessern und so die Sammlung und Verarbeitung von Informationen unterstützen. Ein großer Nutzen entsteht, wenn durch diese Informationen neues Wissen entsteht, z. B. über die spezifischen Bedarfe eines Kunden oder über Optimierungsmöglichkeiten in Prozessen. Zudem kann solches Wissen die Grundlage für neue Wertversprechen bilden.

Daher erlaubt die Digitalisierung einem Dienstleistungsanbieter seine Service-Orientierung weiter zu entwickeln und damit zu intensivieren. Einen besonders hohen Stellenwert hat dabei die relationale Beziehung zum Kunden. Aufgrund der hohen Kundennähe und der langfristigen Beziehungen können Daten, Informationen und Wissen über die Kunden gesammelt werden. Ein Anbieter stärkt seine Kundennähe, indem er diese Informationen einsetzt, die Kontextualisierung erweitert und so besser auf die Wünsche und Bedarfe des Kunden eingeht. Dabei können sowohl individualisierte Angebote für einen einzelnen Kunden als auch für den Massenmarkt entwickelt werden. Der Begriff Mass Customization bezeichnet die Individualisierungen für den Massenmarkt [9]. Mass Customization ermöglicht es Anbietern, Kunden auf Grundlage von Standardisierung und Modularisierung individualisierte Angebote zu machen.

Die verstärkte Kundennähe des Anbieters und die Individualität der Angebote beruhen auf einer ausgeprägten Interaktivität mit dem Kunden. Der Kunde steht in einem permanenten Austausch mit dem Anbieter und stellt ihm Daten und Informationen zur Verfügung. Indem der Kunde seine Wünsche und Bedarfe äußert, wird ein möglichst hoher Mehrwert für ihn erzeugt.

1.2.2 Erlösorientierung

Neben dem technischen Fortschritt, der sich in der zunehmenden Digitalisierung niederschlägt, werden Dienstleistungen durch eine verstärkt service-orientierte Ausrichtung der Unternehmen getrieben. Diese Entwicklung lässt sich in vielen Unternehmen beobachten, in denen zwar traditionell Dienstleistungen eine wichtige Rolle spielen, bislang jedoch nicht als Quelle von Erlösen angesehen wurden. Sobald Dienstleistungen nicht mehr verschenkt sondern als Erlösquelle angesehen werden, spricht man von einer Entwicklung von *Free-to-Fee* oder einer Erlösorientierung. Es gibt zahlreiche Beispiele, die diesen Trend belegen. Sie können sowohl im traditionellen Maschinenbau als auch in modernen Onlinemedien gefunden werden [8, 13].

Wird eine kostenlose zu einer bezahlten Dienstleistung weiterentwickelt, soll oft ein alternativer Ansatz der Wertschöpfung verfolgt werden. Für den Kunden ist es hierbei von herausragender Bedeutung, dass der Anbieter den Nutzen hervorhebt und so das Wertversprechen der Dienstleistung untermauert. Erst durch diesen Schritt kann der Kunde davon überzeugt werden, für eine bislang kostenlose Dienstleistung Geld auszugeben.

Die Service-Orientierung von Dienstleistungen geht soweit, dass das eigentliche Produkt immer weiter an Bedeutung verliert. Das Produkt wird so zum Distributionskanal einer Dienstleistung [14, 15]. Der wesentliche Mehrwert wird nicht mehr durch den Verkauf des Produkts sondern durch die Bereitstellung eines Service geboten. Während der Verkauf des Produkts einen einmaligen Erlös generiert, können Dienstleistungen permanente Erlöse bewirken.

Die strategische Entscheidung eine Dienstleistung nicht mehr kostenlos anzubieten und damit Geld verdienen zu wollen steht in einem engen Zusammenhang mit den Charakteristika der Dienstleistung. Generell ist eine faire Leistungserbringung nur durch Interaktivität möglich. Sie ist notwendig, um den Kontext des Kunden zu erschließen und so das Wertversprechen an die speziellen Herausforderungen des jeweiligen Kunden anzupassen. Hierdurch soll der Nutzen für den Kunden und damit die Zahlungsbereitschaft erhöht werden.

Weiterhin ist eine relationale Beziehung zum Kunden von hoher Bedeutung. Im Verlauf einer Kundenbeziehung kann zwischen dem Anbieter und dem Kunden Vertrauen wachsen. Auch dieses Vertrauen und die dabei gesammelten Erfahrungen können helfen, den Kunden vom Nutzen der Dienstleistung zu überzeugen und damit dessen Zahlungsbereitschaft zu erhöhen.

1.2.3 Integration

Die Integration verbindet bislang getrennte Leistungselemente zu kundenspezifischen Lösungen um dadurch Wettbewerbsvorteile durch Differenzierung zu erlangen [1, 11]. Lösungen werden als individualisierte Leistungsbündel für spezifische Kundenanforderungen verstanden. Sie entstehen oftmals aus einem interaktiven Prozess zwischen Kun-

Tab. 1 Wirkung der Veränderungstreiber auf Charakteristika serviceorientierter Geschäftsmodelle

	Digitalisierung	Erlösorientierung	Integration
Kontextuell	Erweiterte Möglichkeiten der Anpassung auf den kundenspezifischen Kontext	Verbesserte Nutzenargumentation für Herausforderungen des Nutzers	Individualisierung und Anpassung auf Bedarfe des Nutzers
Interaktiv	Verbesserte Interaktionsmöglichkeiten, z. B. durch Internet und Smartphone-Apps	Faire Leistung durch Abgleich an Wünschen und Bedarfen	Erfordert und ermöglicht eine erweiterte Beziehung
Relational	Gewinn von Informationen und Wissen im Verlauf der Kundenbeziehung	Vertrauen für Nutzen und Fairness der Bezahlung	Permanente Interaktion in der Nutzung

de und Anbieter [12]. Im Gegensatz zur einfachen Bündelung von Leistungen entsteht durch die Integration der verschiedenen Leistungselemente ein besonderer Mehrwert [2].

Unternehmen müssen eine Reihe unterschiedlicher Herausforderungen bewältigen, um Lösungen zu realisieren. So wird eine umfassende Abdeckung spezifischer Kundenwünsche oftmals nicht ohne die Einbindung von Partnern möglich sein. Daher wächst mit der Integration die Bedeutung des Partnernetzwerks. Daraus kann sich perspektivisch auch ein „Ökosystem" von Firmen entwickeln, das 1) die gemeinsame Erstellung von Dienstleistungsangeboten, 2) den Austausch von Dienstleistungsangeboten und 3) Co-Creation Prozesse in einem Wertschöpfungsnetzwerk übernimmt [5].

Wichtig ist aber auch hier der Kontext des jeweiligen Akteurs. Die Integration der unterschiedlichen Elemente ermöglicht es den Akteuren, besser auf den Kontext des Kunden einzugehen. In einem Service Ökosystem bekommt der Kunde individualisierte und angepasste Dienstleistungen angeboten, die er dann je nach Wunsch und Bedarf auswählt. Die Auswahl der Dienstleistung macht eine Interaktion zwischen den Akteuren notwendig. Eine länger andauernde Interaktion bedingt meist eine fortlaufende Interaktion während der Nutzungsphase. Generell erfordert und ermöglicht eine relationale Kundenbeziehung eine erweiterte Beziehung während der Nutzungsphase bzw. dem gesamten Lebenszyklus.

Auch verbinden solche integrierten Lösungen oftmals technischen Produkte und Dienstleistungen zu hybriden Produkten oder Produkt-Servicesystemen (PSS). Verfolgen Hersteller von technischen Produkten einen solchen Ansatz, so müssen Produkt- und Dienstleistungsentwicklung aufeinander abgestimmt werden.

Tabelle 1 fasst die Zusammenhänge zwischen den Charakteristika und den Veränderungstreibern service-orientierter Geschäftsmodelle zusammen.

2 Auswirkungen auf service-orientierte Geschäftsmodelle

2.1 Digitalisierung

In der Praxis lassen sich die Auswirkungen der Digitalisierung gut beobachten. Trends, wie Industrie 4.0, greifen diese Entwicklung auf und betten Entwicklungen wie das Internet der Dienste oder Cyber-Physical Systems in einen gemeinsamen Kontext ein [4]. Ein besonders wichtiger Treiber für diese Entwicklungen ist die zunehmende Digitalisierung und Vernetzung der Industrieanlagen und das damit mögliche Zusammenspiel der realen und virtuellen Welt [3].

Rolls-Royce ist ein bekanntes Beispiel für die zunehmende Vernetzung im Maschinen- bzw. Triebwerksbau, in dem der Einfluss neuer Technologien einen großen Wandel im traditionellen Wartungs- und Instandhaltungsgeschäft bewirkte. Wo früher die Triebwerke und ihr Verkauf im Mittelpunkt standen, wird nun der aus dem Einsatz der Maschine generierte Kundennutzen betrachtet.

Im Folgenden wird zunächst das Geschäftsmodell des traditionellen Wartungs- und Instandhaltungsgeschäfts betrachtet, um daraufhin das moderne Betreibermodell zu betrachten. Anschließend werden beide Modelle miteinander verglichen und die wesentlichen Unterschiede herausgestellt.

2.1.1 Traditionelles Wartungs- und Instandhaltungsgeschäft

Im traditionellen Geschäftsmodell im Wartungs- und Instandhaltungsgeschäft werden Triebwerke an Fluggesellschaften verkauft. Darüber hinaus werden zusätzlich Serviceverträge angeboten, die Reparatur, Wartung und Instandhaltung spezifizieren. Sobald ein Schadensfall eingetreten ist, kontaktiert die Fluggesellschaft den Hersteller und vereinbart die Reparatur des defekten Triebwerks. Damit bietet beispielsweise Rolls-Royce dem Kunden das Wertversprechen an, funktionstüchtige Triebwerke für die Flugzeuge der Airlines zu realisieren. Um die Dienstleistung zu ermöglichen, muss internes wie auch externes Wartungspersonal vorgehalten werden. Externes Personal ist notwendig, wenn eigene Techniker nicht im vereinbarten Zeitraum zur Verfügung stehen.

Für diese Dienstleistung muss die Fluggesellschaft das Flugzeug zur Verfügung stellen und gleichzeitig im Schadensfall Rolls-Royce kontaktieren. Der Hersteller ist nun dafür verantwortlich, mit Hilfe seines internen wie auch externen Wartungspersonals eine Fehleranalyse durchzuführen und alle Fehler zu beheben. Der Kunde entscheidet, wie er mit dem Hersteller in Verbindung tritt und erhält eine persönliche Betreuung durch einen dezidierten Key Account Manager. Dabei preist das Geschäftsmodell die schnelle Reaktionszeit für den Kunden an und stellt die langjährige Erfahrung im Triebwerksbau und Beziehung zum Kunden heraus. Wesentliche Kostenpositionen umfassen das Personal, den Vertrieb und den Triebwerksbau. Erlöse werden mit dem Verkauf der Triebwerke und durch Serviceverträge erzielt. Partner sind je nach Einsatz an den Erlösen der Serviceverträge beteiligt. Die Kosten fokussieren sich insbesondere auf den Anbieter und umfassen

Veränderungstreiber service-orientierter Geschäftsmodelle

Kunden: Fluggesellschaften (Traditionelles Modell)

Perspektive	Kostenstruktur	Schlüssel Ressourcen	Schlüssel Aktivitäten	Wertversprechen	Kanäle	Beziehung	Erlösstruktur
Kundenperspektive	Kauf der Triebwerke und Serviceverträge	Flugzeuge	Störungsmeldungen	Funktionstüchtige Triebwerke	Telefon; Internet	Schnelle Reaktion	
Unternehmensperspektive	Personal; Logistik; Triebwerksbau	Internes Wartungspersonal	Fehleranalyse und Behebung		Persönliche Betreuung durch Key Account Manager	Langjährige Erfahrung und Beziehung	Verkauf von Triebwerken und Serviceverträgen
Partnerperspektive		externes Wartungspersonal	Fehleranalyse und Behebung				Beteiligung an Serviceverträgen

Schlüsselpartner: Externes Wartungspersonal; Zulieferer; Spedition

↓ **Digitalisierung** ↓

Kunden: Fluggesellschaften (Digitalisiertes Modell)

Perspektive	Kostenstruktur	Schlüssel Ressourcen	Schlüssel Aktivitäten	Wertversprechen	Kanäle	Beziehung	Erlösstruktur
Kundenperspektive	Monatliche Vertragskosten	Flugzeuge; Datenverbindung zur Übertragung von Telemetriedaten	Nutzung; Datenübertragung	Hochverfügbare Triebwerke; Informationen zu eigenen Prozessen	Permanent Verbundene Systeme; Betreuung durch Techniker	Einzigartiges Wissen über den Kunden; Schnelle Reaktionszeit	Individualisierte Angebote; Prozessoptimierungen
Unternehmensperspektive	Personal; Logistik; Triebwerksbau; Remote Service Technologie	Monitoringsysteme; Datenspeicher; Referenzdaten; Internes Wartungspersonal	Fehleranalyse und Behebung; Algorithmen zur Vorhersage von Zwischenfällen; Wissensaufbau; Prozessoptimierung	Wissen über Kundenprozesse; Telemetriedaten der Triebwerke	Persönliche Betreuung durch Key Account Manager	Kundenorientierte Angebote; Langjährige Erfahrung und Beziehung	Verträge zum Betreibermodell
Partnerperspektive		Externes Wartungspersonal; IT	Fehleranalyse und Behebung				Beteiligung an Serviceverträgen

Schlüsselpartner: Externes Wartungspersonal; Zulieferer; Spedition

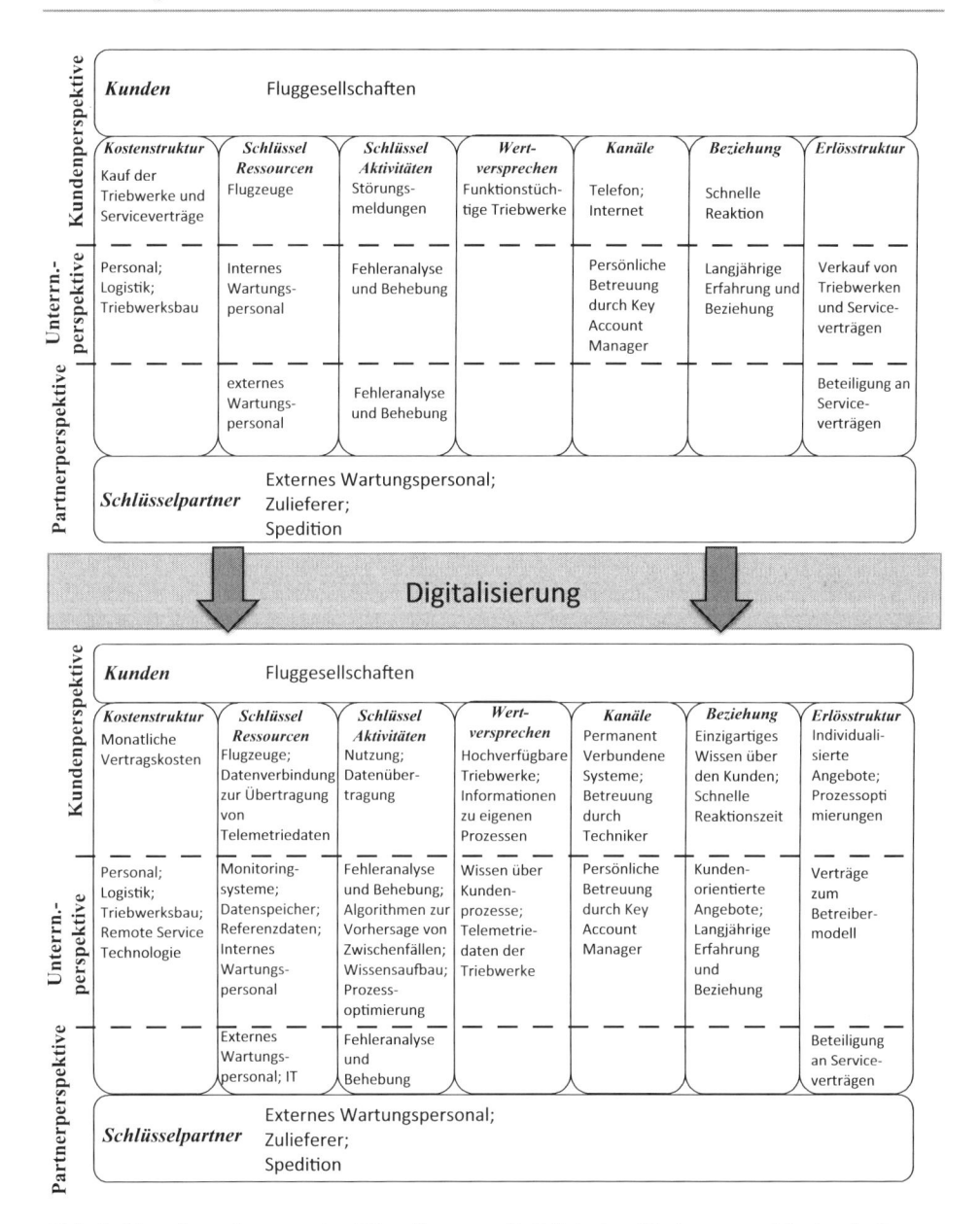

Abb. 1 Transformation vom traditionellen zum digitalisierten Wartungs- und Instandhaltungsgeschäft

im Wesentlichen das Personal, den Vertrieb und den Triebwerksbau. Dem Kunden entstehen Kosten durch den Kauf der Maschinen und durch Serviceverträge. Das traditionelle Geschäftsmodell wird anhand der Service Business Model Canvas im oberen Teil der Abb. 1 dargestellt.

2.1.2 Digitalisiertes Wartungs- und Instandhaltungsgeschäft

Im digitalisierten Geschäftsmodell verkauft Rolls-Royce mit dem Programm „Power by the hour" keine Triebwerke sondern deren Flugstunden [10]. Dafür müssen jedoch neue Kompetenzen entwickelt werden, die auf eine lückenlose Überwachung der einzelnen Triebwerke und damit auf eine möglichst hohe Auslastung ausgerichtet sind.

Die Triebwerke werden mit Hilfe von Fernwartungstechnologien überwacht, die die Statusdaten der Maschinen permanent im Betrieb analysieren. Im Fall eines akuten Problems oder sich ankündigenden Ereignisses greift der Anbieter auf die Triebwerke zu und leitet notwendige Maßnahmen ein. Die Prognose potenzieller Ereignisse erfolgt anhand von Algorithmen, die aufgrund der Erfahrungen von Rolls-Royce erarbeitet wurden. Der Anbieter übernimmt so Teile des Risikos eines Ausfalls und muss die Auslastung der Triebwerke optimieren. Der Kunde erhält eine Dienstleistung, die ihm eine möglichst hohe Einsatzzeit seiner Maschinen verspricht. Die Dienstleistung greift direkt in den Leistungserstellungsprozess des Kunden ein und versucht diesen umfassend zu unterstützen. Neben einer hohen Verfügbarkeit der Triebwerke beinhaltet das Wertversprechen jedoch noch weitere Elemente. Durch die permanente Überwachung der Triebwerke werden Informationen gesammelt und dem Kunden zur Verfügung gestellt. So erhält der Kunde wichtige Informationen über seine Prozesse, um sie dann besser zu kontrollieren. Mögliche Daten sind hier Informationen zum Spritverbrauch, die wiederum Hinweise für die Optimierung der internen Prozesse liefern können. Doch auch der Anbieter kann von diesem Geschäftsmodell profitieren. Mit dem abstrahierten Wissen stärkt der Anbieter seine Position gegenüber dem Kunden und kann individualisierte Angebote erstellen. Die gewonnenen Telemetriedaten setzt er zudem zur Weiterentwicklung der eigenen Produkte ein.

Zur Ausführung dieses Geschäftsmodells sind unterschiedliche Ressourcen notwendig. Dabei spielt die IT eine wichtige Rolle. IT-Systeme, die in den Flugzeugen der Fluggesellschaften integriert sind, sammeln und analysieren Daten über eine permanente Datenverbindung zu Rolls-Royce. Während des Monitorings werden die Daten für weitere Auswertungen gesichert und anhand von Referenzdaten ausgewertet. Damit kann Rolls-Royce mögliche Unregelmäßigkeiten identifizieren und die Fluggesellschaft informieren. Je nach Bedarf führt das Personal eine Fernwartung oder auch eine Vorortwartung durch.

Um die Dienstleistung von Rolls-Royce in Anspruch zu nehmen, muss der Kunde die Triebwerke nutzen. Gleichzeitig muss er sicherstellen, dass während der Nutzung Telemetriedaten zur Bodenstation übertragen werden. Die Daten können durch den Anbieter zur Fehleranalyse und Behebung eingesetzt werden. Außerdem werden die anfallenden Daten mit Hilfe von Algorithmen überwacht und so mögliche Zwischenfälle vorhergesagt. Durch die gewonnenen Daten kann weiteres Wissen aufgebaut und eingesetzt werden. Eine Möglichkeit ist dabei der Einsatz der Daten zur Optimierung von Prozessen. Zuletzt werden auch Partner beauftragt, die zur Fehleranalyse und Behebung eingesetzt werden.

Der Kontakt zwischen Anbieter und Kunden ist durch eine starke Interaktion geprägt. So existiert eine permanente Interaktion zwischen Rolls-Royce und der Fluggesellschaft, bei der Daten und Informationen ausgetauscht werden. Bei Bedarf kann eine persönliche

Betreuung durch Techniker angefordert werden. Um einen optimalen Dialog zwischen den Partnern zu ermöglichen, müssen jedoch auch Key Account Manager definiert werden, die einen engen Kontakt zum Kunden pflegen.

Die Kundenbeziehung ist vom einzigartigen Wissen über den Kunden geprägt. Außerdem kann der Anbieter durch den ständigen Datenaustausch bei einem Problem schnell reagieren. Rolls-Royce fertigt mit Hilfe des gesammelten Wissens individualisierte Angebote an und kann analog zum traditionellen Geschäftsmodell aus der langjährigen Erfahrung im Triebwerksbau und der Beziehung zum Kunden schöpfen.

Die Erlöse des Geschäftsmodells können unterschiedliche Formen annehmen. Indem der Kunde individualisierte Angebote erhält und er auch seine Prozesse optimieren kann, hat dies einen direkten Einfluss auf seine Erlöse. Rolls-Royce selber erwirtschaftet seine Erlöse durch die abgeschlossenen Verträge als Betreibermodell, die in der Regel eine langfristige Laufzeit haben und es so dem Anbieter erlauben, langfristige Erlöse zu generieren. Partner werden je nach Einsatz an den Verträgen beteiligt.

Die Kosten für den Kunden umfassen die monatlichen Vertragskosten. Als Betreiber der Triebwerke entstehen Rolls-Royce weitere Kosten, die aus dem notwendigen Personal, der Logistik, dem Triebwerksbau und der Remote Service Technologie bestehen.

Analog zum traditionellen Geschäftsmodell, wird im unteren Teil von Abb. 1 das digitalisierte Geschäftsmodell anhand des Service Business Model Canvas dargestellt.

2.1.3 Auswirkungen der Digitalisierung

Nach dem Einblick in das traditionelle und auch das digitalisierte Geschäftsmodell werden in diesem Abschnitt die Gemeinsamkeiten und Unterschiede aufgezeigt und damit die Auswirkungen der Veränderungsachsen auf service-orientierte Geschäftsmodelle beschrieben.

Die Auswirkungen der Digitalisierung sind in allen Dimensionen des Geschäftsmodells sichtbar. So werden neue **Wertversprechen** ermöglicht, die im traditionellen Geschäftsmodell noch nicht denkbar waren und es damit erweitern. Besonders herauszustellen ist dabei zusätzlich, dass ein Mehrwert sowohl auf Seiten des Kunden als auch auf Seiten des Anbieters ermöglicht wird. Auf diese Weise entsteht die so oft beschriebene Win-Win-Situation. Neben den erweiterten Ressourcen sind auch die Aktivitäten Grundlage dieses erweiterten Wertversprechens.

In Bezug auf die **Ressourcen** ist festzustellen, dass die IT einen wesentlichen Beitrag in der Transformation der Geschäftsmodelle liefert. Der erweiterte Einsatz von IT ergänzt das Geschäftsmodell um zusätzliche Systeme, die die Analyse und Speicherung von Daten und Informationen ermöglichen. Die zweite große Anpassung entsteht durch die erweiterte Vernetzung der physischen und virtuellen Elemente. Dadurch können intelligente Lösungen geschaffen werden, die strukturiertes Wissen abstrahieren können und dadurch einen Mehrwert liefern. Beim Personal gibt es dagegen keine Veränderung. Wie auch im traditionellen Geschäftsmodell ist Personal notwendig, das physische Arbeiten an den Triebwerken verrichtet.

Die neuen Ressourcen ermöglichen auch neue **Aktivitäten**. Aufgrund der Datenverbindung zwischen Anbieter und Kunden können Daten permanent analysiert und interpretiert werden. Dadurch kann Wissen aufgebaut und in ein Wertversprechen transformiert werden. Da der Anbieter die Triebwerke überwacht, muss der Kunde im Schadensfall im Gegensatz zum traditionellen Geschäftsmodell keine Störungsmeldung aufgegeben. Aufgrund des Betreibermodells und der dadurch geforderten hohen Auslastung, ist ein proaktives Handeln durch Rolls-Royce zu erwarten. Analog zum traditionellen Geschäftsmodell, führt das Personal notwendige physische Arbeiten an den Triebwerken durch.

Auch der Wandel in den **Kanälen** wird durch die IT bestimmt. So wird der Kontakt zwischen Anbieter und Kunden nicht mehr bei Bedarf initiiert, sondern besteht permanent während der Leistungserstellung. Auf Wunsch und bei Bedarf, kann jedoch auch traditionell eine Anfrage gestellt werden. Auch im neuen Geschäftsmodell ist eine persönliche Ansprache mit Hilfe eines Key Account Managers notwendig.

Außerdem wird die **Kundenbeziehung** durch die Digitalisierung gestärkt, indem die Akteure die gesammelten Daten und Informationen sowie das daraus abstrahierte Wissen nutzen. Der Anbieter baut einzigartiges Wissen über seinen Kunden auf und stärkt damit seine Wettbewerbsposition. Gleichzeitig erstellt er damit individualisierte Angebote, die an den Wünschen und Bedarfen des Kunden ausgerichtet sind. Die schnelle Reaktionszeit im Schadensfall sowie die langjährige Erfahrung und Beziehung sind analog zum alten Modell.

Nachdem im traditionellen Geschäftsmodell die **Erlöse** durch den Verkauf der Triebwerke und Serviceverträge erbracht wurden, steht der Einsatz der Triebwerke im Vordergrund. Partner werden weiterhin je nach Einsatz an den Verträgen beteiligt. Einen Wandel gibt es bei den Kunden, die nun durch mögliche Prozessverbesserungen oder individualisierte Angebote einen finanziellen Vorteil erlangen können.

Auch die **Kostenstruktur** kann sich durch den neuen Fokus ändern. So bestehen die wesentlichen Kosten des Kunden in diesem Fall nicht mehr in einer einmaligen Transaktion, sondern in periodisch auftretenden Kosten, die im Vertrag definiert wurden. Die Kosten des Anbieters werden durch die neuen Anforderungen der IT erweitert. Mögliche Rationalisierungen sind jedoch auch denkbar.

Die Struktur der **Partner** bleibt soweit identisch. Wichtig ist jedoch, dass möglicherweise neue Zulieferer benötigt werden, die die notwendige Infrastruktur liefern oder betreiben. Dazu zählen bei der Digitalisierung insbesondere IT-Partner.

Auswirkungen der Transformation durch die Digitalisierung auf das Geschäftsmodell

Der Vergleich der Geschäftsmodelle zeigt, dass die Digitalisierung einen großen Einfluss auf service-orientierte Geschäftsmodelle hat. Dies bedeutet jedoch nicht, dass Geschäftsmodelle komplett verändert werden. Vielmehr können sie so erweitert werden, dass damit ein höherer Mehrwert für alle Akteure des Modells erzeugt wird. Eine wesentliche Rolle spielt dabei die IT. Sie stärkt die Beziehung zum Kunden und vereinfacht oder ermöglicht das strukturierte Erarbeiten von Wissen.

Folgende Veränderungen konnten bei der Transformation in den beschriebenen Fällen identifiziert werden:

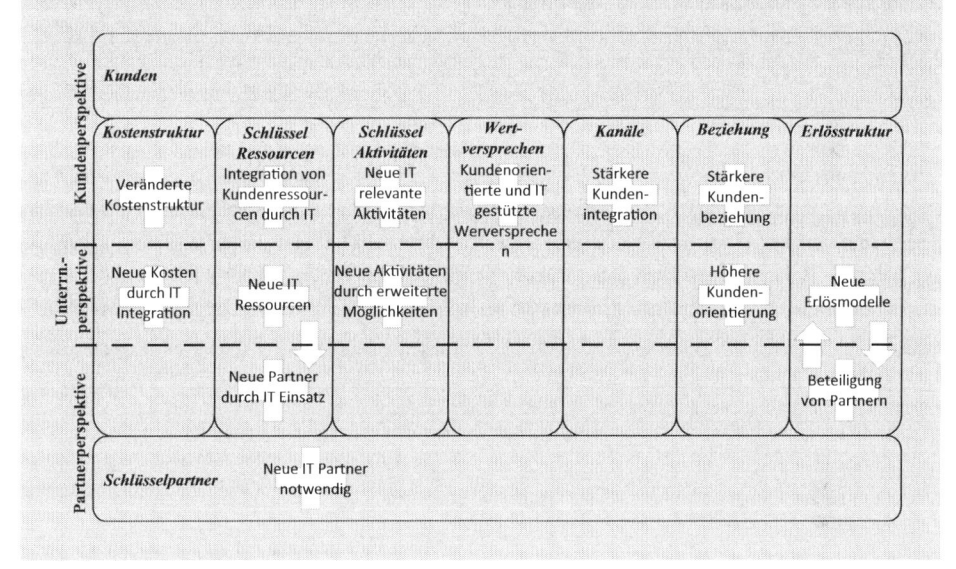

	Kunden						
Kundenperspektive	Kostenstruktur	Schlüssel Ressourcen	Schlüssel Aktivitäten	Wert-versprechen	Kanäle	Beziehung	Erlösstruktur
	Veränderte Kostenstruktur	Integration von Kundenressourcen durch IT	Neue IT relevante Aktivitäten	Kundenorientierte und IT gestützte Werversprechen	Stärkere Kundenintegration	Stärkere Kundenbeziehung	
Unternperspektive	Neue Kosten durch IT Integration	Neue IT Ressourcen	Neue Aktivitäten durch erweiterte Möglichkeiten			Höhere Kundenorientierung	Neue Erlösmodelle
Partnerperspektive		Neue Partner durch IT Einsatz					Beteiligung von Partnern
	Schlüsselpartner	Neue IT Partner notwendig					

2.2 Erlösorientierung

Durch einen steigenden Preiskampf und den Wettbewerbsdruck nehmen Dienstleistungen eine immer wichtigere Rolle ein. Erlöse aus dem Verkauf von Dienstleistungen sollen die verringerten Margen aus dem Produktgeschäft kompensieren. Um mit der zuvor kostenlosen Dienstleistung Geld verdienen zu können, müssen jedoch zunächst die Kunden überzeugt werden. Warum sollen Kunden für eine Dienstleistung plötzlich Geld ausgeben?

Dieses herausfordernde Ziel verfolgen eine Reihe unterschiedlicher Unternehmen. Besonders häufig ist dieses Phänomen bei den modernen Medien zu verfolgen. Zahlreiche Anbieter von digitalen Inhalten, wie z. B. Tageszeitungen und Zeitschriften, versuchen, ihre kostenlosen Angebote aufzuwerten und damit Erlöse zu generieren [8].

Aber auch in traditionellen Branchen kann eine Transformation der Geschäftsmodelle beobachtet werden. Beispielsweise bietet Volvo Trucks die ehemals kostenlosen Fahrertrainings inzwischen als separate Dienstleistung an und erzielt damit zusätzliche Erlöse.

2.2.1 Traditionelles Geschäftsmodell mit kostenlosem Fahrertraining

Entsprechend den gesetzlichen Vorschriften bietet Volvo seinen Kunden Fahrertrainings als Fortbildungen an. Diese Fortbildungen dauern insgesamt 35 Stunden und sind in fünf einzelne Themenbereiche unterteilt. Die Kunden sind sowohl die Berufskraftfahrer und als auch deren Arbeitgeber, die Speditionen.

Zur Durchführung der Dienstleistung müssen die geeigneten Ressourcen vorliegen. Das wichtigste Element stellen dabei die Experten von Volvo dar. Sie bringen das gesamte Wissen mit, das notwendig ist, um die Workshops mit den Fahrern durchzuführen. Für praktische Übungen, muss der Kunde seine eigenen Lastkraftwagen (LKW) einsetzen. Zusätzlich gibt es die Möglichkeit, die Fortbildungen in den Räumen der Kunden auszurichten. Dafür müssen die Kunden auch passende Schulungsräume zur Verfügung stellen.

Die wesentlichen Aktivitäten umfassen zunächst die Auswahl der gewünschten Fortbildung durch den Kunden. Aufgrund dieser Entscheidung werden Trainings und Workshops durchlaufen, die den Inhalt der Fortbildung umfassen.

Volvo nutzt zur Distribution des Angebots vor allem den persönlichen Kontakt zu den Speditionen. Der Kontakt wird meist während der Verkaufsphase des LKWs initiiert und während der Nutzungsdauer des Fahrzeugs weitergeführt. Die Kundenbeziehung ist durch den direkten Kontakt mit dem Kunden und die daraus resultierende Interaktion gekennzeichnet. Außerdem tritt Volvo als Experte rund um das Thema LKW auf.

Da das Fahrertraining ein kostenloses Angebot ist, gibt es keine direkten Einnahmequellen. Der positive Einfluss auf die Kundenzufriedenheit kann jedoch die Loyalität der Kunden fördern. Die Kosten für die Kunden umfassen die entgangene Einsatzzeit der Fahrer. Volvo muss das Personal und die Experten zahlen.

Das traditionelle Geschäftsmodell wird im oberen Teil von Abb. 2 dargestellt.

2.2.2 Erlösgetriebenes Fahrertraining

Nachdem Volvo die Fortbildung für eine lange Zeit als kostenlose Zusatzdienstleistung angeboten hat, wird die strategische Entscheidung getroffen, dies zu ändern. Zukünftig soll das Fahrertraining gegen ein Entgelt angeboten werden.

Um den Kunden davon zu überzeugen, dass die bisher kostenlose Dienstleistung ihr Geld wert ist, muss die Kommunikation des Wertversprechens angepasst werden. Nun stehen nicht mehr alleine die gesetzlichen Vorschriften sondern auch die resultierenden Vorteile aus den Fortbildungen im Mittelpunkt der Unternehmenskommunikation. Wichtig ist es nun, die Vorteile der fünf Themenbereiche „Wirtschaftliches Fahren", „Fahrsicherheitstraining mit Sicherheitstechnik", „Güterverkehr und Rechtsgrundlagen", „Lkw-Ladungssicherung, Fahrzeug und Fahrerschutz" und „Gesundheit und Erste Hilfe" stärker zu kommunizieren und damit den Kunden von deren Nutzen zu überzeugen. Besonders wichtig ist dabei der monetäre Einfluss der Fortbildungen wie z. B. die Reduzierung des Treibstoffverbrauchs des Kunden.

Die notwendigen Ressourcen zur Durchführung der Fortbildungsmaßnahmen haben sich im Vergleich zum alten Modell kaum verändert. Eine wichtige Erweiterung sind je-

Veränderungstreiber service-orientierter Geschäftsmodelle

Kostenloses Geschäftsmodell

	Kostenstruktur	Schlüssel Ressourcen	Schlüssel Aktivitäten	Wertversprechen	Kanäle	Beziehung	Erlösstruktur
Kunden (Kundenperspektive)			Speditionen und Berufskraftfahrer, die ein LKW von Volvo gekauft haben				
Kundenperspektive	Einsatzzeit der Fahrer	LKW; Schulungsräume	Auswahl der gewünschten Fortbildung	Gesetzlich vorgeschriebene Fortbildungen		Direkter Kontakt mit dem Kunden	
Unternehmensperspektive	Experten	Experten; Schulungsräume	Trainings und Workshops;		Persönliche Betreuung	Experte rund um das Thema LKW	(Kostenloser Service)
Partnerperspektive	**Schlüsselpartner**						

⬇ Erlösorientierung ⬇

Erlösorientiertes Geschäftsmodell

	Kostenstruktur	Schlüssel Ressourcen	Schlüssel Aktivitäten	Wertversprechen	Kanäle	Beziehung	Erlösstruktur
Kunden			Alle Speditionen und Berufskraftfahrer				
Kundenperspektive	Einsatzzeit der Fahrer; Fortbildung	LKW; Schulungsräume; Kundenreferenzen	Auswahl des gewünschten Trainings	Weniger Verbrauch und Verschleiß; Sicherheit		Direkter Kontakt mit dem Kunden	Weniger Verbrauch und Verschleiß; Bessere Unfallquote
Unternehmensperspektive	Experten	Experten; Schulungs-Räume	Trainings und Workshops; Abgleich mit Bedarfen des Kunden		Internet; Persönliche Betreuung	Experte rund um das Thema LKW	Zahlung durch Kunden; Zuschuss vom Staat (bis 70%)
Partnerperspektive	**Schlüsselpartner**						

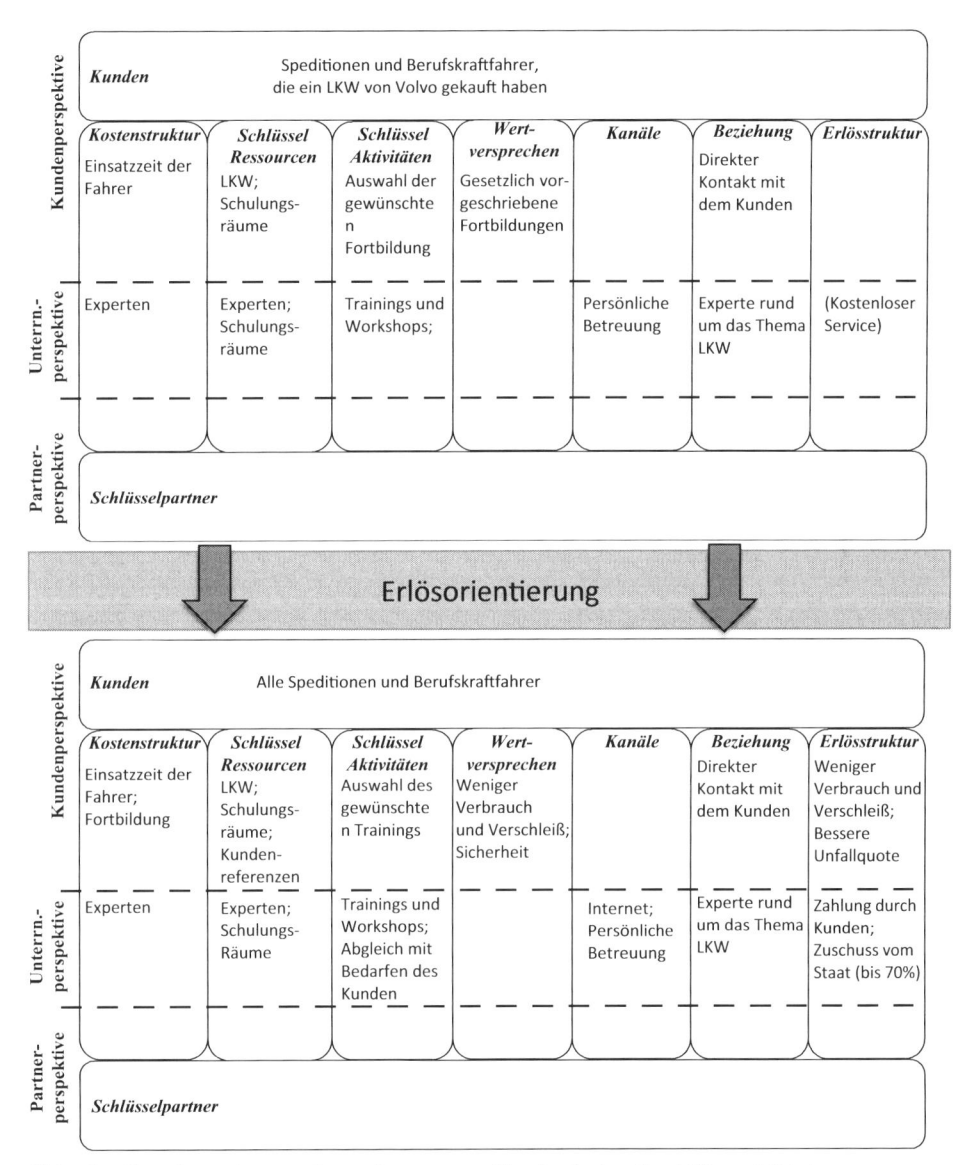

Abb. 2 Transformation vom kostenlosen zum erlösorientierten Geschäftsmodell beim Fahrertraining

doch Kundenreferenzen, die potenziellen Kunden den Nutzen der Fortbildung aus Sicht vergangener Durchläufe glaubhaft darstellen.

Auch die wesentlichen Aktivitäten der Fortbildung haben sich kaum verändert. Um jedoch eine größere Kundennähe zu erreichen, können die Wünsche und Bedarfe der Kunden abgeglichen werden. Potenzielle Individualisierungen verstärken den Kundennutzen weiter.

Da die Fortbildung zunächst eine kostenlose Zusatzdienstleistung war, wurde im traditionellen Modell vornehmlich auf den persönlichen Kontakt gesetzt. Aufgrund der nun angestrebten Erlöse muss dieser Punkt erweitert und eine breite Ansprache erreicht werden. Jeder Berufskraftfahrer und jede Spedition ist ein möglicher Kunde. Sobald der Kontakt zu einem Kunden aufgebaut wird, ist die Kundenbeziehung durch einen direkten Kontakt geprägt. Auch hier steht die Erfahrung von Volvo im Vordergrund.

In diesem Geschäftsmodell werden nun direkte Erlöse erzielt. Ein staatlicher Kostenzuschuss von 70 % verringert allerdings die Kosten für den Kunden. Zudem kann der Kunde von einem direkten monetären Einfluss profitieren. Verbesserte Prozesse und die damit verbundene optimierte Nutzung der vorhandenen Ressourcen reduzieren nachweislich den Kraftstoffverbrauch und den Verschleiß. Das Fahrer- und Sicherheitstraining verringert außerdem die Unfallquote.

Die Kosten für den Kunden umfassen auch hier die entgangene Einsatzzeit der Fahrer und nun zusätzlich die Fortbildungskosten. Volvo entstehen Kosten für die notwendigen Experten und das Personal.

Im unteren Teil von Abb. 2 wird das erlösorientierte Geschäftsmodell beim Fahrertraining dargestellt.

2.2.3 Auswirkungen der Erlösorientierung

Die Bedeutung der Erlösorientierung auf die Transformation von Geschäftsmodellen zeigt sich vor allem in der Betonung des Wertversprechens und konzentriert sich so auf die Kommunikation des Mehrwerts für den Kunden.

Der Anbieter verfolgt dieses Ziel, indem er sein **Wertversprechen** explizit auf die Wünsche und Bedarfe seines Kunden ausrichtet. Um den Kunden möglichst passend anzusprechen, analysiert der Anbieter dessen Bedarfe und integriert sie in die Produkte. Volvo kann dies erreichen, indem es die monetären Ziele des Kunden explizit adressiert.

Auch wenn die Änderungen vom traditionellen zum *Free-to-Fee* Geschäftsmodell eher marginal ausfallen, kann beobachtet werden, dass sich die Anpassungen hauptsächlich an der Unterstützung des Wertversprechens orientieren. So werden die wichtigen **Ressourcen** durch Kundereferenzen erweitert, um den Kunden zu überzeugen. Des Weiteren werden **Aktivitäten** benötigt, die den Abstimmungsprozess zwischen Anbieter und Kunden koordinieren.

Da im vorliegenden Beispiel die Dienstleistung zunächst ein Zusatz zum LKW-Verkauf ist, müssen auch die **Kanäle** angepasst werden. Dies hat zum Ziel, die Dienstleistung einem größeren Kundenkreis anbieten zu können und damit Erlöse zu generieren. Der persönliche Kontakt bleibt jedoch weiterhin ein wichtiges Mittel in der **Kundenbeziehung**.

Durch den Wechsel von einer kostenlosen zu einer bezahlten Dienstleistung ändern sich auch die **Erlöse**. Sie werden zu einem integralen Bestandteil des Geschäftsmodells nicht nur auf Seiten des Anbieters sondern auch auf Seiten des Kunden. Dieser sollte nun auch von seiner Erlösorientierung überzeugt werden. Dem gegenüber trägt der Kunde nun die zusätzlichen **Kosten**.

Veränderungstreiber service-orientierter Geschäftsmodelle

Im vorliegenden Fall gibt es keine Änderung in der **Partnerstruktur**. Generell ist jedoch auch in dieser Dimension davon auszugehen, dass Partner hinzukommen können um das Wertversprechen zu stützen.

Auswirkungen der Transformation durch die Erlösorientierung auf das Geschäftsmodell

Bei der Erlösorientierung wird dem Wertversprechen eine entscheidende Rolle zugetragen. Dieses steht als zentrales Element in der Mitte des Geschäftsmodells und muss durch eine angemessene Anpassung der anderen Dimensionen unterstützt werden.

Dadurch können in den beschriebenen Fällen die folgenden Auswirkungen identifiziert werden:

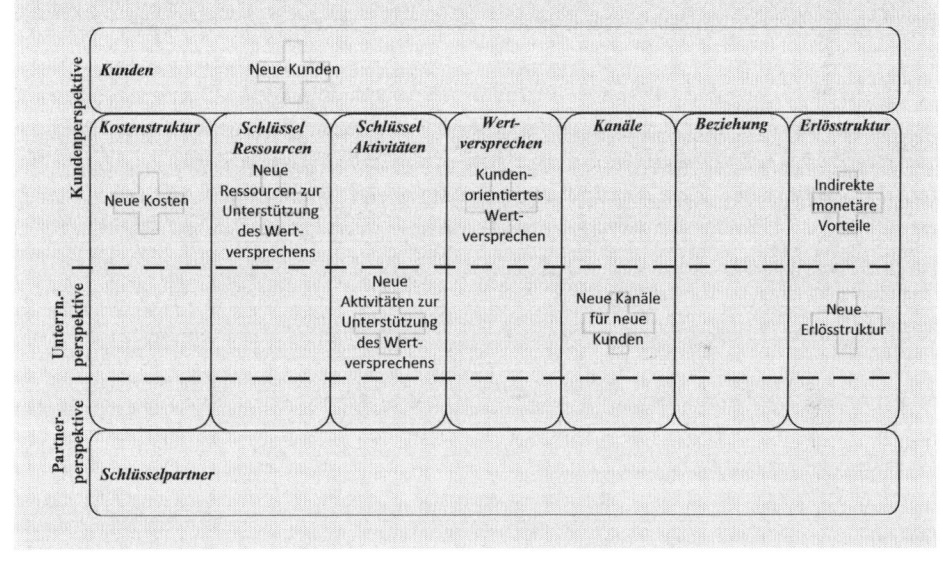

Kundenperspektive	*Kunden*	Neue Kunden					
	Kostenstruktur	*Schlüssel Ressourcen*	*Schlüssel Aktivitäten*	*Wertversprechen*	*Kanäle*	*Beziehung*	*Erlösstruktur*
	Neue Kosten	Neue Ressourcen zur Unterstützung des Wertversprechens		Kundenorientiertes Wertversprechen			Indirekte monetäre Vorteile
Unternehmensperspektive			Neue Aktivitäten zur Unterstützung des Wertversprechens		Neue Kanäle für neue Kunden		Neue Erlösstruktur
Partnerperspektive	*Schlüsselpartner*						

2.3 Integration

Durch Integration werden unterschiedliche Leistungselemente zu einer kundenspezifischen Lösung verbunden. Dafür gibt es in der Praxis viele erfolgreiche Beispiele, z. B. das B2B-Lösungsgeschäft in der IT-Branche, dass durch Beratung und Systemintegration kundenspezifische IT-Systeme auf Basis von Standardsoftware realisiert. Weniger bekannt ist dagegen, dass sich der Treiber der Integration auch in konsumentengerichteten Märkten auswirken kann. Als Beispiel soll Nestlés Nespresso dienen. Bei dieser Lösung agiert Nespresso als Kaffeespezialist, der dem Kunden mit seinem Angebot den perfekten Kaffeegenuss verspricht. Nespresso ist für das Management des gesamten Produktionsnetzwerks und Prozesses zuständig. Der gesamte Prozess erstreckt sich vom Anbau über die Ernte, die Verarbeitung, den Transport, die Mischung, Röstung, Mahlung, das Kapselsystem bis zum Verkauf [7]. Die kundenspezifische Anpassung kann der Kunde dann selbst vornehmen, gestützt durch die Beratung des Anbieters im Internet und in speziell entwickelten Verkaufsstellen.

2.3.1 Traditionelles Kaffeegeschäftsmodell

Das traditionelle Geschäftsmodell im Kaffeehandel basiert auf dem Verkauf von Kaffee in definierten Portionsgrößen. Der Verkauf wird über den Einzelhandel abgewickelt, der die unterschiedlichen Kaffeeverpackungen in seine Regale stellt. Der Kunde wählt aus einem breiten Sortiment und erwartet einen Kaffee, der ihm persönlich schmeckt. Neben dem Einzelhandel ist der Kaffeeproduzent auf die Kaffeebauern angewiesen, die ihm eine gute Kaffeesorte zu günstigen Konditionen anbieten.

Die Rösterei gehört zu den wichtigsten Ressourcen im Geschäftsmodell des Kaffeeanbieters. Über die Ausstellungsflächen des Einzelhandels stellt der Anbieter seine Produkte dem Kunden bereit. Der Kunde braucht eine Kaffeemaschine für die Zubereitung des Kaffees.

Der Kern der Aktivitäten befasst sich mit der Auswahl, dem Kauf und der Verarbeitung der Kaffeebohnen. Bei der Verarbeitung muss der Kaffee geröstet werden, um den definierten Geschmack zu erzielen und die Ansprüche der Kunden zu erreichen. Daraufhin geht der Kaffee in den Einzelhandel, der den wichtigsten Distributionskanal darstellt. Dort kauft der Kunde den Kaffee nachdem er zwischen den Alternativen gewählt und seine bevorzugte Sorte ausgewählt hat.

Da es keine direkten Berührungspunkte zwischen dem Anbieter und dem Kunden gibt, ist die Kundebeziehung als anonym anzusehen. Mit seiner Marke und seinem guten Image durch langjährige Kaffeeerfahrung steht der Anbieter im Mittelpunkt.

Die Erlöse werden durch den Verkauf von Kaffeepulver oder Kaffeebohnen erzielt. Dabei werden größere Verpackungseinheiten verkauft, die auch dem Einzelhandel eine gewisse Marge ermöglichen.

Die Kosten des Kunden können mit dem Kauf der Kaffeeverpackungen gleichgesetzt werden. Der Anbieter muss insbesondere die Kosten der Kaffeeverarbeitung und Vermarktung beachten. Zuletzt muss der Einzelhandel seine Ladenflächen bereitstellen und zahlen.

Das traditionelle Kaffeegeschäftsmodell wird im oberen Teil von Abb. 3 dargestellt.

2.3.2 Geschäftsmodell der Lösung von Nespresso

Im Gegensatz zum traditionellen Geschäftsmodell werden beim Geschäftsmodell von Nespresso keine großen Verpackungseinheiten des Kaffees sondern ein einzelnes Kaffeeerlebnis verkauft. Der Kunde kann sowohl Endkunde als auch Unternehmenskunde sein und aus einer breiten Auswahl unterschiedlicher Geschmacksmuster wählen. Aufgrund der integrierten und aufeinander abgestimmten Lösung, die aus ausgewählten Geschmacksmustern, einer speziellen Kapseltechnologie und spezialisierten Kaffeemaschinen besteht, bietet Nespresso dem Kunden ein ganzheitliches Erlebnis und verspricht ihm kontinuierlich gleichbleibenden Kaffeegenuss. Das ganzheitliche Erlebnis umfasst neben

Traditionelles Kaffeegeschäftsmodell

	Kunden	Kaffeekunden					
Kundenperspektive	*Kostenstruktur*	*Schlüssel Ressourcen*	*Schlüssel Aktivitäten*	*Wertversprechen*	*Kanäle*	*Beziehung*	*Erlösstruktur*
	Kauf von Kaffee	Kaffeemaschine	Auswahl der bevorzugten Sorten	Kaffee; Guter Geschmack		Anonym	
Unterrn.-perspektive	Kaffeverarbeitung; Vermarktung	Rösterei	Auswahl, Kauf und Verarbeitung des Kaffees;			Langjährige Kaffeeerfahrung	Kaffee pro kg
	Ladenflächen	Ausstellungsflächen	Verkauf	Weitere Sorte im Verkauf	Einzelhandel		Verkaufsmarge
Partnerperspektive	*Schlüsselpartner*	Kaffeebauern; Einzelhandel					

⬇ **Integration** ⬇

Integriertes Kaffeegeschäftsmodell

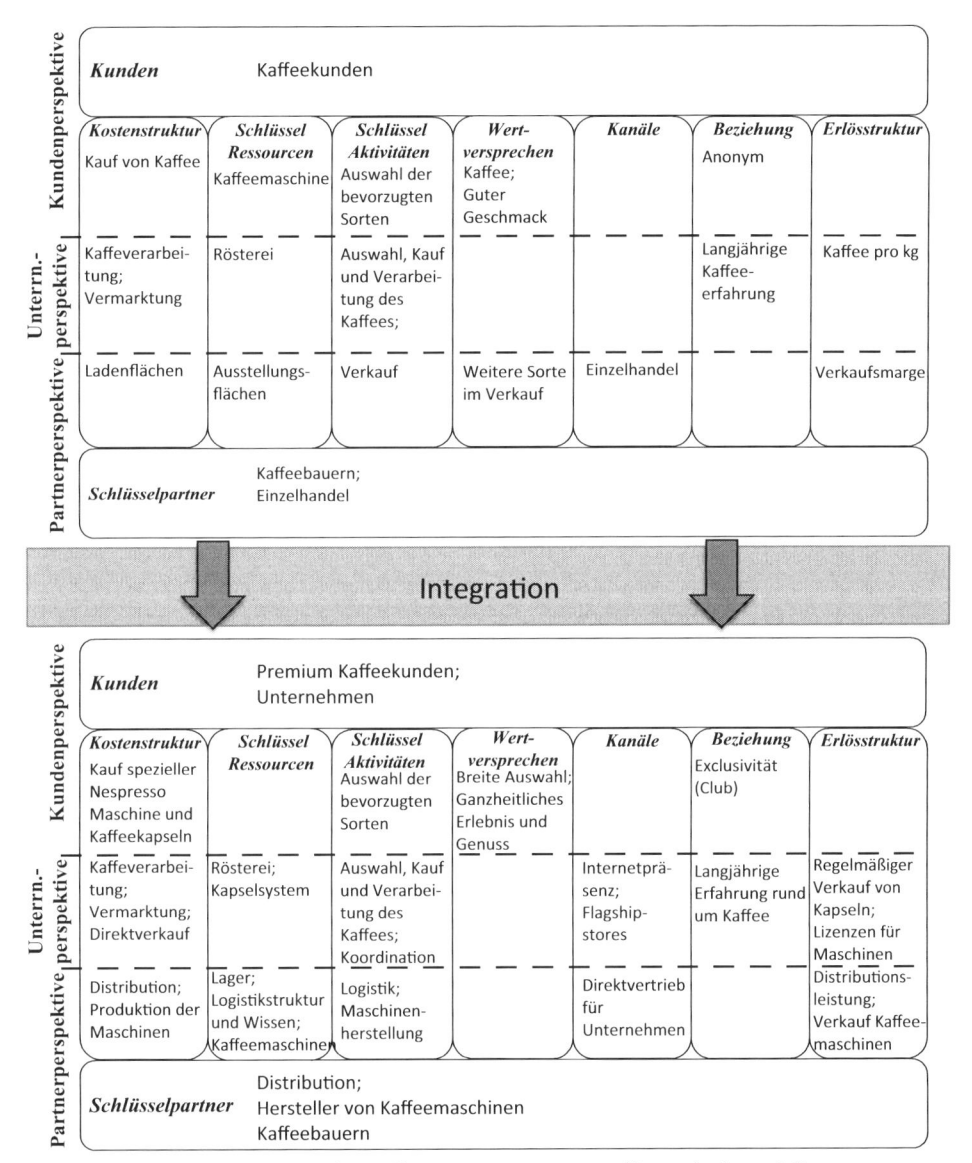

	Kunden	Premium Kaffeekunden; Unternehmen					
Kundenperspektive	*Kostenstruktur*	*Schlüssel Ressourcen*	*Schlüssel Aktivitäten*	*Wertversprechen*	*Kanäle*	*Beziehung*	*Erlösstruktur*
	Kauf spezieller Nespresso Maschine und Kaffeekapseln		Auswahl der bevorzugten Sorten	Breite Auswahl; Ganzheitliches Erlebnis und Genuss		Exclusivität (Club)	
Unterrn.-perspektive	Kaffeverarbeitung; Vermarktung; Direktverkauf	Rösterei; Kapselsystem	Auswahl, Kauf und Verarbeitung des Kaffees; Koordination		Internetpräsenz; Flagshipstores	Langjährige Erfahrung rund um Kaffee	Regelmäßiger Verkauf von Kapseln; Lizenzen für Maschinen
	Distribution; Produktion der Maschinen	Lager; Logistikstruktur und Wissen; Kaffeemaschinen	Logistik; Maschinenherstellung		Direktvertrieb für Unternehmen		Distributionsleistung; Verkauf Kaffeemaschinen
Partnerperspektive	*Schlüsselpartner*	Distribution; Hersteller von Kaffeemaschinen Kaffeebauern					

Abb. 3 Transformation vom traditionellen zum integrierten Kaffeegeschäftsmodell

den abgestimmten Komponenten ein exklusives Image, das dem Kunden suggeriert, etwas Besonders zu erleben und zu trinken.

Um das Wertversprechen umzusetzen, greift Nespresso auf eine Reihe unterschiedlicher Partner zu. Neben den obligatorischen Kaffeebauern sind dies Hersteller von spezialisierten Kaffeemaschinen und Distributoren. Letztere haben Lagerflächen, die Struktur und das Wissen, um die Distribution der Kapseln erfolgreich zu gestalten und sind notwendig um die Kapazitäten von Nespresso nicht unnötig aufzuwenden. Die Hersteller von

Kaffeemaschinen sind wiederum notwendig, um die spezialisierten Kaffeemaschinen bereitzustellen. Nespresso verfügt über das Wissen rund um das spezialisierte Kapselsystem. Unternehmenskunden werden spezielle Angebote mit voluminösen Kaffeemaschinen und einem angepassten Pad-System angeboten. Neben dem Bedarf nach neuen Partnern, ist auch die Entfernung von alten Partnern zu beobachten. So wird der Einzelhandel für den Direktvertrieb von Nespressokapseln im Geschäftsmodell nicht mehr benötigt. Dies ist insofern von Bedeutung, da hier ein Akteur entfernt wurde, der einen umfassenden Einfluss auf die Vermarktung und den Verkauf von Nespressoprodukten hat und vor allem hohe Vertriebskosten mit sich bringt.

Nespresso ist für die Koordination der einzelnen Partner und damit für die Integration aller Ressourcen und Aktivitäten zuständig. Das Ziel der Bemühungen ist es, das im Wertversprechen angesprochene ganzheitliche Erlebnis zu ermöglichen. Wie bereits erwähnt, erstreckt sich dabei die Integrationsleistung über den gesamten Prozess und damit vom Anbau, über die Ernte, die Verarbeitung, den Transport, die Mischung, Röstung, Mahlung, das Kapselsystem bis zum Verkauf. Zusätzlich sorgt Nespresso für eine reibungslose Koordination der unterschiedlichen Partner und ihrer Aufgaben. Dazu gehören auch die Logistik und die Herstellung der Kaffeemaschinen.

Der Vertrieb der Lösung geschieht im direkten Kontakt zum Kunden und ausschließlich über die eigene Internetpräsenz sowie Flagshipstores, den Nespresso Boutiquen. Der Verkauf über den Einzelhandel wird absichtlich ausgeschlossen, um den direkten Kontakt zum Kunden aufrecht zu erhalten. Nur die Kaffeemaschinen der Partner werden im freien Einzelhandel vertrieben. Über den Distributionspartner wird ein direkter Kontakt zum Unternehmenskunden hergestellt.

Der direkte Vertrieb ist ein individueller Kanal zu den Kunden. Dieser ist im sogenannten Nespresso Club, der zusätzliche Dienstleistungen und im Zusammenspiel mit den Nespresso Boutiquen kostenlosen Kaffee bietet. Generell wird durch die Zugehörigkeit zum Nespresso Club eine gewisse Exklusivität angestrebt, die dem Image der gesamten Marke entsprechen soll. Neben der persönlichen Ansprache durch Nespresso, steht Nestlé für eine langjährige Erfahrung rund um den Kaffee.

Die Erlöse dieses Geschäftsmodells sind auf den Verkauf der Kapseln ausgelegt. Diese haben zwar einen höheren Portionspreis als im traditionellen Geschäftsmodell, umfassen jedoch auch gleichzeitig das ganzheitliche Erlebnis für den Kunden. Beim Verkauf der Maschinen ist Nespresso durch Lizenzgebühren beteiligt. Die Partner verdienen am Verkauf der Maschinen und der Distributionsleistung.

Um die Lösung einsetzen zu können, muss der Kunde eine spezialisierte Maschine und je nach Verbrauch die Kaffeekapseln kaufen. Die wesentlichen Kosten von Nespresso konzentrieren sich auf die Verarbeitung und das Marketing des Kaffees. Die Kosten der Partner umfassen die Distribution und die Produktion der Maschinen.

Das integrierte Kaffeegeschäftsmodell wird im unteren Teil von Abb. 3 dargestellt.

2.3.3 Auswirkungen der Integration

Die Integration als Treiber von service-orientierten Geschäftsmodellen hat einen umfangreichen Einfluss auf die Modelle moderner Dienstleistungen. Analog zu den letzten Treibern werden im Folgenden die beschriebenen Geschäftsmodelle miteinander verglichen.

Durch die Integration der Leistungen unterschiedlicher Partner kann ein einzigartiges **Wertversprechen** geschaffen werden, das dem Kunden einen hohen Mehrwert bietet. Bedeutend ist dabei, dass die zusammengesetzte Leistung einen höheren Nutzen realisiert, als der Nutzen der einzelnen Elemente zusammengenommen. Die Koordinationsarbeit des Anbieters liefert so einen entscheidenden Mehrwert. Im Fall von Nespresso handelt es sich um ein ganzheitliches Kaffeeerlebnis, dass das einfache Trinken eines Kaffees deutlich übersteigt.

Beim traditionellen Geschäftsmodell beziehen sich die **Ressourcen** insbesondere auf den Produktionsort bzw. die Rösterei. Den Vertrieb vollzieht der Einzelhandel. Der Kunde muss auf seine vorhandene Kaffeemaschine zurückgreifen. Durch die Integration der verschiedenen Partner verändert sich der Ressourcenbedarf beim Lösungsmodell umfassend. Für die notwendige Verarbeitung wird weiterhin eine Rösterei benötigt. Darüber hinaus muss jedoch das Wissen über Kapselsysteme vorliegen. Für ein optimales Erlebnis werden zudem die Ressourcen von Partnern benötigt. Dazu gehören Lager, Logistikstrukturen und -wissen sowie die spezialisierten Kaffeemaschinen.

Beide Modelle benötigen als **Aktivitäten** die Auswahl, den Kauf und die Verarbeitung der Kaffeebohnen. Letztere Aktivität ist für die Herstellung von Kaffee unvermeidbar. Um eine hohe Qualität zu erreichen, werden von Nespresso höhere Qualitätskriterien angelegt. Im Gegensatz zum traditionellen Modell werden jedoch für diese Lösung zusätzliche Koordinationsaktivitäten benötigt. Darunter fallen auch die notwendigen Aktivitäten in der Logistik und der Herstellung der spezialisierten Kaffeemaschinen. Der Auswahlprozess des Kunden verläuft analog zum traditionellen Modell.

Im veränderten Geschäftsmodell spielt der direkte Kontakt zum Kunden eine wichtige Rolle. Deswegen umfasst der **Distributionskanal** die direkte Ansprache der Kunden über eine Internetpräsenz oder einen eigenen Flagshipstore. Lediglich bei Unternehmenskunden wird der Direktvertrieb über einen Distributionspartner ausgeführt. Im Gegensatz dazu wird im traditionellen Geschäftsmodell der Kunde über den Einzelhandel adressiert.

Da über den Einzelhandel kein direkter Kundenkontakt entsteht, bleibt die **Kundenbeziehung** anonym. Der Anbieter wirkt alleine mit seinem bestehenden Marketing. Nespresso bietet dagegen eine exklusive Clubmitgliedschaft und ist dauerhaft im direkten Kontakt zum Kunden.

Beim traditionellen Modell entstehen die **Erlöse** durch den Verkauf des Kaffees. Die Einzelhändler verdienen an jeder verkauften Verpackung mit. Im integrierten Modell stehen jedoch mehrere Partner zur Seite, die auch an den Erlösen beteiligt werden. Bedeutendster Unterschied ist, dass Nespresso aufgrund seiner Koordinationsleistung und dem damit ermöglichten ganzheitlichen Erlebnis, einen Aufschlag auf den Kaffeepreis rechtfertigt. Dadurch verdient Nespresso deutlich mehr an der gleichen Menge verkauftem Kaffee.

Des Weiteren verdient Nespresso durch die Lizenzvergabe an jeder verkauften Kaffeemaschine.

Durch die höheren Endpreise sind die **Kosten** des Kunden höher als im traditionellen Geschäftsmodell. Dies spiegelt sich im teureren Kaffee wie auch in der Anschaffung der speziellen Maschinen wider. Neben der Verarbeitung des Kaffees ist die Vermarktung durch Nespresso ein wesentliches Kostenelement. Zuletzt fallen Kosten durch die Distribution und die Produktion der Maschinen an.

Der Einfluss der Integration auf die **Partnerstruktur** ist von großer Bedeutung. So können alte Partner, wie der Einzelhandel, aus dem Geschäftsmodell entfernt und neue Partner, wie die Kaffeemaschinenhersteller, hinzugewonnen werden. Dies hat auch einen direkten Einfluss auf die Ressourcen und Aktivitäten des gesamten Modells. Sie können beispielsweise von einem Partner übernommen werden.

Auswirkungen der Transformation durch die Integration auf das Geschäftsmodell

Auch die Integration kann die wesentlichen Elemente des Geschäftsmodells verändern. Im Mittelpunkt stehen dabei die Koordination der unterschiedlichen Partner, sowie ein dadurch entstehender erweiterter Mehrwert.

Folgende Veränderungen konnten in den beschriebenen Fällen identifiziert werden:

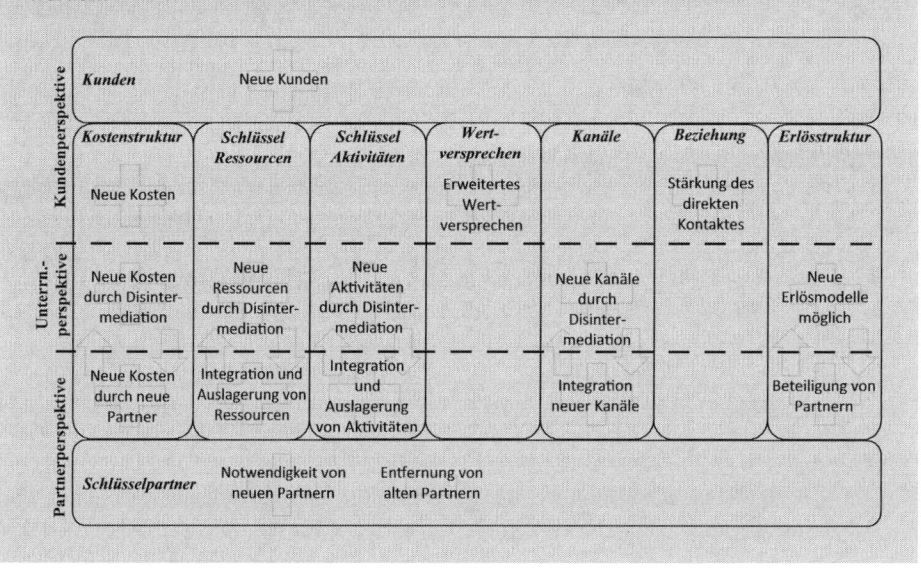

	Kostenstruktur	Schlüssel Ressourcen	Schlüssel Aktivitäten	Wertversprechen	Kanäle	Beziehung	Erlösstruktur
Kunden (Kundenperspektive)				Neue Kunden			
	Neue Kosten			Erweitertes Wertversprechen		Stärkung des direkten Kontaktes	
Unternehmensperspektive	Neue Kosten durch Disintermediation	Neue Ressourcen durch Disintermediation	Neue Aktivitäten durch Disintermediation		Neue Kanäle durch Disintermediation		Neue Erlösmodelle möglich
Partnerperspektive	Neue Kosten durch neue Partner	Integration und Auslagerung von Ressourcen	Integration und Auslagerung von Aktivitäten		Integration neuer Kanäle		Beteiligung von Partnern
Schlüsselpartner		Notwendigkeit von neuen Partnern	Entfernung von alten Partnern				

3 Zusammenfassung

Wie in diesem Kapitel gezeigt werden konnte, spiegelt sich die Entwicklung von service-orientierten Geschäftsmodellen in unterschiedlichen Veränderungsachsen wider. Wichtige Treiber sind dabei die Digitalisierung, die Integration und die Erlösorientierung. Vom Wettbewerb am Markt getrieben, bewirken die beschriebenen Treiber die Transformation traditioneller Geschäftsmodelle hin zu innovativen Angeboten, die dem Kunden einen überragenden Mehrwert liefern und dadurch nachgefragt werden. Dadurch werden Unternehmen befähigt, sich im Wettbewerb zu differenzieren und so erfolgreich weiter zu bestehen.

Die drei Veränderungsachsen resultieren auch aus drei unterschiedlichen Herausforderungen. Bei der *Digitalisierung* müssen IT Systeme erfolgreich ins Geschäftsmodell integriert werden. Dadurch können Daten und Informationen verarbeitet werden, die dann zum Mehrwert für den Kunden führen. Bei der *Erlösorientierung* fokussiert sich die Konzentration auf die Unterstützung des Wertversprechens. Auf dieser Grundlage soll der Kunde davon überzeugt werden, dass sich eine Investition lohnt und die Dienstleistung einen Mehrwert liefert. Bei der *Integration* steht die Koordination unterschiedlicher Dienstleistungen und Partner im Mittelpunkt. Dadurch soll ein herausragender Mehrwert geschaffen werden, der dem Konsum der einzelnen Teilelemente überlegen ist.

Literatur

1. Böhmann T, Krcmar H (2007) Hybride Produkte: Merkmale und Herausforderungen. In: Bruhn M (Hrsg) Wertschoĺpfungsprozesse bei Dienstleistungen – Forum Dienstleistungsmanagement. Stauss, B. Gabler, Wiesbaden.
2. Evanschitzky H, v.Wangenheim F, Woisetschlaĺger D (2011) Service & solution innovation: overview and research agenda. Ind Mark Manag 40(5):657–660
3. Geisberger E, Broy M (2012) acatech STUDIE – agendaCPS Integrierte Forschungsagenda Cyber-Physical Systems
4. Kagermann H, Wahlster W, Helbig J (2012) Deutschlands Zukunft als Produktionsstandort sichern: Umsetzungsempfehlungen für das Zukunftsprojekt Industrie 4.0 – Abschlussbericht des Arbeitskreises Industrie 4.0
5. Lusch RF (2011) Reframing supply-chain management: a service-dominant logic perspective. J Supply Chain Manag 47(1):14–18
6. Lusch RF, Vargo SL, Tanniru M (2010) Service, value networks and learning. J Acad Mark Sci 38(1):19–31
7. Nespresso (2013) Von der Bohne bis in die Tasse. http://www.nespresso.com/de/de/pages/beancup-page. Zugegriffen: 20. März 2013
8. Pauwels K, Weiss A (2008) Moving from free to fee: how online firms market to change their business model successfully. J Marketing 72(3):14–31
9. Pine II BJ (1993) Mass customizing products and services. Strategy Leadersh 21(4):6–55

10. Prasad VN, George SS (2009) Rolls-royce: a manufacturer at your service. ecch the case for learning
11. Storbacka K (2011) A solution business model: Capabilities and management practices for integrated solutions. Ind Mark Manag 40:699–711
12. Tuli KR, Kohli AK, Bharadwaj SG. (2007) Rethinking customer solutions: from product bundles to relational processes. J Mark 71(July):1–17
13. Ulaga W, Reinartz WJ (2011) Hybrid offerings: how manufacturing firms combine goods and services successfully. J Mark 75(6):5–23
14. Vargo SL, Lusch RF (2004) Evolving to a New Dominant Logic for Marketing. J Mark 68(January):1–17
15. Vargo SL, Lusch RF (2008) Service-dominant logic: continuing the evolution. J Acad Mark Sci 36(1):1–10

Service-orientierte Geschäftsmodelle und ihr Nutzen für Nachfrager und Anbieter

Markus Warg und Saskia Rennebach

Zusammenfassung

Das Kapitel analysiert anhand von Praxisbeispielen die Merkmale sowie den Nutzen service-orientierter Geschäftsmodelle für Kunden und für Unternehmen. Es wird aufgezeigt, warum die Änderung der Lebensmodelle zu einer steigenden Nachfrage nach service-orientierten Lösungen führt und diese bei den Konsumpräferenzen einen immer höheren Stellenwert einnehmen. Ausgehend von den Kundenerwartungen wird der Nutzen von Geschäftsmodellen für die Nachfrager und Anbieter zunächst abstrakt und dann anhand von konkreten Beispielen dargestellt. Mittels der Service-Wert-Matrix wird eine Methode vorgestellt, die hilft, ein Geschäftsmodell zu analysieren und optimal an den Kundenanforderungen auszurichten.

Um das Zusammenspiel von Angebot und Nachfrage, Wohlfahrts- sowie Preis-, Mengen- und Umsatzeffekten zu visualisieren, werden Angebots- und Nachfragekurven verwendet. Auf diese Weise können die Wirkungsmechanismen einzelner Geschäftsmodelle aufgezeigt werden. Die Methodik ermöglicht, die Wirkung von Produkt- und Servicemerkmalen auf das Nachfrageverhalten sowie auf die Umsatzentwicklung hin zu analysieren und zu visualisieren. Der Einsatz der Methodik wird vor größeren Investitionen in service-orientierten Geschäftsmodellen sowie zur Plausibilisierung von Businessplänen empfohlen.

Nach der Lektüre dieses Kapitels können Sie:

- Den Nutzen service-orientierter Geschäftsmodelle anhand ihrer wichtigsten Wertversprechen analysieren.

M. Warg (✉) · S. Rennebach
SIGNAL IDUNA Gruppe, Neue Rabenstraße 15–19, 20354 Hamburg, Deutschland
E-Mail: markus.warg@signal-iduna.de

S. Rennebach
E-Mail: Saskia.Rennebach@signal-iduna.de

- Den Zusammenhang zwischen den Determinanten der Nachfrage und des Angebots, sowie Wohlfahrtseffekte von service-orientierten Geschäftsmodellen für Konsumenten und Produzenten erklären.
- Geschäftsmodelle mit Hilfe der vorgestellten Methodiken hinsichtlich ihres Erfolgspotenzials überprüfen, Auswirkungen von Änderungen des Konsumverhaltens auf bestehende Geschäftsmodelle frühzeitig prognostizieren und Ansätze zur Optimierung von Geschäftsmodellen ableiten.

1 Einleitung

Bei service-orientierten Geschäftsmodellen steht der für den Kunden generierte Nutzen im Mittelpunkt. Er führt bei ihm zu einem Prozess des Überdenkens der bestehenden Konsumpräferenzen und damit des Konsumplanes. Der Konsumplan ist das Ergebnis einer Vielzahl von Präferenzen, die sich aus den Grundbedürfnissen und den Lebensmodellen der Kunden ergeben. Bietet das neue Angebot aus Sicht des Kunden einen echten Vorteil gegenüber den im bestehenden Konsumplan enthaltenen Gütern, so wird er seinen Konsumplan zugunsten des neuen Angebots anpassen, um so seinen Nutzen zu erhöhen.

Für die Unternehmen kann sich der Nutzen neuartiger service-orientierter Geschäftsmodelle in einer verbesserten Umsatz- und/oder Ertragssituation ausdrücken, aber auch zu Verbesserungen bei Produktionsprozessen oder der Reduzierung von Abhängigkeiten bei Produktionsfaktoren führen.

Ausgehend von den Kundenerwartungen und den Charakteristika service-orientierter Geschäftsmodelle wird der Nutzen für Nachfrager und Anbieter zunächst abstrakt und dann anhand konkreter Geschäftsmodelle dargestellt. Mittels der Service-Wert-Matrix wird ein Analyseraster vorgestellt, das dabei unterstützt, ein Geschäftsmodell zu analysieren und optimal an den Kundenanforderungen auszurichten.

Um das Zusammenspiel von Angebot und Nachfrage, Wohlfahrts- sowie Preis-, Mengen- und Umsatzeffekte zu visualisieren, werden Angebots- und Nachfragekurven verwendet. Auf diese Weise können auch die Wirkungsmechanismen einzelner Geschäftsmodelle für Kunden und Anbieter visuell dargestellt werden.

Die nachfolgend vorgestellten Methoden ermöglichen es so, Geschäftsmodelle hinsichtlich ihres Erfolgspotenzials zu überprüfen, Auswirkungen von Änderungen des Konsumverhaltens auf bestehende Geschäftsmodelle frühzeitig zu prognostizieren und Ansätze zur Optimierung von Geschäftsmodellen abzuleiten.

2 Lebensmodelle, Kundenerwartungen und Vorteile durch Service

Mit den sich stetig wandelnden Arbeits- und Lebensbedingungen, wie z. B. gestiegene Mobilität, bessere Informationsbasis, Zeitknappheit und der Wunsch nach Abwechslung haben sich die Kundenanforderungen verändert. Die Notwendigkeit kundenorientiert zu handeln ist damit Grundvoraussetzung für jedes Geschäftsmodell.

Der Wert bzw. der Nutzen von Produkt- und Serviceangeboten wird immer vom Nachfrager, das heißt vom Empfänger – Kunden oder Unternehmen – bestimmt und ist daher so einmalig wie die persönliche Situation jedes Individuums beziehungsweise die individuelle Lage jedes Unternehmens [1, 46]. Dabei ist es wichtig zu berücksichtigen, dass der Wert für den Kunden nicht das Produkt oder der Service an sich ist, sondern der Nutzen, den der Kunde aus dem Produkt und dem Service generiert [14]. Zudem gilt es, Kunden- und Unternehmensanforderungen bestmöglich in Einklang zu bringen und für den Kunden einen Mehrwert zu schaffen, für den er bereit ist, auch zu zahlen.

Kunden transformieren den Wert von Produkt- und Serviceangeboten in eine für sie individuelle Zahlungsbereitschaft. Daher existieren beispielsweise für Fußballtickets bei unterschiedlichen Kunden starke Abweichungen bei der Zahlungsbereitschaft. Ist der Nutzen und damit die Zahlungsbereitschaft des Kunden höher als der geforderte Preis, so entsteht für den Kunden ein Vorteil, der auch als Konsumentenrente bezeichnet wird. Besteht die Bereitschaft 100 € für ein Fußballticket im SIGNAL IDUNA Park zu bezahlen und der Preis beträgt 50 €, so entsteht für den Kunden ein Vorteil (Konsumentenrente) in Höhe von 50 € [46].

In Analogie hierzu erzielen Unternehmen einen Vorteil, wenn die Produktionskosten unter dem erzielbaren Marktpreis liegen. Dieser Vorteil wird auch als Produzentenrente bezeichnet. Entspricht der kostendeckende Preis für ein Ticket im SIGNAL IDUNA Park 30 € und der Kunde zahlt 50 €, so entsteht dem Anbieter ein Vorteil (Produzentenrente) in Höhe von 20 €.

Der summierte Vorteil aller beteiligten Parteien, der in diesem Beispiel für den Anbieter und den Nachfrager entsteht, wird auch als Wohlfahrt bezeichnet. Der Wohlfahrtseffekt ist somit die Summe aus Konsumenten- und Produzentenrente; hier 50 € plus 20 €, also 70 €.

Was ist nun aber Service? Was sind die Erwartungen der Kunden und wie kann mittels Service die Wohlfahrt für die Kunden und die Anbieter erhöht werden?

Vargo und Lusch [46] bezeichnen Service frei übersetzt als „Bereitstellung von Kompetenzen zum Vorteil eines Anderen". Diese Definition kann wie folgt ergänzt werden: Service ist die Bereitstellung von Kompetenzen zum Vorteil eines Anderen und durch Ergebnis- und Erlebniskomponenten charakterisierbar.[1] Dabei ist die Entwicklung, die als „servicedominiert" bezeichnet werden kann, nicht plötzlich „vom Himmel gefallen". Vielmehr ist es die Konsequenz aus zwei zentralen Entwicklungen [46]:

> Der steigenden Fähigkeit Informationen unabhängig vom Produkt oder der Person zu separieren, zu transportieren und auszutauschen sowie der steigenden Spezialisierung („unbundling"), die ein Auslagern und Übertragen von Teilabläufen ermöglicht.

---

[1] vgl. Kapitel Controlling Service-orientierter Geschäftsmodelle.

Dieses Serviceverständnis erklärt auch, dass es bei neuartigen, „servicedominierten" Entwicklungen in den seltensten Fällen zu Veränderungen im Kernprodukt kommt [24].

Ein Beispiel für eine solche Entwicklung ist der veränderte Check-in-Prozess bei Flügen.

Der traditionelle Check-in-Ablauf war dadurch charakterisiert, dass der Kunde frühzeitig vor Abflug am Check-in-Schalter sein musste, um seine Bordkarte zu erhalten. Dort wurde ihm zumeist von einer Person an einem Schalter sein „physisches" Ticket ausgedruckt.

Der „servicedominierte" Ablauf ist durch die Trennung der Information vom traditionellen Ablauf und Kernprodukt charakterisiert. Der Kunde erhält die Check-in-Möglichkeit per Mail, druckt sein Ticket zu Hause aus oder ruft es via Endgerät beim Boarding ab.

Für den Kunden ist dies vorteilhaft, da er frühzeitig sein Check-in vornehmen kann und die Bordkarte erhält und seinen Aufenthalt am Flughafen verkürzt, d. h. ohne Wartezeiten für Check-in und Ticket direkt zum Abflug geht. Er realisiert einen Vorteil, da er von zuhause aus eincheckt und dadurch Zeit und Komfort gewinnt.

Die Anbieter reduzieren ihre Kosten dadurch, dass Personalkosten für den Check-in-Prozess sinken und die Sachkosten für die Schalter am Flughafen sowie für Papier, Drucker etc. reduziert werden.

Ein weiteres Beispiel für eine „servicedominierte" Entwicklung ist das Unternehmen GIRA [13]. Es bietet intelligente Haustechnik an, die der Kunde von unterwegs mit dem Smartphone oder dem Tablet PC steuern kann. Über eine zentrale Steuerung der gesamten Haustechnik lassen sich beispielsweise Leuchten ein- bzw. ausschalten, oder die Raumtemperatur in einzelnen Räumen individuell regulieren. Zudem erhält der Anwender über Messlisten genaue Informationen über Kamerabewegungen oder geänderte Messwerte und hat damit die Möglichkeit, individuell zu reagieren.

Im Vergleich zu herkömmlichen Haustechnikanlagen, liegt der Vorteil für den Kunden in der mobilen Anwendbarkeit, da die Haustechnik nicht mehr zentral von zu Hause aus gesteuert werden muss, sondern bequem von unterwegs. Dem Kunden liegen jederzeit alle relevanten Informationen über sein Wohnobjekt vor und er kann schnell handeln ohne vor Ort sein zu müssen. Dieser Service kennzeichnet sich durch die Nutzung mobiler Endgeräte wie dem iPad und der drahtlosen Kommunikationstechnologie. Auf Basis ständiger Konnektivität ermöglichen sie dem Endnutzer eine zeit- und ortsunabhängige Nutzung des mobilen Service [10, S. 20–21]. Das erreicht beim Kunden eine hohe Zufriedenheit und Verbundenheit mit dem Serviceangebot. Diese Art mobiler Services muss komfortabel und einfach zu bedienen sein.[2]

Die Beispiele zeigen mehrere Charakteristika[3] „servicedominierter" Abläufe und Geschäftsmodelle:

---

[2] vgl. Kapitel Integrierte Informationssysteme im Service.
[3] vgl. Kapitel Grundlagen service-orientierter Geschäftsmodelle.

▶ Zunächst entsteht für den Kunden ein immaterieller Nutzen. Geht man auf die Wohlfahrtseffekte wirtschaftlichen Handelns bis zum Gedankengut von Adam Smith [50, S. 9 ff.] zurück, so wird erkennbar, dass Nutzen- und Wohlfahrtseffekte bislang immer in materieller Form artikuliert wurden [43, 46]. Im Unterschied zur traditionellen Güterzentrierung, die durch die Verkaufsabsicht dominiert wird, berücksichtigt die Servicezentrierung den ganzen Konsumprozess [14].

Die Beispiele zeigen auch, dass in derartig „servicedominierten" Modellen der Kunde auch immer Co-Producer und Co-Creator des Wohlfahrtsgewinnes ist [46, 48]. Dabei kann es wie beim Check-in Beispiel beschrieben, auch zum Transfer von Prozessschritten und Ressourcen vom Unternehmen auf den Kunden sowie umgekehrt kommen [19].

In hoch entwickelten Industrie- und Dienstleistungsgesellschaften und dem damit einhergehenden Wandel der Lebensmodelle der Wirtschaftssubjekte, gewinnen gerade immaterielle Kundenvorteile an Bedeutung. Wachsende Arbeitsverdichtung stetig steigende Komplexität und eine zunehmende Informationsflut führen zu Zeitknappheit, erhöhen den Stress und bergen die Gefahr der gesundheitlichen Schädigung [17]. Damit steigt die Sehnsucht des Konsumenten nach Entlastung, Orientierung und einfachen Lösungen. Kann diese erfüllt werden, ist der gestiegene Nutzen für den Konsumenten förmlich „erlebbar". Dies führt zu veränderten Kundenerwartungen und damit zu einer nachhaltigen Veränderung der bestehenden Konsumpräferenzen. Chancen, den Kundenerwartungen im immateriellen Bereich gerecht zu werden, ergeben sich über den gesamten Konsumzyklus [4] und gehen weit über das Preis-Leistungs-Verhältnis hinaus. Zugleich stellen sich die Kunden weniger die Frage, ob sie den Kaufgegenstand tatsächlich benötigen als vielmehr die Frage, ob sie den Kaufgegenstand „wollen" und „liken" [21].

War früher der Fokus des Konsumenten bei Produkten vor allem auf deren funktionalen Nutzen gerichtet, sind in der heutigen Zeit weitere Kundenbedürfnisse in den Mittelpunkt der Konsumentscheidung gerückt. Das Kernprodukt ist immer mehr nur noch der Teil eines gesamten Konsumprozesses. Das hat dazu geführt, dass der Wertbeitrag oder das Nutzenversprechen des Angebotes – die sogenannte Value Proposition – sich nachhaltig verändern muss, um die gewandelten Kundenbedürfnisse zu erfüllen. Nach Anderson, Narus, Rossum muss der Anbieter von Leistungen wissen, wie man die Nutzenversprechen richtig kombiniert, um konkurrenzfähig zu bleiben [3].

Die Value Proposition eines Unternehmens an den Kunden ist somit der Ausgangspunkt für den Erfolg oder Misserfolg eines Geschäftsmodells. Sie geht von der Sichtweise des Kunden aus, d. h. sie beschreibt den Nutzen des Angebots für den Konsumenten und die daraus generierte Bedürfnisbefriedigung. Ziel ist es, den Kunden zu überzeugen und ggf. seine Sympathie zu gewinnen.

Osterwalder und Pigneur [35, S. 2] knüpfen daran an. Sie beschreiben im folgenden Zitat die Value Proposition als die Vorteile bzw. die Motivationsursache der Kunden, sich dem Angebot eines bestimmten Unternehmens zuzuwenden, weil dieses z. B. ein spezielles Bedürfnis befriedigt oder eine Problemlösung anbietet [30].

„Der Baustein Wertangebote beschreibt das Paket von Produkten und Dienstleistungen, das für ein bestimmtes Kundensegment Wert schöpft. Das Wertangebot ist der Grund, weshalb Kunden sich eher dem einen Unternehmen zuwenden als dem anderen. […] In diesem Sinne ist das Wertangebot ein Zusammenschluss oder Paket von Nutzen, die ein Unternehmen seinen Kunden anbietet." [35, S. 24]

Daher empfehlen Osterwalder und Pigneur Unternehmen, ihre neuen innovativen oder bereits im Markt existierenden Produkte und Dienstleistungen so auszurichten, dass sie den speziellen Kundenbedürfnissen des vom Unternehmen anvisierten Kundensegments gerecht werden. Das Nutzenversprechen eines Unternehmens ist laut Osterwalder und Pigneur mit dem vermuteten Wert, den ein Kunde dem Produkt zuschreibt, gleichzustellen [32].

Den entstehenden Kundennutzen unterteilen sie zum einen in einen quantitativen Kundennutzen, z. B. die Schaffung eines Nutzens in Form eines bestimmten Preises oder einer besonders schnellen Dienstleistungsumsetzung, und zum anderen in einen qualitativen Kundennutzen, z. B. die Schaffung eines Nutzens durch ein spezielles Design oder eine außergewöhnliche Erfahrung [36, S. 23].

Laut Balderjahn und Scholderer kann der Konsumnutzen als *"(…) Maß der in der Vorkaufssituation erwarteten bzw. nach dem Kauf tatsächlich eingetretenen Bedürfnisbefriedigung durch Verbrauch oder Inanspruchnahme des Produktes (…)"* [5, S. 23] bezeichnet werden.

Die Wandlung der Kundenbedürfnisse hat dazu geführt, dass heute auch emotionale und gesellschaftliche Themen in den Fokus gerückt sind. Die Produkte und Dienstleistungen verfügen über Eigenschaften, die die Kunden mit Geld bezahlen, weil sie damit z. B. ihr Selbstbewusstsein steigern oder durch den Kauf nachhaltiger Produkte etwas für ihr Gewissen oder die Umwelt tun möchten.

Der Wertbeitrag für den Kunden setzt sich dabei aus verschiedenen Nutzenkomponenten zusammen. Diese können sich im Prozess der Information, des Kaufs und des tatsächlichen Gebrauchs verändern. Darauf muss sich ein Unternehmen mit seinem Geschäftsmodell einstellen und reagieren [6].

Dabei stellt sich die Frage, welches Nutzenversprechen das Geschäftsmodell erfüllen muss, um auf dem Markt von den Kunden wahrgenommen und bevorzugt zu werden. Im Folgenden werden diese Nutzenversprechen in Anlehnung an Osterwalder und Pigneur[4]

---

[4] In Anlehnung an Osterwalder und Pigneur 2011, S. 23 ff. – Osterwalder und Pigneur gehen von folgenden Wertversprechen aus: Neuheit (Neuheit/Innovationsfähigkeit), Leistung (Leistungsfähigkeit), Anpassung an Kundenwünsche (Customizing/Individualisierung), die Arbeit erleichtern (Entlastung/Einfachheit), Design (Design), Marke/Status (Status/Markenbildung), Preis (Preis), Kostenreduktion (Kostenreduktion), Risikominimierung (Risikominimierung) Bequemlichkeit/Anwenderfreundlichkeit (Entlastung/Einfachheit) und Verfügbarkeit. Die Bezeichnung der Wertversprechen wurde zum besseren Verständnis angepasst (in den Klammern). Zusätzlich aufgenommen wurde das Wertversprechen Nachhaltigkeit und Transparenz (Nachhaltigkeit/Transparenz), da die Konsumenten diesem Wertversprechen einen immer höheren Stellenwert bei ihren Konsumentscheidungen einräumen, wie sich u. a. am Erfolg von Nachhaltigkeitszertifizierungen wie Fairtrade zeigt. Nicht betrachtet wird im Folgenden das Wertversprechen Verfügbarkeit von Osterwalder und Pigneur, da die Verfügbarkeit des Service für den Konsumenten bei allen service-orientierten Geschäftsmodellen grundsätzlich gewährleistet sein muss.

[30] aus Sicht des Kunden herausgearbeitet, Auswirkungen für das jeweilige Geschäftsmodell aufgezeigt und anhand von Beispielen erläutert. Die vorgestellten Wertversprechen vereinigen ergebnisorientierte und/oder erlebnisorientierte Komponenten. Die ergebnisorientierten Wertversprechen zeichnen sich durch eine konsequente Ausrichtung auf das zu erzielende Ergebnis aus. Sie sind dabei auf das Wesentliche konzentriert und setzen ihren Akzent auf die Zielsetzung des Produktes oder der Dienstleistung. Dagegen sind die erlebnisorientierten Nutzenversprechen auf den Lebensstil der adressierten Konsumenten ausgerichtet. Sie verfügen beispielsweise über eine neuartige Komponente, die originell und überraschend auf den Konsumenten wirkt. Somit wird das Produkt oder der Service besser wahrgenommen und macht es für den Kunden zu einem besonderen Erlebnis, dieses Produkt zu konsumieren.

Einfachheit/Entlastung Die Wertschöpfung durch ein Produkt oder einen Service findet dann statt, wenn dem Kunden Tätigkeiten erleichtert werden, kurz: er entlastet wird, beispielsweise durch die Aufbauhilfe von IKEA. IKEA bietet seinen Kunden an, das gekaufte Möbelstück anliefern und gleich aufbauen zu lassen. Dieser Service kostet extra, entbindet den Kunden aber von dem IKEA-Prinzip des Selbsttransports und -zusammenbaus und entlastet ihn dadurch. Ein weiteres Beispiel ist der HON Circle Status der Lufthansa. Der höchste Vielflieger-Status der Lufthansa bietet den Kunden Zugang zu First-Class-Lounges, Limousinen-Service von und zum Flugzeug, die höchste Wartelistenpriorität und weitere Vorteile, die das Reisen vereinfachen sollen [22]. In diesem Beispiel erhöht sich damit die Konsumentenrente des Kunden bei gleichbleibendem Preis. Der Kunde erfährt dadurch einen zusätzlichen Vorteil, wodurch das Unternehmen eine höhere Kundenbindung anstrebt.

Auch bei dem Fallbeispiel Nespresso (vgl. Ausführung zu Nespresso Abschn. 3.1) ist das Nutzenversprechen Einfachheit und Entlastung Teil des Geschäftsmodells. Das Kapselmodell und die dazugehörigen Kaffeemaschinen ermöglichen eine einfache Handhabung sowohl bei der Kaffeezubereitung als auch bei der Reinigung. Damit bietet Nespresso – gegenüber herkömmlichen Kaffeemaschinenherstellern – dem Kunden einen Mehrwert, für den der Kunde auch bereit ist, einen höheren Preis zu zahlen.

Ein weiteres Beispiel ist der DB Navigator, die App der Deutschen Bahn. Die App bedient sich eines ausgelagerten Services, der den Kunden als Co-Producer eingesetzt. Der Konsument sucht sich seinen Zug selbst aus, kauft mobil sein Ticket und lädt sich das Ticket im Anschluss direkt auf sein Smartphone. Der Nutzen für den Anwender resultiert aus der Zeitersparnis beim Fahrkartenkauf und dem nicht mehr notwendigen Ticketdruck. Durch den Einsatz des Konsumenten als Co-Producer reduziert das Unternehmen aber gleichzeitig seine Kosten, u. a. durch Personalreduzierung.

Leistungsfähigkeit Mit diesem Nutzenversprechen für ein Produkt oder einen Service signalisiert das Unternehmen dem Kunden, dass man der beste, der leistungsfähigste, der schnellste oder der zuverlässigste Anbieter auf dem Markt ist. Zudem steht das Qualitätsversprechen des Produktes oder der Dienstleistung im Vordergrund. Ein Beispiel für die

Integration dieses Nutzenversprechens in das Geschäftsmodell ist Fielmann. Fielmann hat es geschafft durch zuverlässigen Service und eine hohe Qualität (i. S. des „Preis-Wert-Seins") Kunden an sich zu binden und langfristige Kundenbeziehungen aufzubauen (vgl. Ausführung zu Fielmann Abschn. 3.2). Damit vereinigt das Wertversprechen erlebnis- und ergebnisorientierte Komponenten.

Status/Markenbildung Mit einem Produkt oder einem Service können Anbieter dem Kunden auch einen gewissen Status verleihen. Das funktioniert meist im Zusammenhang mit einer ausgeprägten Markenbildung, wie das beispielsweise bei Apple der Fall ist. Die Apple-Produkte suggerieren dem Kunden, er sei trendy und innovativ. Der Kunde differenziert sich mit dem Produkt von der Masse und signalisiert eine Besonderheit oder gewisse Zugehörigkeit zu einem Kundensegment. Dieses Nutzenversprechen wird von Unternehmen wie Apple und Rolex gezielt in das Geschäftsmodell integriert, um Kunden zu binden und neue zu gewinnen, die „dazugehören" wollen [8, S. 75].

Design Durch ein ansprechendes Design hat der Anbieter ebenfalls die Möglichkeit mit seinem Produkt attraktiv auf Kunden zu wirken und zusätzliche Nachfrage zu generieren. Durch das Design soll ein emotionales Leistungsversprechen mit tatsächlicher Leistungserfüllung entstehen. Indem durch das Produkt/den Service beispielsweise eine hohe Funktionalität vermittelt wird, erhält der Kunde zusätzlich einen Anreiz, das Produkt zu erwerben. Ein Beispiel für diese Kombination ist das iPhone, bei dem eine intuitive Bedienung mit ansprechender Benutzeroberfläche dem Kunden; *„…die radikale Vereinfachung auf die absolut notwendigen Elemente, die dadurch resultierende Vereinfachung der Bedienung bis zu einer intuitiven, selbsterklärenden Geräteoberfläche…"* [22, S. 1] verspricht. Durch die Integration von Design als Bestandteil des Geschäftsmodells werden gezielt designorientierte Kunden angesprochen. Diese Kunden haben für Design eine höhere Zahlungsbereitschaft als es in anderen Kundensegmenten der Fall ist.

Neuheit/Innovationsfähigkeit Neuheit bzw. Innovationsfähigkeit bedeutet, das Unternehmen schafft durch ein Produkt bzw. Service einen neuen Markt oder erweitert einen bestehenden und generiert so eine neue bzw. zusätzliche Nachfrage. Dieser Effekt lässt sich am Beispiel von Apple gut darstellen, bei dessen Geschäftsmodell regelmäßige Produktinnovationen ein wesentlicher Bestandteil sind. Die Innovationsfähigkeit lässt sich gut am Beispiel des iPads darstellen. Viele Menschen besaßen zwar bereits einen PC oder Laptop und der Bedarf nach dem Produkt schien nicht vorhanden. Aber Apple schaffte es, mit dem Produkt iPad nicht nur zusätzlichen Bedarf zu wecken, sondern sogar eine neue Geräteklasse am Markt zu etablieren und damit neue Käuferschichten für sich als Kunden zu gewinnen. Ein ähnlicher Erfolg gelang Apple auch beim iPod als innovativer „Walkman" und mit dem iPhone als Wegbereiter für den großen Erfolg der Smartphones.

Risikominimierung Für viele Kunden stellt es einen Nutzen dar, wenn man ihre Risiken beim Kauf von Produkten oder Dienstleistungen reduziert. Das gilt beispielsweise für Gebrauchtwagenkäufer, die mit einer „Ein-Jahres-Garantie" das Risiko von anschließenden Pannen und Reparaturen verringert sehen. Oder die Garantieverlängerungen von Elektronikmärkten, die teilweise über die Händlergarantie hinaus dem Kunden mit dem Garantieversprechen Sicherheit vermitteln. Das Geschäft mit dem Wertversprechen „Sicherheit" funktioniert zusätzlich zum immateriellen Nutzen und stellt für den Kunden eine Absicherung zur erworbenen Leistung dar. Das zeigt sich beispielsweise an der klassischen Reiserücktrittsversicherung von der SIGNAL IDUNA als Zusatzleistung im Rahmen einer Reisebuchung [42].

Kostenreduktion Mit diesem Wertversprechen hilft das Unternehmen dem Kunden langfristig, seine Kosten zu senken, beispielsweise durch eine ausgelagerte Dienstleitung, die den Kunden von Kosten und Ressourcenaufwand entbindet. Ein Beispiel hierfür ist das Cloud Computing[5] [27]. Durch Outsourcing, das sogenannte Auslagern der IT- Infrastruktur kann der Kunde Kosten einsparen, in dem er nicht die gesamte Infrastruktur selbst vorhalten und betreiben muss, sondern auf einen hoch skalierbaren Ressourcenpool zurückgreifen kann.

Preis Unternehmen wie H&M, IKEA oder ALDI haben es geschafft, durch konsequente Komplexitätsreduktion, Kostensenkung und Ausschaltung einer Wertschöpfungsstufe mit eigenem Margenanspruch eine überlegene Kostenposition aufzubauen. Den erzielten Kostenvorteil können die Unternehmen an den Kunden weitergeben. Das heißt, sie bieten günstiger am Markt an, steigern damit die Nachfrage nach ihren Produkten und sichern so ihren Marktanteil bzw. bauen diesen weiter aus. Zudem können sie so im Vergleich mit ihren Wettbewerbern ein Leistungsversprechen durch einen günstigen Preis generieren. Die Leistung kann dabei die im Vergleich bessere Produktqualität wie bei Aldi oder die „modische" Schnelligkeit wie bei H&M sein.

Customizing/Individualisierung Das Bedürfnis nach Individualisierung in allen Lebensbereichen ist ungebrochen – und wird es bleiben. Die Potenziale der Massenproduktion für reife Märkte sind zunehmend ausgereizt. Um die verfeinerten und gesteigerten Bedürfnisse der Kunden zu befriedigen, ist eine entsprechende Differenzierung der Produkte und der Dienstleistung für Unternehmen zur Daueraufgabe geworden. Einen Lösungsweg bietet beispielsweise die Mass Customization. Der Fokus im Rahmen des Wertschöpfungsprozesses ist hierbei auf den individuellen Kunden und seine spezifischen Bedürfnisse ausgerichtet. Durch den Einsatz von neuen Informations-, Kommunikations- und Produktionstechnologien wird der Kunde bei der Identifikation „seiner" Bedürfnisse

---

[5] Cloud Computing ist ein technologischer Trend, der IT-Ressourcen auf Bedarf über ein Netzwerk zur Verfügung stellen kann und dann abrechnet, wenn die Technologie tatsächlich gebraucht wird. Die eigentliche Arbeit läuft auf den Servern, Endgeräte können auch Smartphones oder Netbooks sein, die selbst nur über vergleichsweise geringe Prozessor- und Speicherausstattung verfügen.

und der Auswahl der für ihn passenden Produkte bzw. Dienstleistungen unterstützt [2, S. 10]. Einer der führenden Experten für „Mass Customization", Prof. Dr. Frank Piller von der RWTH Aachen, bestätigt dieses Wertversprechen: *„Personalisierte Produkte haben ein großes Zukunftspotenzial und werden immer beliebter. Das zeigen Marktstudien sowie entsprechende Pilotplattformen etwa von Bekleidungsherstellern wie Nike und Land's End. Dabei kommt es auf die Strategie und das Standing der Unternehmen an. Klassische Anbieter sehen individualisierte Produkte eher als Beweis ihrer Innnovationsfähigkeit…"* [40, S. 8] Beispiele für solche Geschäftsmodelle sind myMüsli, einem Anbieter, bei dem sich der Kunde online individuell sein Müsli zusammenstellen kann. Auch Versicherer wie die SIGNAL IDUNA greifen dieses Nutzenversprechen in der Krankenzusatzversicherung auf, beispielsweise mit dem Komfort Plus Tarif [42], bei dem sich der Kunde die Leistungen individuell zusammenstellen kann. Damit ist die Leistung auf den tatsächlichen Bedarf des Kunden abgestimmt, und das hat einen positiven Einfluss auf die Kundenbindung.

Nachhaltigkeit/Transparenz Das Kundenbedürfnis, sich „ethisch" und „nachhaltig" zu verhalten, wird auch bei Produkten und Dienstleistungen zunehmend wichtig. Der Kunde möchte sicherstellen, dass die Waren und Dienstleistungen, die er kauft bzw. in Anspruch nimmt, seinen ethisch-moralischen Werten entsprechen, und erwartet dabei ein Höchstmaß an Transparenz. Er möchte über alle Faktoren, die sein Gewissen ent- oder belasten könnten, informiert werden. Wie und unter welchen Bedingungen wurde das Produkt hergestellt? Wie und auf welchem Weg wird es befördert? Werden die jeweiligen Produzenten im Rahmen der Wertschöpfungskette gerecht bezahlt und nicht ausgebeutet? Beispiele für Geschäftsmodelle, die sich dieser Wertversprechen bedienen, sind Fair Trade, Bioobstsorten, organisch hergestellte Kleidung von C&A und H&M. Dies schafft beim Kunden Vertrauen und kann ein zusätzlicher Konsumanreiz sein.

In den folgenden Abschnitten werden, ausgehend von den dargestellten Kundenerwartungen, die Erfolgskriterien von service-orientierten Geschäftsmodellen anhand von Produkt- und Servicemerkmalen analysiert und es wird aufgezeigt, warum diese Geschäftsmodelle erfolgreich sind.

3 Produkt- und Servicemerkmale aus Sicht des Kunden

Der Wert oder Nutzen einer Leistung besteht aus der Differenz zwischen dem wahrgenommenen Nutzen einer Leistung für den Kunden und den wahrgenommen Kosten im Vergleich zu alternativen Leistungen der Konkurrenz [6, S. 37 ff.].

Um den Wertbeitrag von service-orientierten Geschäftsmodellen festzulegen, ist folglich die Kenntnis der Kundenbedürfnisse eine zentrale Voraussetzung. Diese müssen stetig neu ermittelt und das Geschäftsmodell auf neue Rahmenbedingungen angepasst werden.

Im Folgenden wird anhand von drei Fallstudien – Nespresso, Fielmann und Promerit – aufgezeigt, wie die identifizierten Wertversprechen in den Produkt- und Servicemerkmalen der jeweiligen Geschäftsmodelle integriert sind.

3.1 Nespresso

Die erste Fallstudie ist das B2C[6] Geschäftsmodell von Nespresso (vgl. hierzu auch Abschn. 2.3). Ausgangspunkt bei Nespresso sind die einzelnen Kapseln mit verschiedenen Geschmacksrichtungen und Kaffeesorten in Kombination mit einer dafür konstruierten Kaffeemaschine. (vgl. Ausführung zu Nespresso in Abschn. 5.3) Diese ermöglicht dem Kunden eine aufwandsarme Kaffeezubereitung im Vergleich zu herkömmlichen Maschinen. Darüber hinaus hat Nespresso ein Direktvertriebssystem entwickelt, bei dem der Endkundenkontakt im Fokus steht.

Die Produktion der Maschine wird nach Designvorgaben von Nespresso einem externen Partner überlassen, um die Kräfte auf die Vermarktung des Kaffees zu bündeln. Das ist zum einen für die Positionierung der Marke Nespresso wichtig und zum anderen für die Wertschöpfung des Geschäftsmodells relevant. Nespresso überspringt damit die Absatzstufe des Einzelhandels und stärkt dadurch seine Ertragsstruktur. Verkauft wird über Nespresso-Clubs und exklusive Verkaufsflächen in 1-A-Lagen [20]. Das sichert den direkten Kundenkontakt, ermöglicht die Schaffung eines Kauferlebnisses und erzeugt gleichzeitig Exklusivität sowie ein prestigeträchtiges Image. Das Produkterlebnis kommt jedoch insbesondere durch das Zusammenspiel von Maschine, Kaffeekapsel und Club zustande. Denn diese drei Komponenten stiften einen Zusatznutzen für den Konsumenten. Durch die Vereinigung und Kombination verschiedener Nutzenversprechen schafft Nespresso einen höheren Mehrwert für den Kunden als Vergleichsprodukte [40]. Dadurch kann Nestle ein auf die Positionierung abgestimmtes Preismodell im Premiumpreissegment anbieten, denn Nespresso-Konsumenten sind bereit, für eine Tasse Kaffee rund das Zehnfache im Vergleich zu „normalem" Kaffee zu bezahlen.

Nachfolgend wird analysiert, wie sich das Geschäftsmodell Nespresso die identifizierten Wertversprechen zu Nutze macht.

3.1.1 Produkt- und Servicemerkmale von Nespresso

Entlastung/Einfachheit: Durch eine einfache Bedienung und Reinigung der Kaffeemaschine wird der Konsument bei der Kaffeezubereitung entlastet. Für die Kaffeezubereitung ist es weder notwendig, einen Kaffeefilter zu befüllen, noch den Kaffeesatz zu entsorgen. Es muss lediglich die vordosierte Kapsel in die Maschine eingelegt werden. Der Kaffeesatz verbleibt in der Aluminiumkapsel. Zudem bieten die unterschiedlichen Kapselfarben Orientierung, d. h. sie „navigieren" den Kunden durch den Geschmack und die Stärke der Kaffeesorten.

Leistungsfähigkeit: Die Maschinen sind so konstruiert, dass die Wartezeit für die Kaffeezubereitung durch schnelles Aufheizen minimal ist, und auch bezüglich der Geschmacksqualität erzielt Nespresso gute Werte [33].

---

[6] Business to Consumer: Geschäftsmodell, welches sich auf den Absatz an einen privaten Endabnehmer richtet.

Status/Markenbildung: Bei Nespresso steht individueller Kaffeegenuss bzw. Kaffee als Lifestyleprodukt verbunden mit Bequemlichkeit und Komfort im Fokus. Die Marke Nespresso wird von den Kunden als innovativ und „stylish" wahrgenommen. Zudem wird durch die TV-Werbekampagne mit dem prominenten Hollywood Schauspieler George Clooney dem Produkt ein Image verliehen: „Nespresso what else" [29]. Dabei helfen die Nespresso Club Card und die Nespresso Boutiquen dem Geschäftsmodell, sich als exklusive Marke zu positionieren.

Design: Das funktionale Design der Kapseln und der Maschinen trägt das Leistungs- und Qualitätsversprechen und ermöglicht eine einfache und bequeme Bedienung für den Kunden. Nicht nur die Farbcodes der Kapseln und die Maschine, sondern auch die Shops und Zubehörprodukte haben ein konsequentes, auf die Marke abgestimmtes hochwertiges Design mit einem hohen Wiedererkennungswert für den Kunden.

Neuheit/Innovationsfähigkeit: Obwohl Nespresso auf einer neuen Technologie basiert, wird im Rahmen der Marketing-Kommunikation stets der einfache und besondere Kaffee-Genuss ins Zentrum der Betrachtung gerückt. Neuheit und Innovationsfähigkeit als Nutzenversprechen spielt deshalb bei Nespresso nur eine indirekte Rolle, da die Technologie für die Einfachheit der Bedienung und die Leistungsfähigkeit die Voraussetzung ist.

Customizing/Individualisierung: Auf der Nespresso Club Card sind u. a. Informationen über das Einkaufsverhalten des Kunden gespeichert, wodurch eine individuelle Kommunikation, z. B. Bestellalarm per E-Mail anhand des bisherigen Bestellrhythmus, mit dem Kunden ermöglicht wird.

Nachhaltigkeit/Transparenz: Mit der Einführung von „Ecolaboration" [28], einem Projekt zur Sicherstellung ökologischer und sozialer Nachhaltigkeit, versucht Nepresso, sich als ein auf Nachhaltigkeit großen Wert legendes Unternehmen zu präsentieren. Dabei beschäftigt sich Nespresso sowohl mit der Herkunft seiner Kaffeebohnen wie auch mit dem Recycling der Kapseln und der CO_2-Bilanz des Unternehmens. Im Rahmen des Markenauftritts wird großer Wert auf das Recycling der Kapseln gelegt, denn gerade wegen des Verpackungsaufwandes ist Nespresso immer wieder in die Kritik geraten.

Nespresso liefert durch die Integration dieser Wertversprechen in sein Geschäftsmodell für seine Kunden einen Mehrwert, der es ermöglicht, deutlich höhere Preise im Vergleich zum Markt zu erzielen.

3.2 Fielmann

Fielmann ist der Marktführer unter den deutschen Optikern, der mit dem einfachen Slogan „Brille? Fielmann" für sich Werbung macht. Durch die Werbekampagnen, in denen sich Fielmann als fachkundig, volksnah und zielstrebig präsentiert, wird dem Kunden sehr transparent das Nutzenversprechen des Unternehmens vermittelt. Dank der Größe des Unternehmens, den damit verbundenen Einkaufskonditionen und der modernen Technologie kann Fielmann seinen Kunden hohe Qualität zu günstigen Preisen anbieten. Zudem besetzt das Unternehmen damit die Position der Preis- und Qualitätsführerschaft am Markt. Mit derzeit über 600 Filialen (je 100.000 Einwohner eine Filiale) verfügt Fielmann über ein dichtes Filialnetz und damit eine starke Präsenz und Kundennähe [10]. Fielmann legt großen Wert auf gute Beratung, kompetentes und freundliches Personal sowie gute Produktqualität. Das Unternehmen wird von den Konsumenten deshalb als besonders service-orientiert [36] und zuverlässig empfunden. Besonderen Wert legt Fielmann auch auf die Einkaufsatmosphäre und das äußere Erscheinungsbild der Filialen. Mit der Philosophie „Der Kunde bist Du" verfolgt Fielmann seit Jahren eine Unternehmenspolitik, bei der die Kundenzufriedenheit an oberster Stelle steht. Aus Kundenzufriedenheit resultiert Kundenbindung. Nach Unternehmensangaben möchten über 90 % der Kunden ihre nächste Brille wieder bei Fielmann kaufen.

3.2.1 Produkt- und Servicemerkmale von Fielmann

Entlastung/Einfachheit: Durch einen besonderen Service, bei dem „beinahe" jede Reklamation anerkannt wird, kostenlose Sehtests etc. wird dem Kunden echte Entlastung geboten. Durch das dichte Filialnetz und die kostenlose Telefonhotline [16] wird es dem Kunden einfach gemacht, sich für eine Brille bei Fielmann zu entscheiden.

Leistungsfähigkeit: Das hohe Leistungsversprechen mit der einhergehenden Preisführerschaft und der außerordentlichen Beratungsqualität vermittelt dem Kunden während des gesamten Konsumprozesses Zuverlässigkeit und Beständigkeit.

Status/Markenbildung: Die Marke Fielmann ist deutschlandweit beispielsweise mit der Kampagne „Fielmann Brillen zum Nulltarif"[7] [11] bekannt geworden und vermittelt dem Kunden transparent sein Wertangebot. Der Kunde weiß, worauf er sich einlässt, und das schafft Vertrauen in die Marke.

Neuheit/Innovationsfähigkeit: Mit der Null-Tarif-Brille und diversen Zusatzprodukten wie z. B. Kontaktlinsen etc. hat Fielmann sukzessiv Produktinnovationen auf den Markt gebracht, um für die Kunden vielseitig und konkurrenzfähig zu bleiben. Fielmann versucht derzeit ebenfalls mit Hörgeräten auf den Markt zu gehen, um zusätzliche Kunden zu gewinnen und „Cross-Selling" Chancen zu nutzen [10].

Risikominimierung: Die zusammen mit einem Versicherer angebotene Nulltarifversicherung stellt ein etabliertes System der Kundenbindung dar. Eine weitere Risikoreduzie-

---

[7] Mit der Nulltarif-Brillenversicherung erhält der Kunde sofort nach Abschluss der Versicherung einen Anspruch auf eine Brille aus der Nulltarif-Collection in Metall oder Kunststoff mit drei Jahren Garantie.

rung ist das Garantieversprechen an den Kunden – die Bestpreisgarantie – von Fielmann. Findet ein Kunde sein Brillengestell oder seine Kontaktlinsen bei einem anderen Anbieter günstiger, zahlt Fielmann die Differenz zurück.

Kostenreduktion: Fielmann bietet seinen Kunden an, die Kosten für kleinere Reparaturen zu übernehmen [12]. Zudem werden eine Ultraschallreinigung und das Ausrichten der Brille als kostenloser Service angeboten. Durch den Kauf einer Brille bei Fielmann entstehen dem Kunden sehr niedrige bzw. fast keine Folgekosten.

Preis: Fielmann nutzt die Vorteile durch seine Kostenführerschaft u. a. dafür, dass es Einkaufsvorteile als Preisvorteil an seine Kunden weitergibt. Für den Kunden ergibt sich damit ein günstigerer Preis im Vergleich zum Wettbewerb. Darüber hinaus hat Fielmann Größenvorteile, die marktführende Produktionskosten erlauben.

Customizing/Individualisierung: Durch einen auf den Kunden abgestimmten Service schafft Fielmann es, Kunden langfristig an sich zu binden. Beispielsweise erhält jeder Kunde nach Kauf einen Brief, in dem er über die Zufriedenheit mit Produkt und Leistung befragt wird. Entspricht die Brille nicht den Vorstellungen, kann sie innerhalb von 30 Tagen zurückgegeben werden und das Geld wird erstattet. Zudem kann sich der Kunde über eine kostenlose Telefonnummer bei Fragen oder Reklamationen an eine eigens dafür eingerichtete Abteilung wenden. Individuell kümmert sich ein Mitarbeiter um die Lösung und die Abwicklung der Anfrage. Darüber hinaus hält dieser Rücksprache mit der jeweiligen Niederlassung und nennt dem Kunden den zuständigen Ansprechpartner vor Ort. Mit dieser Servicehaltung hebt sich Fielmann von der Konkurrenz ab [16, 36].

3.3 Promerit

Promerit als B2B[8] Geschäftsmodell[9] ist ein innovatives Unternehmen im Bereich HR-Beratung und gilt als Pionier und Begründer für das Thema Talent Management. Die Geschäftsbereiche Management Consulting, Human Ressource, HR-IT Consulting und Personalberatung bieten verschiedene Lösungen, die Unternehmen im Wettbewerb um Talente benötigen, sowohl bei der Gewinnung, der Entwicklung und deren Bindung. Die Leistungen reichen von HR-Strategie und Employer Branding über die Einführung von E-Recruiting- und Talent-Management-Systemen bis hin zur Suche nach Spezialisten und Führungskräften im Schwerpunktthema HR-Management. Mit einer Kombination aus Talent Management-Expertise und technischem Know-how unterstützt Promerit die

---

[8] Business to Business: Geschäftsmodell, welches sich auf den Absatz an Unternehmen und Organisationen richtet.

[9] Beratungsleistungen auf allen Levln der Wertschöpfungskette: Strategie, Konzeption, Prozesse, Systeme und Personal mit entsprechenden Qualifikationen.

Kunden dabei, ihre Strukturen im Human Ressource Management an aktuelle Herausforderungen anzupassen und Wettbewerbsvorteile im Arbeitsmarkt zu gewinnen [38]. Promerit bietet an, kundenindividuelle Lösungen im Bereich HR-Management zu entwickeln und stellt sicher, dass diese bei seinen Kunden auch in den Prozessen verankert und angewendet werden. Darüber hinaus gehört auch der Service qualifizierte Personal-Profis zu suchen zum Dienstleitungsportfolio. Damit rundet Promerit sein modulares Angebot ab und kann seine Kunden in allen Facetten modernen Talent Managements unterstützen. Und zwar in einem hohen Maß an individueller Anpassung. Damit folgt Promerit der Philosophie, dass die Kunden in erster Linie nicht nach Gütern oder Services suchen, sondern nach Lösungen [19, S. 4].

Dabei sind die Ansätze von Promerit auf Effektivität, im Sinne von größtmöglicher Wirkung und mit einem hohen Anspruch an Design, durch hohe Anwenderfreundlichkeit sowie Innovation ausgerichtet. Effektivität ist z. B. durch den Fokus auf strategische Schlüsselfunktionen und kritische Zielgruppen im Talent Management erkennbar [52, S. 26 ff.].

Darüber hinaus legt Promerit den Fokus auf authentische Werte und eine erlebbare Führung. Insbesondere auch in Erbringung der Dienstleistung, sympathische Professionalität gehört zu den Kernwerten des Unternehmens. Dies ist neben dem Fachwissen und der Expertise der Berater ein wichtiger Erfolgsfaktor bei der Projektumsetzung.

Für den Kunden entstehen bei der Beauftragung von Promerit zunächst Kosten. Betrachtet man jedoch die gesamte Wertschöpfungskette von der Talent Management-Strategie bis zur Suche von HR Fach- und Führungskräften, dann ist der Return on Investment für die effektive Gewinnung, Entwicklung und Bindung von Talenten deutlich [38].

Denn in stark kompetitiven Arbeitsmärkten für Fach- und Führungskräfte gehören die Inhaber von Schlüsselfunktionen mittlerweile in den meisten Branchen zu den zentralen Erfolgsfaktoren [45]. Darüber hinaus spart das Unternehmen Zeit und internen Ressourcenaufwand für die Besetzung von Schlüsselpositionen. Mit den Produkten und der dazugehörigen Umsetzung nimmt das Geschäftsmodell eine Vorreiterrolle im Markt des Talent Managements ein.

3.3.1 Produkt- und Servicemerkmale von Promerit

Entlastung/Einfachheit: Promerit bietet den Kunden einen Mix aus Beratungs- und Produktkomponenten, die individuell mit dem Kunden festgelegt werden. Sie entwickeln beispielsweise eine Personalstrategie, konzipieren dazu eine Karrierewebsite, führen das dazugehörige E-Recruiting-System ein und führen die Assessments durch. Durch die schnelle und professionelle Umsetzung wird das Unternehmen entlastet und kann sich auf seine Kunden und Kernprozesse fokussieren.

Leistungsfähigkeit: Mit mehr als 10 Jahren Erfahrungen im Bereich Talent Management profitieren die Kunden von dieser Expertise. Promerit lässt sich an seinem Erfolg[10] [37]

---

[10] Regelmäßige Teilnahme an Wettbewerben (z. B. Best-of-Consulting, HR Excellence) sowie Kundenzufriedenheitsbefragungen; siehe auch HR Excellence Award 2012 des Bundesverbandes der Personalmanager (BPM).

messen und schafft damit Vertrauen für den Kunden: *„Dabei besetzen wir schneller und besser als viele andere. Das sagen nicht wir, sondern unsere Kunden und Kandidaten."* [39, S. 36]

Status/Markenbildung: Promerit gehört im Bereich Talent Management zu den Marktführen in Deutschland und in Europa und hat auf diesem Gebiet Pionierarbeit geleistet. Mit der Ausrichtung und der Vielfalt in den Beratungsmöglichkeiten beherrscht Promerit das Thema ganzheitlich.[11] Die Lösungen beim Kunden führen auch in der Außensicht zu einer modernen und attraktiven Talent Management Organisation. Das Markenversprechen und die Ambition von Promerit, z. B. im Arbeitsmarkt-Wettbewerb, übertragen sich auf den Kunden.

Neuheit/Innovationsfähigkeit: Promerit schafft es, den Bereich Talent Management weiter zu entwickeln. Dabei arbeitet das Unternehmen mit Partnern aus der Wissenschaft und Kunden eng zusammen, um neue Ideen und Strategien im Bereich Talent Management zu identifizieren. Zu den Produktinnovationen gehört beispielsweise das Talent Relationship Management oder Employer Value Management. Neu am Markt etabliert wurden auch die technische Lösung zur Personalsuche wie der Xing-Connector [39] und die SAP Add-On-Lösung, ‚Mobile Search'[12] (Abb. 1), die damit auch von mobilen Endgeräten eine einfache Jobsuche für den Kunden ermöglicht.

Risikominimierung: Durch moderne Konzepte für interne oder externe Besetzungen reduzieren die Ansätze von Promerit die Risiken für zu späte oder ‚schlechte' Besetzungen von Schlüsselfunktionen. Auch im Sinne von Risikomanagement gehört die Sicht auf die Attraktivität als Arbeitgeber, die Fähigkeit zur Entwicklung eigener Nachwuchskräfte und die Planung kritischer Nachfolgen zu einer immer häufiger diskutierten und nachgefragten Dimension bei Stärken-Schwächen-Analysen. Nach vielen Jahren der Dominanz von Kosteneinsparungen im Prozess und der Umsetzung von Recruiting und Personalentwicklung hat die Sicherung von Nachfolgen und qualitativ hochwertigen Besetzungen an Bedeutung zugenommen.

Kostenreduktion: Beim Kunden ergeben sich mit der Beauftragung von Promerit verschiedene Typen von Kosteneinsparungen. Zum einen gehören Prozesskostenreduktion durch Automatisierung von manuellen Arbeitsschritten (z. B. Online-Bewerbungen direkt durch Kandidaten statt Eingabe durch Personalsachbearbeiter) und effizientere Organi-

---

[11] Beim Wettbewerb „Best of Consulting 2010" des Wirtschaftsmagazins Wirtschaftswoche belegte Promerit den ersten Platz.

[12] Das Add-on ‚Mobile Search' unterstützt die Jobsuche von Kandidaten auf mobilen Endgeräten und ist direkt mit dem E-Recruiting System von SAP verbunden.

Abb. 1 Mobile Search: Jobsuche über iPhone und iPad

sationsformen (z. B. Shared-Service-Center für Bewerbungsmanagement) häufig zu den Zielen der Einführung moderner Softwarelösungen. Aber auch die Begleitung von internationalen Initiativen (z. B. weltweiter Roll-Out eines Talent Review Prozesses) durch erfahrene Projektleiter und Berater reduzieren das Risiko nicht abgestimmter und kostenintensiver Einzelmaßnahmen in verschiedenen Ländern. Dazu gehört aber auch die Befähigung der Kundenmitarbeiter (z. B. durch Schulungen im Recruiting), die teure externe Maßnahmen, wie zum Beispiel Headhunter, dauerhaft ersetzen können. Denn gerade die Vermeidung von Fehlbesetzungen können die höchsten Kosteneinsparungen darstellen [52, S. 26 ff.].

Customizing/Individualisierung: Alle Produkte und Beratungsleitungen können bei Promerit individuell auf den Kunden zugeschnitten werden. Gerade diese Fähigkeit zu maßgeschneiderten Lösungen versus Standardberatung ergeben sich aus der hohen Spezialisierung auf das Thema Talent Management und dem Aufbau des Teams mit überwiegend sehr erfahrenen Beratern, welche die Erfahrung besitzen, die Rahmenbedingungen des Kunden zu verstehen und in angepasste Lösungen umzusetzen.

Nachhaltigkeit/Transparenz: Der nachhaltige und transparente Beratungsansatz macht dem Kunden deutlich, dass das Unternehmen an langfristigen Kundenlösungen interessiert ist und dies schafft Vertrauen beim Kunden. In jedem Projekt gibt es neben einem erfahrenen Projektleiter auch einen Projektverantwortlichen auf Partnerebene „*Neben der Platzierung guter Köpfe wollen wir die Wertschätzung für gute HR Arbeit steigern und begleiten unsere Kunden daher auch bei der Umsetzung in der Praxis.*" [39, S. 37]

4 Service-orientierte Geschäftsmodelle und die Service-Wert-Matrix

Die Konsumpräferenzen und die Konsumpläne werden immer individueller und vielfältiger. Viele Kunden zeichnen sich durch situative Konsummuster aus. Gebündelte Leistungen und Nutzenversprechen rücken gegenüber dem Erwerb von isolierten Teilleistungen in den Vordergrund und sind für service-orientierte Geschäftsmodelle unerlässlich. Auch die Betrachtung der Fallbeispiele zeigt, dass eine rein produktorientierte Betrachtung des Geschäftsmodells nicht mehr ausreicht. Um im Wettbewerb zu bestehen, muss die Sicht des Kunden und dessen Problemlösung in den Vordergrund gerückt werden. Erfolgreiche und wettbewerbsfähige service-orientierte Geschäftsmodelle bestehen zunehmend aus einem Mix aus Produkt und Dienstleitung.

Ausgangspunkt jedes Geschäftsmodellentwurfs und jeder Geschäftsmodellanalyse ist die Bestimmung des Wertversprechens für relevante Kundengruppen in Form der Leistung eines Unternehmens [26]. Im Folgenden wird eine Abbildung vorgestellt: die Service-Wert-Matrix, die Unternehmen dabei hilft, das Wertangebot im Rahmen des Geschäftsmodells aus Kundensicht zu analysieren. Hierfür wird ein Service-Profil erstellt. Das geschieht auf Basis des Service, der einem bestimmten Wert für den Kunden entspricht (1 = sehr hoch, 2 = hoch, 3 = mittel, 4 = niedrig, 5 = sehr niedrig). Mit diesem Service-Profil wird eine Bewertung des Kundenvorteils möglich. Anhand der drei Fallbeispiele – Nespresso, Fielmann und Promerit – wird dieses Vorgehen aufgezeigt (Abb. 2).

Im Folgenden wird die Bewertung der Fallbeispiele kurz erläutert.

Nespresso: Auswertung aus der Service-Wert-Matrix Bei dem Geschäftsmodell Nespresso dominieren die Wertversprechen Einfachheit/Entlastung sowie Neuheit/Innovation und Leistungsfähigkeit. Eine geringere Ausprägung haben die Nutzversprechen Risikominimierung und Preis. Bei dem B2C Geschäftsmodell steht das Erlebnis für den Konsumenten im Vordergrund. Dies bezieht sich auf den Erstkontakt bis zum Verkauf des Produktes. Das Leistungsversprechen wird in Erlebnisketten eingebettet. Dabei achtet Nespresso auf ein durchgängig qualitativ hochwertiges Markenerlebnis, um den Kunden langfristig an sich zu binden.

Fielmann: Auswertung aus der Service-Wert-Matrix Das B2C Geschäftsmodell Fielmann hat ebenfalls seine größte Ausprägung in den Wertversprechen Einfachheit/Entlastung sowie Leistungsfähigkeit. Hinzu kommt der hohe Wert beim Kundennutzen Preis, der sich durch das Preis-Leistungsverhältnis ergibt. Sowohl bei Nespresso als auch bei Fielmann, steht das Kundenerlebnis im Vordergrund. Fielmann legt einen hohen Wert auf Service, eine langfristige Kundenbindung und eine hohe Qualität seiner Produkte.

Promerit: Auswertung aus der Service-Wert-Matrix Das B2B Geschäftsmodell Promerit hat die größten Ausprägungen in den Wertversprechen Kostenreduktion, Entlastung/Einfachheit und Leistungsfähigkeit. Hinzu kommt ein starker Fokus auf das Nutzversprechen Customizing/Individualisierung, dabei geht Promerit bedarfsgerecht auf die Wünsche des Kunden ein und erarbeitet mit diesem zusammen eine langfristige Kundenlösung. Typisch

Kundennutzen/ Wertversprechen des Produktes bzw. der Dienstleistung	Servicenutzen für den Kunden				
	sehr niedrig	niedrig	mittel	hoch	sehr hoch
Einfachheit/ Entlastung					
Leistungsfähigkeit					
Status/ Markenbildung					
Design					
Neuheit/ Innovationsfähigkeit					
Risikominimierung					
Kostenreduktion					
Preis					
Customizing/ Individualisierung					
Nachhaltigkeit/ Transparenz					

—— Nespresso   --- Fielmann   ····· promerit

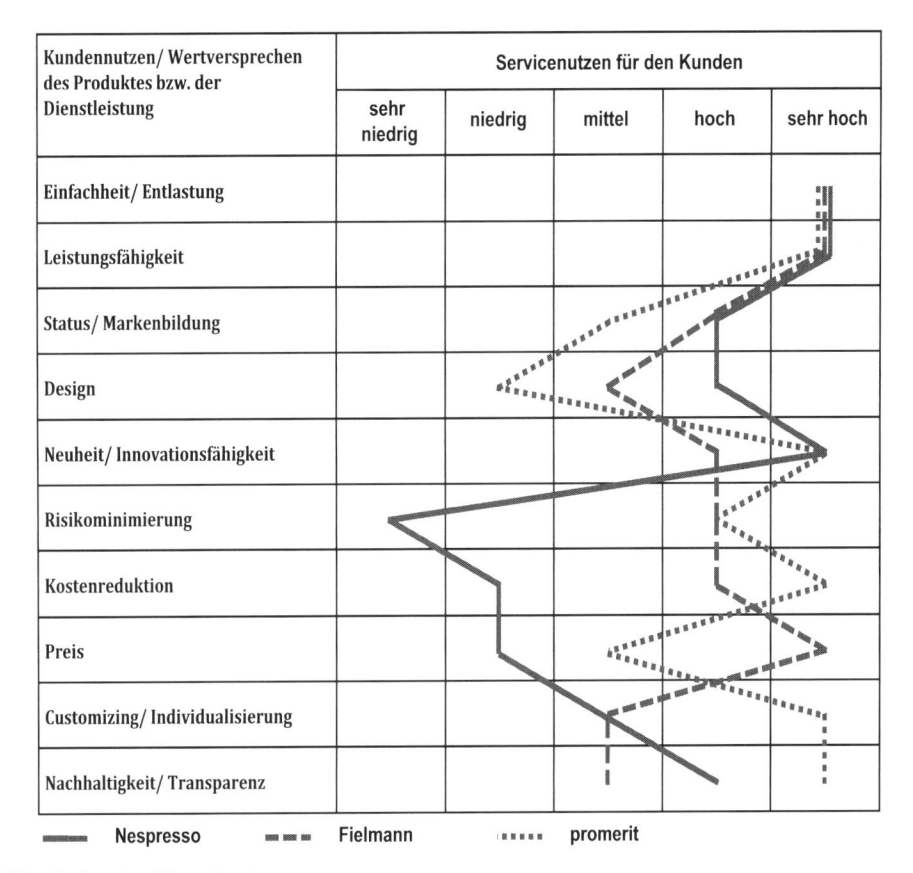

Abb. 2 Service-Wert-Matrix

für B2B orientierte Geschäftsmodelle liegt der Fokus klar auf der langfristigen Kostenreduktion für den Kunden.

Bei allen untersuchten Geschäftsmodellen fällt auf, dass sie sich fokussiert auf die spezifischen Kundenbedürfnisse in ihren Märkten ausrichten. Voraussetzung für eine erfolgreiche Umsetzung eines service-orientierten Geschäftsmodells ist deshalb die genaue Kenntnis der Kundenpräferenzen und Konsumpläne.

5 Betrachtung von service-orientierten Geschäftsmodellen aus volkswirtschaftlicher Perspektive

Um die Auswirkung von service-orientierten Geschäftsmodellen auf die Kundenpräferenzen und Konsumpläne zu analysieren, eignen sich einfache, volkswirtschaftliche Modelle zur Beschreibung von Angebot und Nachfrage sowie durch die service-orientierten Geschäftsmodelle generierte Wohlfahrtseffekte. Das Zusammenspiel von Nachfrage und Angebot lässt sich durch Angebots- und Nachfragekurven visualisieren. Auf diese Weise können die Wirkungsmechanismen einzelner Geschäftsmodelle für Kunden und Anbieter aufgezeigt werden. Zudem wird aufgezeigt, wie diese durch service-orientierte Geschäftsmodelle vorteilhaft für Konsumenten und Produzenten beeinflusst werden können.

Um Aussagen machen zu können, welche Determinanten die Nachfrage bzw. das Angebot beeinflussen und damit die Wohlfahrtseffekte verändern können, werden im Folgenden die theoretischen Grundlagen vorgestellt.

5.1 Determinanten der Nachfrage

Die Nachfrage der Kunden ist maßgeblich aber nicht ausschließlich von den Präferenzen bestimmt. Nachfolgend wird das Zusammenspiel von Präferenzen, Haushaltsbudget und Güterpreisen aufgezeigt.

Angebots- und Nachfragekurven werden verwendet, um das Angebots- und Nachfrageverhalten zu analysieren [46, S. 50 ff.] Die Nachfragekurve als Gesamtnachfrage nach einer Dienstleistungen bzw. einem Produkt wie beispielsweise Kaffeekapseln von Nespresso ist das Ergebnis der in Summe nachgefragten Mengen aller einzelnen Haushalte.

Was beeinflusst das Nachfrageverhalten der Haushalte? Typischerweise steht bei den Haushalten einem vorhandenen Einkommen eine Vielzahl an Güterwünschen gegenüber. Der Begriff des Guts umfasst dabei sowohl materielle als auch immaterielle Güter. Diese Situation, in der das Einkommen nicht ausreicht, um alle Güterwünsche zu erfüllen, wird auch als Budgetrestriktion bezeichnet. Die Haushalte optimieren ihr Nutzenniveau dadurch, dass sie versuchen, mit ihrem vorhandenen Einkommen eine für sie optimale Güterkombination zu erwerben. In der Volkswirtschaftslehre werden Güterkombinationen, die für Haushalte ein gleichwertiges Nutzenniveau haben, als Indifferenzkurven (I) ausgedrückt. Rationale Haushalte entscheiden sich für die Güterkombination, die gerade noch mit dem vorhandenen Einkommen erreichbar ist.

Graphisch ist dies der Schnittpunkt der Budgetgeraden mit der Indifferenzkurve die am weitesten vom Ursprung des Koordinatensystems entfernt ist (I*) (Abb. 3).

Der Schnittpunkt zeigt die Güterkombination, die der Präferenz des Haushaltes entspricht und die mit dem vorhandenen Einkommen gerade noch erworben werden kann. Entscheidet sich der Haushalt für diese Kombination, so verabschiedet er – im Beispiel der Zwei-Güter-Welt – den Konsumplan, der ihm den höchsten Nutzen bringt. Der Verlauf der Indifferenzkurve ergibt sich daraus, dass der Haushalt seinen Nutzen aufrechterhalten kann, indem er eine geringere Menge eines Gutes durch eine größere Menge des anderen Gutes substituiert (Abb. 4).

In Punkt A konsumiert der Haushalt viel von Gut 1. Der Haushalt ist bereit, auf eine Einheit von Gut 1 zu verzichten, wenn er dafür 0,5 Einheiten des Gutes 2 erhält. In Punkt B konsumiert der Haushalt deutlich mehr vom Gut 2 als in Punkt A. Um bei diesem Konsumplan, der bereits durch einen relativ hohen Konsum von Gut 2 charakterisiert ist, auf eine Einheit von Gut 1 zu verzichten, muss der Haushalt 2 Einheiten von Gut 2 erhalten. Diese Annahme wird als abnehmende Grenzrate der Substitution bezeichnet [46, S. 57 ff.].

Wie stellen Haushalte ihren Konsumplan zusammen oder was beeinflusst die Nachfrage nach einzelnen Gütern?

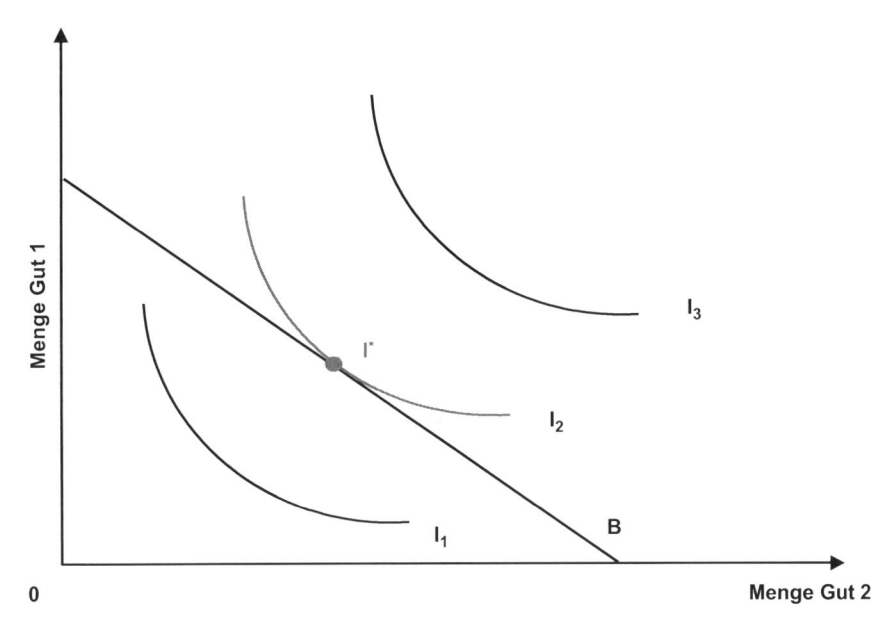

Abb. 3 Budgetgerade und Indifferenzkurven, vgl. Siebert und Lorz [47, S. 59], Schaubild 4.7 b [40]

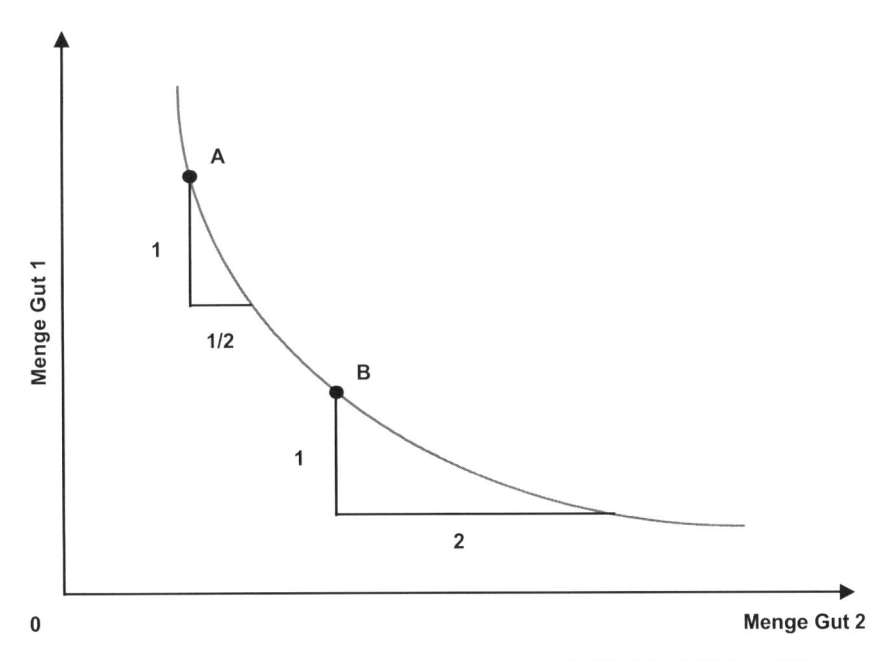

Abb. 4 Grenzrate der Substitution, vgl. Siebert und Lorz [47, S. 58], Schaubild 4.5 a [40]

Folgende Einflussfaktoren lassen sich unterscheiden [40]:

1. Der Preis des Produktes. Je höher der Preis desto geringer ist die vom Haushalt nachgefragte Menge. Dies ergibt sich aus der Budgetrestriktion und den verbundenen Opportunitätskosten. Opportunitätskosten entstehen dem Haushalt dadurch, dass er bei seiner Entscheidung für ein Produkt sich immer auch gegen die Wahl eines anderen Produktes entscheidet.
2. Der Höhe des Einkommens. Eine Erhöhung des Einkommens führt zu einer Verschiebung der Budgetgeraden weg vom Koordinatenursprung. Damit ist im Normalfall eine höhere Indifferenzkurve, d. h. eine Güterkombination auf einem höheren Nutzenniveau erreichbar.
3. Die Preise der anderen Güter, die im Konsumplan des Haushaltes sind. Mit dem Konsumplan teilt der Haushalt sein vorhandenes Einkommen so auf die präferierten Güter auf, dass er seinen Nutzen maximiert. Die Auswirkungen der Preisänderungen hängen davon ab, ob es sich bei den Gütern um Komplementäre oder Substitute handelt. Bei komplementären Gütern führt die Preiserhöhung eines Gutes zum Rückgang dieses Gutes und des Komplementärgutes, z. B. Elektroräder und Batterien. Steigt der Preis für Elektroräder, so wird die Verkaufszahl sowohl für Elektroräder als auch für die zum Betrieb erforderlichen Batterien zurückgehen.

   Handelt es sich bei den im Konsumplan enthaltenen Gütern um Substitute, so wird der Haushalt bei einer Preiserhöhung dieses Gut durch das Substitut, welches nun relativ billig geworden ist, ersetzen [46, S. 55].
4. Das Präferenzsystem des Haushaltes. Die im Konsumplan ausgedrückte Service- und Güterkombination spiegelt auch die Präferenzen des Haushaltes wieder. Die Nachfrage und damit die gewählten Serviceleistungen und Güter ändert sich mit den Vorlieben der Haushalte (vgl. Abschn. 2).

Diese Faktoren werden im Verlauf und der Position der Nachfragekurve (N) wiedergegeben (Abb. 5).

Eine Rechtsverschiebung der Nachfragekurve (Verschiebung von N_1 zu N_2 (b)) lässt sich in Abb. 3 z. B. zurückführen auf

- Höheres Einkommen bei den Haushalten
- Preisanstieg des Substitutionsgutes
- Preissenkung des Komplementärgutes
- Erhöhung der Präferenz zu Gunsten des Gutes [46, S. 57]

Diese Einkommens- und Substitutionseffekte lassen sich auch im Zwei-Güter-Modell ausdrücken. Punkt H zeigt das Konsumoptimum des Haushaltes in der Ausgangssituation. Das heißt, bei gegebenen Güterpreisen und gegebenen Einkommen ordnet der Punkt H die nutzenmaximierenden Nachfragemengen den Gütern 1 und 2 zu (Abb. 6).

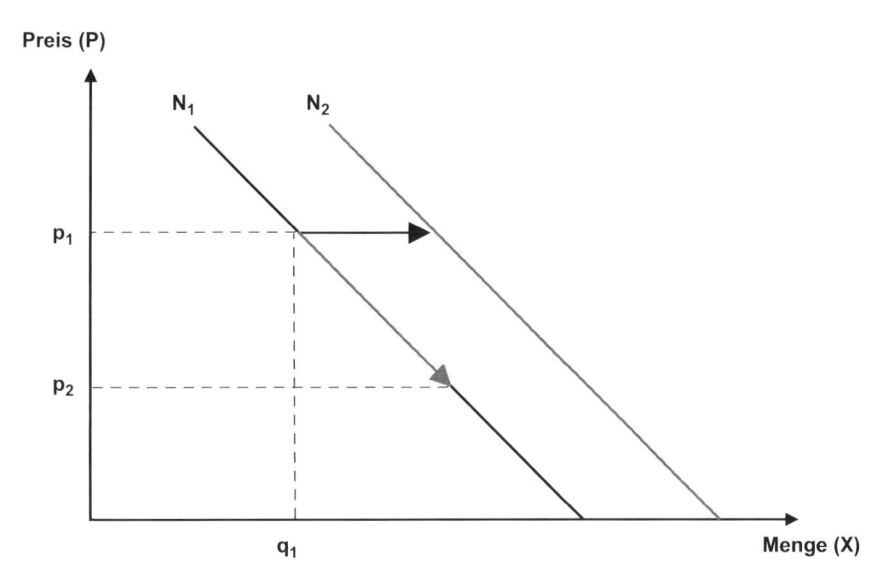

Abb. 5 Veränderung der Nachfrage, vgl. Siebert und Lorz (47, S. 56), Schaubild 4.4 [40]

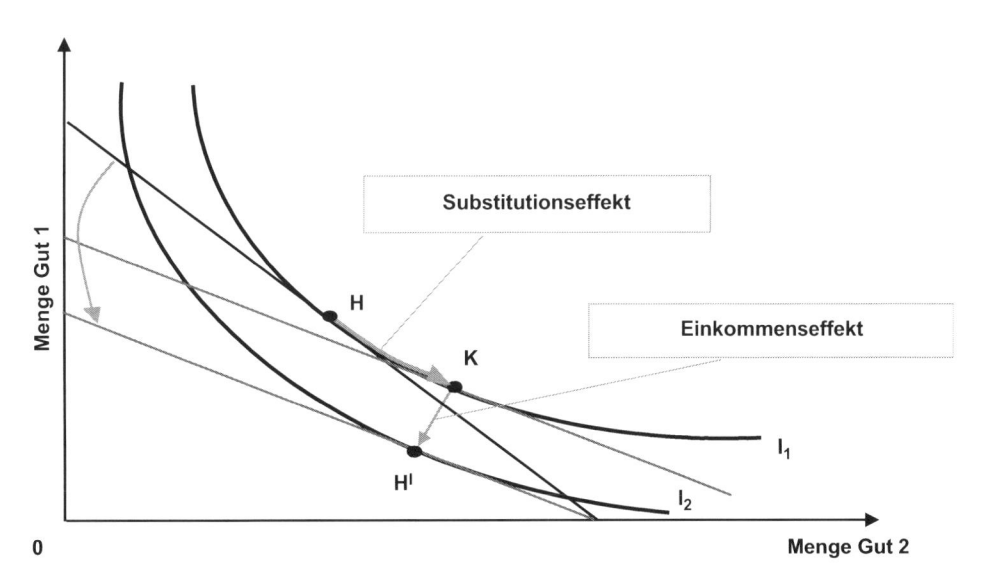

Abb. 6 Nachfrage und Preisänderungen, vgl. Siebert und Lorz (47, S. 60), Schaubild 4.8 [40]

Eine Preissteigerung von Gut 1 führt zu einer Drehung der Budgetgeraden nach links, da der Haushalt bei gegebenem Einkommen nun weniger von Gut 1 kaufen kann. Die Menge x vom Produkt 1 ist abhängig vom Preis.

Der Schnittpunkt der Budgetgeraden mit der Ordinate zeigt die Situation, bei der das gesamte Einkommen y für Gut 1 konsumiert wird. Der Haushalt optimiert nach der Preiserhöhung bei Gut 1 seinen Konsumplan nun im Punkt H´.

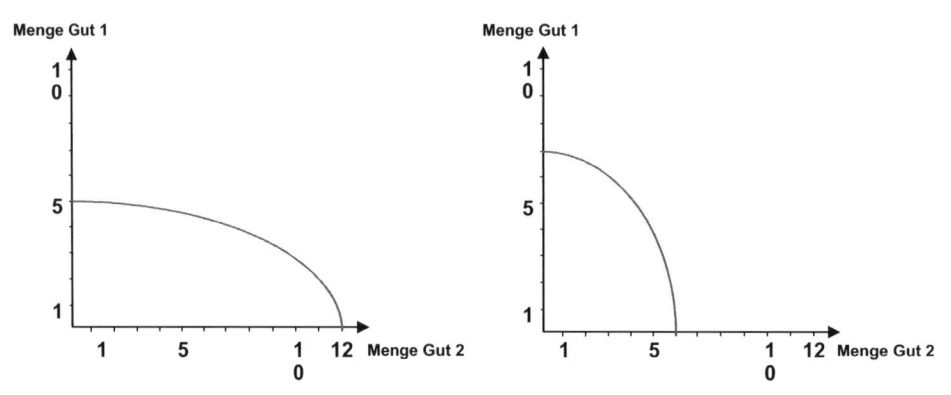

Abb. 7 Die Transformationskurve, vgl. Siebert und Lorz (47, S. 46), Schaubild 2.2 [40], vgl. Bofinger [9, S. 33 ff.]

Die Bewegung von H nach H´ spiegelt den Einkommens- und den Substitutionseffekt wieder. Der Punkt K zeigt – unter der Annahme des konstanten Nutzenniveaus, d. h. der Indifferenzkurve vor Preisänderung I_{1-} wie das durch die Preissteigerung teurer gewordene Gut 1 durch das im Preis konstant gebliebene Gut 2 ersetzt wird.

Da die Preiserhöhung von Gut 1 wie ein Einkommenseffekt wirkt, ist der Punkt K für den Haushalt infolge der Budgetbegrenzung nicht mehr zu erreichen. Der Haushalt optimiert nun in Punkt H´ seinen Konsumplan nach der Preiserhöhung für Gut 1.

5.2 Determinanten des Angebotes

Auch das Angebot hängt von mehreren Einflussgrößen ab [46, S. 67]:

1. Preis des Gutes.
2. Preis anderer Güter. Bei gegebenen Produktionsmöglichkeiten (Technologie, Ressourcen) drückt die Transformationskurve die maximalen Produktionsmöglichkeiten zweier Güter aus [46, S. 45 ff.]. Die Aufteilung der Produktionsmöglichkeiten auf die Güter 1 und 2 erfolgt in Abhängigkeit der Güterpreise (Abb. 7).
3. Preis für die Produktionsfaktoren. Preissteigerungen bedeuten für die Unternehmen steigende Produktionskosten. Bei gegebenem Preis wird die Produktionsmenge zurückgehen.
4. Technischer Fortschritt. Führt der technische Fortschritt zu sinkenden Produktionskosten, so kommt es zu einer Rechtsverschiebung bei der Angebotskurve.

Unter der Annahme, dass die Unternehmen ihren Gewinn maximieren, werden sie das Angebot solange erhöhen, wie die Einnahmen durch den Produktverkauf größer als die Produktionskosten sind. Auf die einzelne Produktionseinheit bezogen heißt das, dass die Unternehmen solange weiter produzieren, wie der Grenzerlös der weiteren Einheit größer als die Grenzkosten, d. h. die Kosten für die Produktion dieser weiteren Einheit sind.

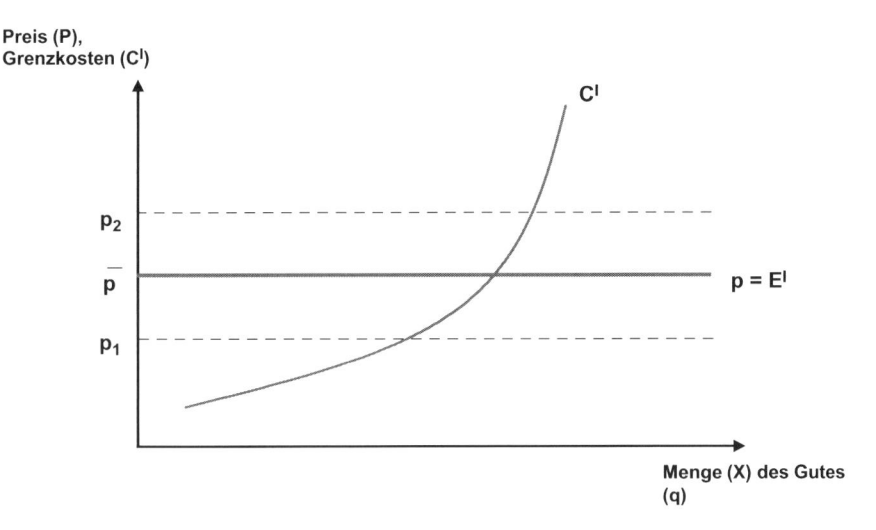

Abb. 8 Gewinnmaximum: Grenzerlös gleich Grenzkosten, vgl. Siebert und Lorz (47, S. 79), Schaubild 5.11 [40]

Bei vollständiger Konkurrenz muss das Unternehmen den Marktpreis akzeptieren, d. h. es ist Mengenanpasser und erhält für die zusätzliche Gütereinheit den Marktpreis. Die Grenzerlöskurve des Unternehmens ist daher bei vollständiger Konkurrenz die Preisgerade.

Das Unternehmen erreicht das Gewinnmaximum bei der Menge, bei der sich Grenzerlös und Grenzkosten entsprechen (Abb. 8).

Bei sinkenden Marktpreisen (p_1) reduziert das Unternehmen seine Angebotsmenge. Steigende Preise (p_2) führen zu einer Mengenausdehnung. Daher kann die Grenzkostenkurve als Angebotskurve des Unternehmens bezeichnet werden [40].

5.3 Wohlfahrtseffekte service-orientierter Geschäftsmodelle

Das Marktverhalten ergibt sich aus dem Zusammenspiel von Nachfrage und Angebot.

Wie dargestellt, ist die Zahlungsbereitschaft und damit die Nachfrage für ein Produkt bzw. eine Dienstleistung abhängig von der Höhe der Einkommen, deren Preis, den Preisen für andere Produkte und Dienstleistungen und von den Präferenzen der Haushalte.

Ist die Zahlungsbereitschaft z. B. für Bier höher als der Preis, so entsteht dem Nachfrager ein Vorteil, der als Konsumentenrente bezeichnet wird (Abb. 9).

Das Angebot ist ebenfalls abhängig vom Preis des Gutes, dem Preis anderer Güter, den Preisen für Produktionsfaktoren sowie dem technischen Fortschritt.

Der Anbieter erzielt einen Vorteil wenn die Produktionskosten unter dem Marktpreis liegen. Dieser Vorteil wird als Produzentenrente bezeichnet.

Die Wohlfahrt ergibt sich aus der Summe von Produzenten- und Konsumentenrente.

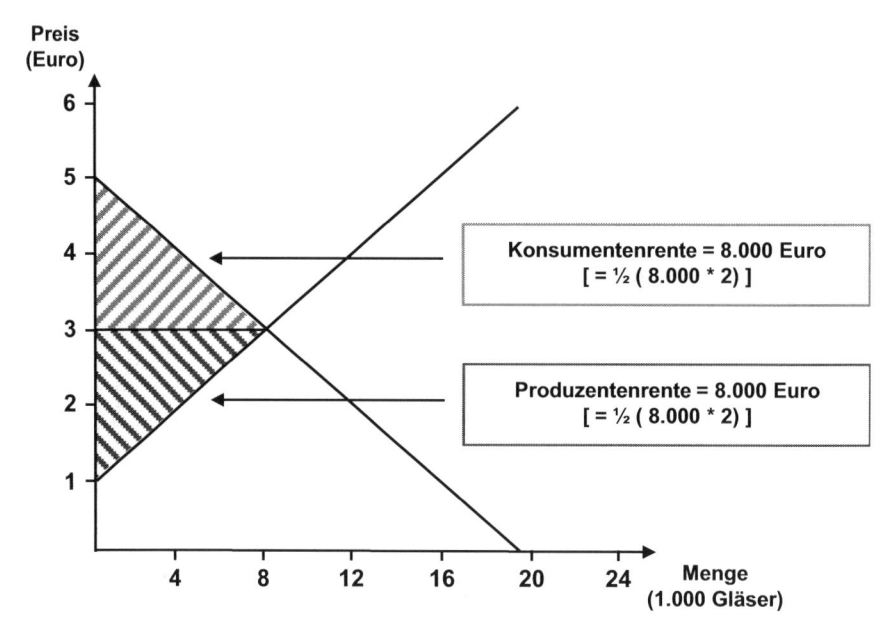

Abb. 9 Konsumentenrente und Produzentenrente am Markt für Bier, vgl. Bofinger (2011, S.75), Schaubild 5.5 [8]

Da das Verhalten der Nachfrager und Anbieter von vielen Einflussgrößen abhängt, die sich im Zeitverlauf ändern, ist das Marktverhalten nicht statisch sondern dynamisch.

Die Reaktionen von Anbietern und Nachfragern auf veränderte Marktsituationen werden auch über das Maß der Elastizität ausgedrückt.

Die Preiselastizität des Angebotes drückt aus, wie die Angebotsmenge bei einer Preisänderung reagiert. Dabei wird die Mengenveränderung in Relation zu einer einprozentigen Preisveränderung gesetzt. Ein Angebot, dessen Mengensteigerung prozentual geringer ist als der prozentuale Preisanstieg, wird als unelastisches Angebot bezeichnet. Hat die Preiserhöhung keine Auswirkung auf die Angebotsmenge, so wird dies als vollkommen unelastisches Angebot bezeichnet. Bei einem einheitselastischen Angebot entspricht der prozentuale Preisanstieg der prozentualen Erhöhung der Angebotsmenge. Beim elastischen Angebot führt ein Preisanstieg zu einer prozentual höheren Ausweitung der Angebotsmenge.

Die Elastizität des Angebotes hängt von der Fähigkeit der Anbieter ab, die Angebotsmenge zu erhöhen. Beispielsweise haben Makler bei Wohnungen in absoluten Spitzenlagen keinen maßgeblichen Einfluss auf die Angebotsmenge. Daher ist das Angebot unelastisch. Bei Dienstleistungen oder industriell hergestellten Gütern ist das Angebot i. d. R. elastisch.

Gelingt es, durch technischen Fortschritt die Herstellungskosten zu senken, so führt dies über eine Verschiebung der Angebotskurve nach rechts zur Erhöhung der Konsumentenrente. Das zeigt beispielsweise das Geschäftsmodell von Fielmann, bei dem durch eine permanente Optimierung der Produktionskosten und teilweise Weitergabe des Kostenvorteils an die Kunden das Angebot und die Konsumentenrente ausgebaut werden. (vgl. Ausführungen zu Fielmann in Abschn. 3.2) Zudem schafft es Fielmann mit seinen service-orientierten Wertversprechen (vgl. Ausführungen zu Fielmann in Abschn. 3.2),

Service-orientierte Geschäftsmodelle und ihr Nutzen ...

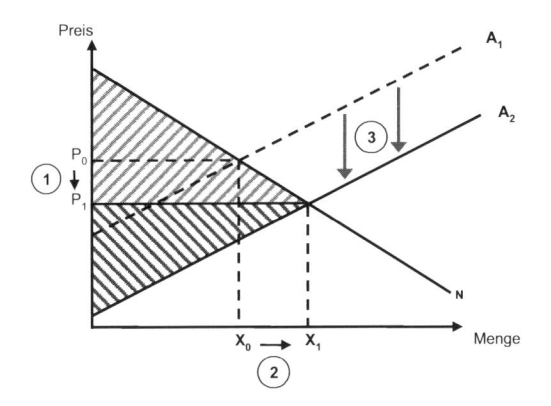

① Permanente Optimierung der Produktion (Preissenkung von P_0 auf P_1)
② Erhöht sich die Nachfrage von X_0 auf X_1
③ Dadurch kann das Angebot trotz Preissenkung ausgebaut werden; die Angebotskurve verschiebt sich nach unten
➡ Steigerung der Konsumentenrente und Ausbau des Marktanteils

Abb. 10 Geschäftsmodell Fielmann

wie Leistungsfähigkeit, Einfachheit/Entlastung etc., den Kunden zusätzlich an sich binden (Abb. 10).

Die Preiselastizität der Nachfrage zeigt die Veränderung der Nachfragemenge in Abhängigkeit von Preisveränderungen. Verändert sich die Nachfragemenge geringer als der prozentuale Preisanstieg, wird dies als unelastische Nachfrage bezeichnet. Bei einer vollkommen unelastischen Nachfrage reagiert die Nachfragemenge nicht auf Preisveränderungen. Bei einer einheitselastischen Nachfrage entspricht die prozentuale Veränderung der Nachfragemenge genau der prozentualen Preisveränderung. Elastische Nachfragesituationen sind dadurch charakterisiert, dass die prozentuale Veränderung der Nachfragemenge größer als die prozentuale Preisänderung ist.

Die Elastizität der Nachfrage hängt insbesondere davon ab, ob es Substitute gibt. Je einfacher Produkte oder Produkt-Service Kombinationen durch vergleichbare Services oder Produkte oder Produkt-Service Kombinationen ersetzt werden können, desto elastischer ist die Nachfrage. Das Fallbeispiel Nespresso zeigt, wie durch das Kapselsystem Nespresso eine Substituierung erschwert wird, da diese mit dem Erwerb eines anderen Kaffeemaschinensystems verbunden wäre (vgl. Ausführungen zu Nespresso Abschn. 3.1). Das Kapselsystem führt somit u. a. zu einer Reduzierung der Elastizität der Nachfrage. Kunden von Nespresso werden deshalb auf eine Preiserhöhung voraussichtlich deutlich weniger sensibel reagieren, weshalb u. a. auch ein deutlich über dem Marktpreis liegender Preis für den Kaffee erzielt werden kann.

Der Umsatz errechnet sich aus dem Preis des Gutes multipliziert mit den verkauften Einheiten. Der Umsatz entspricht dem Betrag, den die Nachfrager bezahlen und die Anbieter einnehmen.

Preis

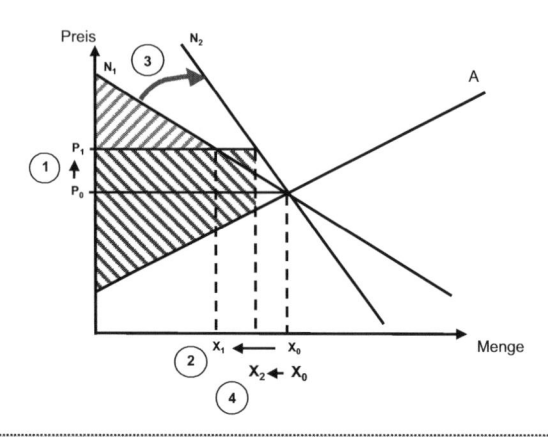

① Preiserhöhung von P_0 auf P_1
② Bewirkt normalerweise Nachfragereduzierung von X_0 auf X_1
③ Über die Kundenbindung verändert sich die Nachfrage; sie wird unelastisch
④ Trotz Preiserhöhung erfolgt dadurch nur ein geringer Nachfragerückgang (X_0 auf X_2)

➡ Steigerung der Produzentenrente

Abb. 11 Geschäftsmodell Nespresso

Bei unelastischen Nachfragekurven führen Preiserhöhungen zu Umsatzerhöhungen, da die nachgefragte Menge prozentual weniger zurück geht als der Preis steigt (Abb. 11).

Gegenteilig wirkt ein Preisanstieg bei elastischen Nachfragekurven. Der prozentuale Rückgang der Nachfrage übersteigt den prozentualen Anstieg des Preises und führt so zu einer Umsatzsenkung.

Innovative Geschäftsmodelle können zu einer Erhöhung der Konsumenten- und der Produzentenrente führen. Ein Beispiel hierfür ist das Geschäftsmodell Talent Management der Firma Promerit. War die Ausgangssituation durch interne Personalentwicklung und Zukauf von Talenten durch „klassische Personalberater" charakterisiert, so werden mittels Talent Management-Beratung die Unternehmen in die Lage versetzt, selbst die Talente zu entwickeln.

Dies führt zu einer Verschiebung der Nachfragekurve nach rechts und wie in der nachfolgenden Abbildung dargestellt zu einer Erhöhung der Produzenten- und der Konsumentenrente (Abb. 12).

6 Schlussbetrachtung

Ausgehend von den Bedürfnissen der Kunden und den daraus abgeleiteten Konsumpräferenzen und Konsumplänen wurden die Erfolgsfaktoren service-orientierter Geschäftsmodelle analysiert und anhand von Fallbeispielen belegt. Es wurde aufgezeigt, wie den modernen Lebensmodellen entsprechend ganze Konsumprozesse bei den Konsumpräfe-

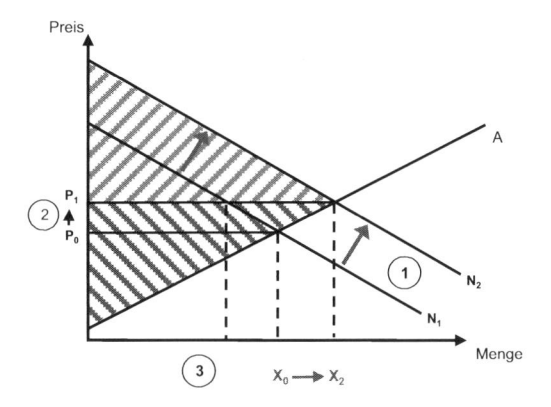

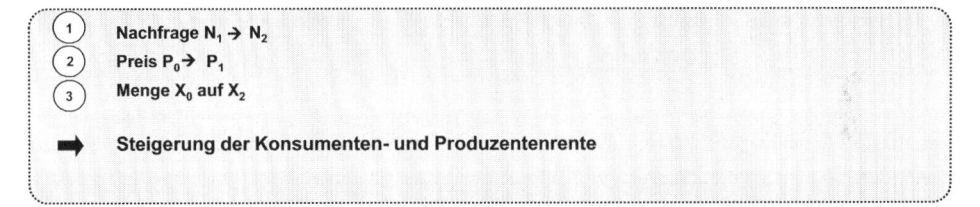

Abb. 12 Geschäftsmodell Promerit

renzen an Bedeutung gewinnen und Kernprodukte „nur" noch einen Teil des Konsumprozesses darstellen. Neue Nutzenformen wie Entlastung, Einfachheit, mobile Anwendbarkeit und Innovation rücken in den Vordergrund.

Die Verschiebung bei Konsumpräferenzen und Konsumverhalten verlangen von den Geschäftsmodellen eine immer schnellere Anpassung. Für den Kunden wird Konsum zunehmend ein Erlebnis und dabei möglichst immer bequem und einfach. Zudem verfügen die heutigen Kunden über schnelle Formen der mobilen Kommunikation, die es ihnen erleichtern, sich jederzeit räumlich unbegrenzt zu informieren und zu konsumieren. Der Kunde ist gut informiert und fordert eine aktive Auseinandersetzung mit dem Produkt oder der Dienstleistung. Die Unternehmen reagieren beispielsweise darauf, indem sie den Konsumenten gezielt einbinden und ihn dabei sogar Teil der Wertschöpfungskette werden lassen wie in dem eingangs angeführten Beispiel GIRA [23, 25].[13]

Der Nutzen für den Kunden und seine daraus resultierende Präferenz ergibt sich bei service-orientierten Geschäftsmodellen aus dem wahrgenommenen Mehrwert im Zuge des gesamten Konsumprozesses. Dieser besteht nicht mehr nur aus dem Produkt selbst, sondern aus den im gesamten Konsumprozess bereitgestellten Kompetenzen und Dienstleistungen.

---

[13] vgl. Kapitel Veränderungstreiber service-orientierter Geschäftsmodelle.

Mit Hilfe der Service-Wert-Matrix können neue „Wertversprechen" vom Standpunkt der Kunden aus analysiert und das Erfolgspotenzial eines Geschäftsmodells überprüft werden. Hierfür wird ein Service-Profil erstellt. Mit diesem Service-Profil wird dann eine Bewertung des Kundenvorteils möglich. Je größer dieser ist, desto größer ist das Erfolgspotenzial des service-orientierten Geschäftsmodells.

Erfolgreiche service-orientierte Geschäftsmodelle richten sich daher auf den gesamten Konsumprozess aus Sicht des Kunden aus, um eine dauerhafte Kundenbindung zu erreichen.

Die Wirkung der Geschäftsmodelle auf Kunden und Produzenten wird mittels der Angebots- und Nachfragediagramme sowie Konsumentenrente und Produzentenrente aufgezeigt. Anhand der Diagramme können Zusammenhänge besser verdeutlicht und u. a. einfacher Rückschlüsse bezüglich der Auswirkungen von Preisänderungen auf die Nachfrage gezogen werden.

Im Fall von Apple oder Nespresso wird bewusst der Preis an das Konsumerlebnis gekoppelt. Das bedeutet, neben den herkömmlichen kosten- oder wettbewerbsorientierten Preismodellen setzen diese Geschäftsmodelle zunehmend auf Preismodelle, die sich an dem Mehrwert orientieren, der für den Kunden geschaffen wird. Darüber hinaus kann ein Geschäftsmodell darauf ausgerichtet sein, die Substituierbarkeit seines Produktes zu erschweren und damit die Preiselastizität zu reduzieren.

Im Dienstleistungsbeispiel Promerit wird über die Wertversprechen Entlastung, Neuheit und Innovation gezielt transparent gemacht, was der Kunde für einen Service bzw. Mehrwert erhält. Das zeigt sich ebenfalls daran, dass das Vertrauen in die Leistung des Anbieters für die Kunden immer wichtiger wird. Im Beispiel von Promerit sind die Kunden aufgrund des hohen Kundennutzens bereit, einen höheren Preis zu zahlen. Das führt zu einer Optimierung der Konsumenten- und der Produzentenrente, da beide Parteien einen Vorteil aus dem Geschäftsmodell ziehen.

Mit den im Kapitel aufgezeigten Methoden können bestehende oder neue service-orientierte Geschäftsmodelle „vom Kunden ausgehend" und über den gesamten Konsumprozess analysiert und vor einer Investition eine Vielzahl an Wirkungsmechanismen durchgespielt werden.

Literatur

1. Abela AV, Murphy PE (2008) Marketing with integrity: ethics and the service dominant logic for marketing. J Acad Market Sci 36:39–53
2. Anderson C (2006) The long tail – how endless choice is creating unlimited demand. Random House, London
3. Anderson JC, Narus JA, Rossum VW. (2006) Customer value proposition. Bus Mark: Harv Bus Rev 5
4. Arnould EJ (2006) Service-dominant logic and consumer culture theory: natural allies in an emerging paradigm. Mark Theory 6(3):293–298

5. Balderjahn I, Scholderer J (2007) Konsumentenverhalten und Marketing. Grundlagen für Strategien und Maßnahmen. Schäffer-Poeschel Verlag, Stuttgart, S 23
6. Belz C, Bieger T (2004) Kundenvorteile für Unternehmenserfolge. In: Belz C, Bieger T, Ackermann W et al (Hrsg) Customer Value: Kundenvorteile schaffen Unternehmensvorteile. Redline Wirtschaft, Frankfurt a. M., S 37–142
7. Biel AL (2001) Grundlagen zum markenwertaufbau. In: Esch F-R (Hrsg) Moderne Markenführung, 3. Aufl. Gabler Verlag, Wiesbaden, S 61–90
8. Bofinger P (2011) Grundzüge der volkswirtschaftslehre. Eine einführung in die wissenschaft von märkten, 3. Aufl. Pearson, München
9. Bouwman H (2008) Mobile service innovation and business models. Springer, Berlin, S 20–21
10. Fielmann (2013) Fielmann presseinformationen. http://www.fielmann.de/presse/downloads/1_Fielmann_Daten.pdf. Zugegriffen: 4 Feb 2013
11. Fielmann (2012) Die brillenversicherung: Sofort eine brille zum nulltarif – und alle zwei jahre eine neue. http://www.fielmann.de/brillen/nulltarif. Zugegriffen: 20 Okt 2012
12. Fielmann (2012) Die fielmann-leistungen. Unsere pflegetipps. http://www.fielmann.de/beratung/16;pflegetipps.php. Zugegriffen: 2 Aug 2012
13. GIRA (2013) Gebäudetechnik. Systeme. http://www.gira.de/gebaeudetechnik/systeme/knx-eib_system/knx-produkte/bediengeraete.html. Zugegriffen: 6 Aug 2013
14. Grönroos C (2004) What can service logic offer marketing theory? Working Paper, Helsinki
15. Grönroos C (2000) Service management and marketing: a customer relationship management approach, 2. Aufl. Chichester. Wiley & Sons, New York
16. Hochreiter P (2005) Erfolgsfaktor fehler – persönlicher erfolg durch fehler. Iin Business Village, S 7 ff.
17. Kagermann H, Wahlster W, Helbig J (2012) Deutschlands zukunft als produktionsstandort sichern. Umsetzungsempfehlungen für das zukunftsprojekt industrie 4.0. Abschlussbericht des Arbeitskreises Industrie 4.0, 2012. Berlin. S 4 f.
18. Klinke H (2010) Apple design. Die kunst der produktgestaltung zwischen userzentrierung und ästhetik. Kunst und Medien 1
19. Kohli AK (2006) Dynamic integration: Extending the concept of resource integration. Mark Theory 6 (3):290–291
20. Kubin V (2010) Best practice in marketing- erfolgsbeispiele zu den vier kernaufgaben im marketing, Universität St. Gallen, S 63 ff.
21. Levy SJ (1959) Symbols for sale. Harv Bus Rev 37(4):117–124
22. Lufthansa (2012) Lufthansa. Loungetypen und Zugang. http://www.lufthansa.com/de/de/Loungetypen-und-Zugang. Zugegriffen: 2 August 2012
23. Lusch RF, Vargo SL, O'Brian M (2007) Competing through service: insights from service-dominant logic. J Retail 83:5–18
24. Lusch RF, Vargo SL (2006): Service-dominant logic as a foundation for a general theory. In: Lusch Robert F, Vargo Stephen L (Hrsg) The service-dominant logic of marketing: dialog, debate and directions, Armonk – New York, S 406–420
25. Lusch RF, Vargo SL (2006) The service-dominant logic of marketing: Reactions, reflections, and refinements. Mark Theory 6(3):281–288
26. McGrath RG (2010) Business models: a discovery driven approach. Long Range Planning 43(2/3):247–261
27. Meinel C, Willems C, Roschke S, Schnjakin M (2011) Visualisierung und Cloud Computing: Konzepte, Technologiestudie, Marktübersicht. Universitätsverlag Potzdam, S 28 f
28. Nespresso (2012) Competitive advantage. Nestle Nespresso Sustainable quality programme for coffee. http://www.cbd.int/en/business/case-studies/competitive-advantage-nestle%E2%80%99s-nespresso-sustainab. Zugegriffen: 23. Juli 2012
29. Nespresso (2012) Nespresso Homepage. http://www.nespresso.com. Zugegriffen: 12. Juni 2012

30. Osterwalder A, Pigneur Y (2011) Business model generation. Ein Handbuch für Visionäre, Spieleveränderer und Herausforderer, Frankfurt
31. Osterwalder A, Pigneur Y (2009) Business model generation. A Handbook for Visionaires, Game Changers, and Challengers, Amsterdam
32. Osterwalder A (2004) The business model ontology. Dissertation, A Proposition in a Design Science Approach. Universite de Lausanne
33. o.V. (2007) Kapsel schlägt Bohne. Stiftung Warentest, Heft 12:68 ff
34. o.V. (2012) Promerit Personalberatung. Köpfe und Gestalter für die neue HR Generation. In: Personalwirtschaft/Kompass HR -Beratung, S 36 ff
35. Piller F (2008) Mass customization. Der Kunde gestaltet sein eigenes Produkt. In: Trend and Style, S 8 f
36. Pressberger T (2012) Fielmann macht bei Image-Umfrage die beste Optik. http://www.wirtschaftsblatt.at/archiv/fielmann-macht-bei-image-umfrage-die-beste-optik-454061/index.do. (Stand 5.7.2012)
37. Promerit (2013) Excellence Award. Shortlist 2012 – KMU. http://www.hr-excellence-awards.de/files/2012/12/HREA_Shortlist_2012_v9.pdf. Zugegriffen: 6. Aug 2013
38. Promerit (2013) Wirksames HR Management. http://promerit.de/wp-content/uploads/2013/06/Promerit_Unternehmensbroschuere_2013.pdf. Zugegriffen: 6. Aug 2013
39. Promerit (2012) Der „XING Connector" verbindet Bewerbermanagement-Systeme. http://promerit.de/mediacenter/news/der-xing-connector-verbindet-bewerbermanagement-systeme/. Zugegriffen: 7. Nov 2012
40. Reinecke S (Hrsg) (2010) Best Practice in Marketing: Erfolgsbeispiele zu den vier Kernaufgaben im Marketing. 2010. St. Gallen: Institut für Marketing an der Universität St. Gallen
41. Siebert H, Lorz O (2007) Einführung in die Volkswirtschaftslehre, 15. Aufl. Kohlhammer, Stuttgart
42. SIGNAL IDUNA (2013) Schlau kombiniert. Ambulante Ergänzungstarife für eine optimale gesundheitliche Versorgung. http://www.signal-iduna.de/leipzig/Versicherungen/Gesundheit/Privater-Schutz-fuer-gesetzlich-Versicherte/SCHLAU-KOMBINIERT/index.php. Zugegriffen: 6. Aug 2013
43. Smith A (2005) Der Wohlstand der Nationen. Hrsg. Claus Recktenwald. 11. Aufl. DTV, München, S 9 ff
44. Spohrer J, Maglio PP, Bailey J, Gruhl D Steps toward a science of service systems. IEEE Comput Soc 40:71–77
45. Trost A (2012) Talent Relationship Management. Personalgewinnung in Zeiten des Fachkräftemangels. 1. Aufl. Springer, Heidelberg
46. Vargo SL, Lusch RF (2008) Service-dominant logic: continuing the evolution. J Acad Mark Sci 36:1–10
47. Vargo SL (2007) On a theory of markets and marketing: from positively normative to normatively positive. Australas Mark J 15(1):53–60
48. Vargo SL, Lusch RF (2006) Service-dominant logic: what it is, what it is not, what it might be. In: Lusch Robert F, Vargo Stephen L (Hrsg) The service-dominant logic of marketing: dialog, debate and directions. Armonk – New York, S 43–56

Controlling service-orientierter Geschäftsmodelle

Markus Warg, Uwe Hoffmann und Christine Boekhoff

Zusammenfassung

In diesem Kapitel werden zunächst die Anforderungen an das Controlling service-orientierter Geschäftsmodelle erarbeitet. Hierbei wird nach Kundenorientierung sowie der Ergebnis- und Erlebnisqualität für den Kunden differenziert. Anschließend wird untersucht, in wie weit ausgewählte traditionelle Controllinginstrumente die servicespezifischen Anforderungen abdecken.

Mit dem ISS-ServiceKompass wird ein innovativer Lösungsansatz vorgestellt, der ausgehend von einer ganzheitlichen Kundenausrichtung das Controlling der relevanten Erfolgsfaktoren und Maßnahmen sowie ihrer Zusammenhänge berücksichtigt und die Lücken der traditionellen Instrumente schließt.

Nach der Lektüre dieses Kapitels können Sie

- Die Besonderheiten des Controllings service-orientierter Geschäftsmodelle erklären.
- Die Stärken und Schwächen traditioneller Controllinginstrumente für service-orientierte Unternehmen nennen und beschreiben.

M. Warg (✉) · U. Hoffmann · C. Boekhoff
SIGNAL IDUNA Gruppe, Neue Rabenstraße 15–19, 20354 Hamburg, Deutschland
E-Mail: Markus.warg@signal-iduna.de

U. Hoffmann
E-Mail: Uwe.Hoffmann@signal-iduna.de

C. Boekhoff
E-Mail: Christine.Boekhoff@signal-iduna.de

- Anhand des ISS-ServiceKompass die Erfolgsfaktoren für das Controlling service-orientierter Geschäftsmodelle erläutern.

1 Vorwort

Erfolgreiche service-orientierte Geschäftsmodelle (vgl. auch Kap. 1) bieten den Kunden über einzigartige Ergebnisse und Erlebnisse einen Nutzen und erhöhen die Rentabilität des Unternehmens.

Die für Kunden wahrnehmbare Einzigartigkeit ist das Ergebnis eines erfolgreich umgesetzten logischen Prozesses. Voraussetzung hierfür ist die Kenntnis der Wertbeiträge der service-orientierten Leistungen für die Kunden, die daraus abgeleiteten und bewusst formulierten strategischen Unternehmensziele, die Beherrschung der für die Erzielung der Wertbeiträge erforderlichen Erfolgsfaktoren, die Wahl der richtigen Maßnahmen und der zielgerichtete Einsatz der Ressourcen.

Wie im vorangehenden Kapitel (Abschn. 3.1.2) ausgeführt, resultiert die Einzigartigkeit bei service-orientierten Geschäftsmodellen oft aus der Fähigkeit, Informationen unabhängig vom Produkt oder der Person zu separieren, zu transportieren und auszutauschen [40]. Dies führt bei Betrachtung des gesamten Konsumprozesses und unter Berücksichtigung der Tatsache, dass der Kunde oft „Co-Producer" und „Co-Creator" des gesamten Wohlfahrtsgewinnes ist, zu einem Aufbrechen der klassischen, güterzentrierten Prozesse. Prozesse, die einen hohen Anteil an Serviceleistungen enthalten, sind daher oft durch viele Teilschritte und vor allem durch eine Interaktion der Akteure charakterisierbar. Je höher der Interaktionsgrad und je größer die Zergliederung der Konsumprozesse aus Sicht der Kunden ist, desto anspruchsvoller wird es, über den gesamten Konsumzyklus (z. B. Fliegen: Parken, Gepäck einchecken, Sicherheitskontrolle, Boarding, Service während des Fluges, Gepäckausgabe, s. auch Abschn. 2.1) eine fehlerfreie und hohe Qualität zu halten.

Standardisierte Kennzahlen und beinahe austauschbare Balanced Scorecards reichen für die Beherrschung dieser qualitäts- und erlebnisorientierten, komplexen interaktiven Prozesse nicht aus.

Zur Etablierung eines für service-orientierte Geschäftsmodelle geeigneten Steuerungs- und Controllinginstrumentariums wurde von der International Business School of Service Management (ISS) in Kooperation mit der SIGNAL IDUNA Gruppe der ISS-ServiceKompass entwickelt [41].

Neben einem zahlenbasierten Controlling ermöglicht der ISS-ServiceKompass die auf das Kundenerlebnis ausgerichtete, qualitätsorientierte Konfiguration des Unternehmens. Ausgehend vom gewünschten Kundenerlebnis werden strategische Ziele, Erfolgsfaktoren und Maßnahmen in Bezug auf den Anteil am Unternehmenserfolg bewertet und in ihrer Interaktion transparent dargestellt.

Die Wertbeiträge einzelner Maßnahmen für die Umsetzung von servicerelevanten Erfolgsfaktoren werden branchenübergreifend und anonymisiert auf der Datenplattform der ISS erfasst. Durch diese Transparenz wird für die teilnehmenden Unternehmen eine kollektive Intelligenz [37] aufgebaut, die für Auswahlentscheidungen wie z. B. „welche Maßnahme hat den größten Einfluss auf den Erfolgsfaktor" genutzt werden kann und damit Projekt- und Investitionsentscheidungen absichert.

Im folgenden Kapitel werden die besonderen Anforderungen an das Controlling service-orientierter Geschäftsmodelle analysiert. Hierbei werden insbesondere die Anforderungen an eine ganzheitliche Kundenorientierung betrachtet sowie die Erfolgsfaktoren für die wichtigen Servicedimensionen „Service-Erlebnis" und „Ergebnisqualität des Services" beschrieben.

2 Anforderungen an das Controlling service-orientierter Geschäftsmodelle

Service lässt sich als Interaktion zwischen Anbietern und Kunden zur Wertschöpfung bei allen Beteiligten definieren („Co-Creation"). Prägend für die Erfahrung, die von den Beteiligten hierbei gemacht wird, ist neben dem Ergebnis das Erlebnis [18]. Der Servicenutzen wird vom Empfänger bestimmt und resultiert weniger aus dem Produkt oder Service an sich, als vielmehr aus dem Wert, den der Kunde über den gesamten Konsumzyklus generiert [1, 14, 40].

▶ Service ist immer immateriell, die Produktion und der Konsum erfolgen zumeist zeitgleich – uno-actu-Prinzip – und der Service kann weder transportiert noch gelagert werden [11].

Service bindet Personal-, Sach- und Finanzkapazitäten und ist damit ressourcenintensiv und kostspielig.

Ein Merkmal service-orientierter Unternehmen ist, dass diese die Interaktion mit den Kunden nutzen, um sich vom Wettbewerb zu unterscheiden. Diese Unternehmen verfolgen das Ziel, die Rentabilität ihres Unternehmens dadurch zu erhöhen, dass sie ihren Kunden über Ergebnisse und Erlebnisse einen Mehrwert bieten, den Wettbewerber in dieser Form nicht bieten können.

Hierbei geht es um Einzigartigkeit, die auch als verkaufsentscheidendes Alleinstellungsmerkmal/„Unique Selling Proposition" (USP) bezeichnet wird.

▶ Diese für die Kunden sofort wahrnehmbaren Vorteile eines USP sind das Ergebnis einer gut durchdachten Kette aus bewusst formulierten strategischen Zielen, der Beherrschung der hierfür erforderlichen Erfolgsfaktoren, der Wahl der richtigen Maßnahmen und des zielgerichteten Einsatzes der vorhandenen Ressourcen (vgl. Kapitel Grundlagen Service-Orientierung Geschäftsmodelle, Abschn. 2).

Diese logische Kette in der Praxis kundenorientiert zu beherrschen, ist alles andere als selbstverständlich. Oft gibt es einen „Bruch" zwischen Strategie und Umsetzung. Dies liegt nicht an fehlenden Servicezielen wie „unter den Top 3 der service-orientiertesten…", „Verbesserung um x-Prozent in der Branchenstudie Kundenzufriedenheit", usw. Vielmehr wird die Qualität des Servicezyklus und damit der erlebbare Service aus Sicht des Kunden unzureichend berücksichtigt.

Um diesem Bruch zuvor zu kommen, muss das Verständnis der Kundenerfahrungen im Mittelpunkt einer angestrebten ganzheitlichen oder 360-Grad-Kundenorientierung stehen. Dabei ist der Kunde aus allen Perspektiven – eben rundum, 360-Grad – zu verstehen und eine hohe Ergebnis- und Erlebnisqualität sicherzustellen: Wer ist der Kunde? Welches Produkt oder welche Lösung sucht er? Wie möchte er interagieren? Wie möchte er bedient werden? usw. [4]. Erfolgsrelevant ist die Qualität, die aus Kundensicht erlebt wird und zu einem Erlebnis führt. Mit diesen Anforderungen beschäftigt sich der folgende Abschnitt.

2.1 360-Grad-Kundenorientierung

Mitreanu [26] beschreibt die Evolution in Bezug auf die Kundenorientierung in Form von drei Generationen der Kundenzentrierung („Customer-Centricity"). Die erste Generation ist durch den im Handel immanenten Prozess der Abstimmung des Angebotes auf die Nachfrage charakterisiert. Der Anbieter möchte mit seiner Ware den Wünschen und Bedürfnissen seiner potentiellen Kunden entsprechen.

Die zweite Generation ist dadurch charakterisiert, dass die Anbieter versuchen, auch den tatsächlichen Bedarf hinter der Nachfrage zu verstehen. Auf diese Weise können Anbieter nicht nur das richtige Produkt, sondern auch passende Substitute offerieren. Diese seit den 60er Jahren gelebte Ausrichtung auf den tatsächlichen Bedarf des Kunden ist auch das gängigste Verständnis von Kundenorientierung.

Die dritte Generation der Kundenzentrierung resultiert aus den Möglichkeiten der Informationsbereitstellung insbesondere durch das Internet seit den 90er Jahren. Um den daraus resultierenden sinkenden Margen zu begegnen, haben die Anbieter aus Sicht des Konsumzyklus des Kunden mehrere Produkte und Services gebündelt. Dies wiederum erfordert ein noch größeres Kundenverständnis, da es auf die Kundenerfahrung während des Konsumprozesses zielt. Dabei spielen neben dem Preis für den Kunden immer mehr die mit der Transaktion oder dem Konsum verbundenen entlastenden Faktoren eine Rolle, bspw. Parkmöglichkeit, kompetente Beratung, Akzeptanz von Kreditkarten [26].

Mit der Ausrichtung auf den gesamten Konsumprozess des Kunden via Bündelung von Produkten und Serviceleistungen wird bei ungenügender Gesamtleistung allerdings auch das gesamte Paket aus Sicht der Kunden hinterfragt und ggf. ausgetauscht. Janawade zeigt am Beispiel von Flugallianzen wie die Kundenwahrnehmung als Ergebnis des gesamten Konsumprozesses entsteht. Dies zeigt auch die Abhängigkeiten der Akteure untereinander – Fluggesellschaften, Transportgesellschaften, Partnerunternehmen – auf [19]. Empfindet der Kunde z. B. vor dem Abflug das Einchecken als nervenaufreibend, so wird er im Nachhinein das gesamte Abflugprocedere als negatives Erlebnis in Erinnerung behalten.

Asubonteng, McCleary und Swan [3]definieren Servicequalität als Differenz zwischen der Kundenerwartung vor Servicierung und der Kundenwahrnehmung nach Servicierung.

▶ Anders ausgedrückt bestimmt sich die vom Kunden wahrgenommene Servicequalität nach seiner Vorstellung, welcher Service ihn erwartet oder was er sich idealerweise an Serviceleistungen wünscht im Vergleich zum tatsächlich erhaltenen Service.

Beispielsweise ist die Erwartung an die Freundlichkeit und Flexibilität des Personals bei einem gehobenen Restaurant eine ungleich höhere als beim Besuch eines Fast Food-Restaurants, so dass das gleiche unfreundliche Abkassieren im teuren Restaurant viel eher dazu führen wird, dass der Kunde dieses nicht wieder besucht [43].

Für eine auf die Kundenerwartungen ausgerichtete Kundenzentrierung sind daher alle Ergebnistypen aus Sicht des Kunden zu berücksichtigen. Hierfür ist das Unternehmen kundenzentriert auszurichten, d. h. nicht die einzelne Geschäftssparte, der Bereich oder die Abteilung stehen im Mittelpunkt, sondern der Kunde. Die Ergebnistypen, die zur Erfolgsmessung verwendet werden, sind daher aus Sicht des Kunden zu definieren.

Die Gestaltung der kunden- und service-orientierten Organisation ist durch folgende Bausteine charakterisierbar: [5]

- Kundenzentrierung – „Service Centric Experience"
  Orientierung am Kunden und der Erfahrung, die der Kunde während der Interaktion mit dem Unternehmen macht
- Servicezentrierung – „Service Centric Monitoring"
  Erfordernis, die Wahrnehmung der Kunden regelmäßig zu messen und Verbesserungen aufzusetzen
- Service-orientierte Führung – „Service Centric Leadership"
  Neben der Definition der strategischen Ziele sind operative Ziele festzulegen, die Arbeitsorganisation und die Strukturen darauf auszurichten sowie eine Servicekultur zu etablieren, bei der die Kundenorientierung bzw. die Ergebnisse auch vergütungsrelevant sind

▶ Die Unternehmensleitung sollte – ausgehend vom Kundenerlebnis – regelmäßig die Qualität der wahrgenommenen Interaktionen erfassen, analysieren und darauf aufbauend Erkenntnisse zur Steuerung nutzen [5].

Um positive Kundenerlebnisse ausnahmslos sicherzustellen, bedarf es des Verständnisses und des Managements der Kundenerwartungen. Das Kundenerwartungsmanagement betrachtet die Erfüllung der Kundenerwartungen bezüglich jedes Kommunikationskanals und jedes Kundenkontakts. Es hilft dabei, die Unternehmensabläufe auf die Erfolgsfaktoren aus Sicht der Kunden auszurichten. Die Fokussierung von Unternehmensabläufen auf die Kundenerwartungen ermöglicht es, frühzeitig und noch vor dem Kundenkontakt zu erkennen, wo Kundenerwartungen möglicherweise nicht erfüllt werden können und geeignete Maßnahmen eingeleitet werden müssen [16, 29].

2.2 100 % Ergebnisqualität

Für ein aus Kundensicht positives Ergebnis müssen flexible, d. h. sich den schnelllebigen Kunden- und Marktbedürfnissen anpassende, interaktive Serviceprozesse festgelegt werden, die immer 100-prozentig funktionieren. Die Anwendung des Pareto-Prinzips[1], auch bekannt als 80–20 Regel [24], ist hier nicht sinnvoll, denn hohe Qualität ist eine der häufigsten Kundenerwartungen.

▶ Bereits kleinste Unzulänglichkeiten und Fehler innerhalb von Serviceprozessen führen zu Prozessabbrüchen, Wartezeiten und damit aus Kundensicht zu negativen Serviceerlebnissen.

Zeithaml/Parasuraman/Berry entwickelten das folgende Modell für Qualitätsmängel bzw. -lücken („quality gaps") (s. Abb. 1), das mögliche Ursachen für Qualitätsverluste darstellt: [44]

- Gap 1: Erwarteter Service vs. den Vorstellungen des Managements hinsichtlich der Kundenerwartungen im Unternehmen. Dieses Gap entsteht vor allem durch unzureichende Marktforschung, schlechte Kundenkommunikation und mangelndes Beschwerdemanagement [43].
- Gap 2: Normen für Servicequalität vs. Vorstellungen des Managements hinsichtlich der Kundenerwartungen im Unternehmen Hierbei fehlt es häufig an einem guten Prozessmanagement, das sich an den Kundenwünschen orientiert [43].
- Gap 3: Geleisteter Service vs. Normen für Servicequalität. Dieses Gap entsteht unter anderem durch schlechtes Personalmanagement, d. h. durch mangelndes Rollenverständnis und unzureichendes Talentmanagement [43].
- Gap 4: „Versprochene" Servicequalität (Marketing) vs. tatsächlich geleistete Qualität (Delivery). Hier entstehen die Mängel zumeist durch (zu viel versprechende) Werbung, durch falsche Preisbildung sowie unzureichende Kommunikation zwischen den Abteilungen „Produktion" und „Vertrieb" [43].
- Gap 5: Erwarteter Service vs. erlebter Service. Hier liegt die Hauptursache in der mangelnden Kenntnis darüber, wer die eigenen Kunden sind und welche Bedürfnisse/Erwartungen sie tatsächlich haben [43].

---

[1] Das Paretoprinzip, benannt nach Vilfredo Pareto (1848–1923), auch Pareto-Effekt, 80-zu-20-Regel, besagt, dass 80 % der Ergebnisse in 20 % der Gesamtzeit eines Projekts erreicht werden. Die verbleibenden 20 % der Ergebnisse benötigen 80 % der Gesamtzeit und verursachen die meiste Arbeit.

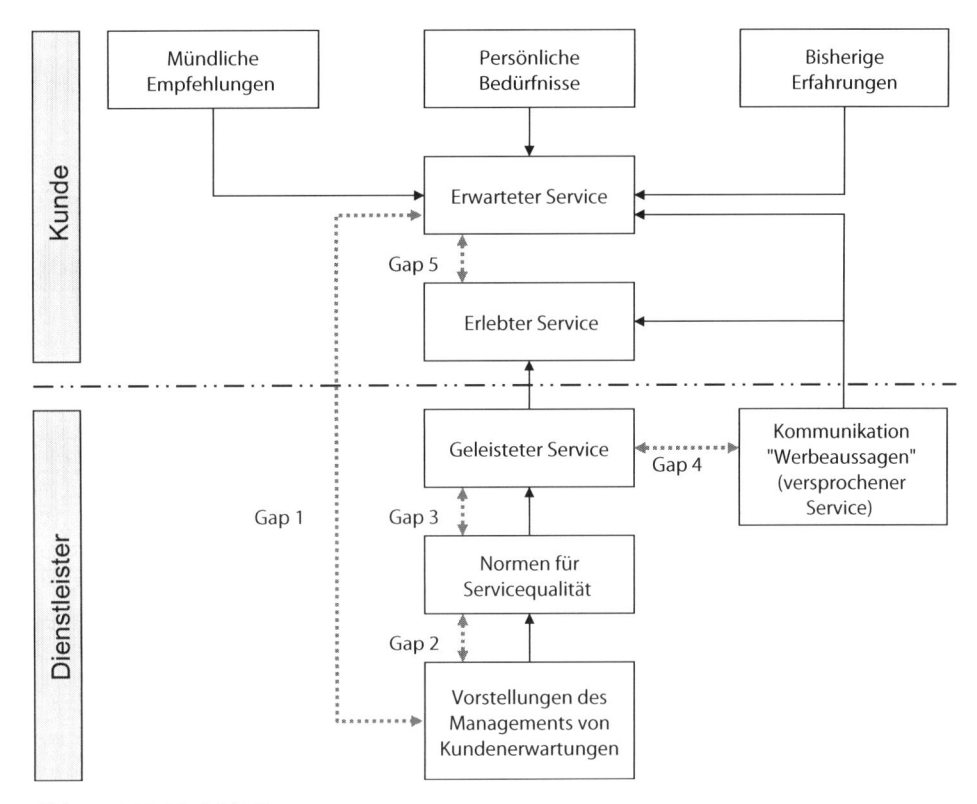

Abb. 1 GAP-Model [44]

Ausgangspunkt für eine hohe Ergebnisqualität ist der erwartete Service aus Kundensicht, auf dem alle Aktivitäten zur Optimierung der Servicequalität aufsetzen müssen. Es gilt, die Differenz zwischen der Kundenerwartung vor und der Kundenerfahrung nach dem Serviceerlebnis (Gap 5) zu minimieren.[2] [3, 39]

Dabei ist es auch zeitgemäß, das GAP Modell um ein weiteres Element – Kooperationsmanagement – zu erweitern [7].

Die Beteiligung Dritter im Leistungserstellungsprozess (Beispiel: ausgelagerter Telefonservice) gewinnt stetig an Bedeutung.

▶ Ein Unternehmen muss bei der Beteiligung Dritter über ein erfolgreiches Kooperationsmanagement sicherstellen, dass die Ausführung durch den Kooperationspartner dem eigenen hohen Serviceanspruch entspricht und der Kunde idealerweise gar nicht bemerkt, dass er es mit mehreren Partnern zu tun hat.

---

[2] Urban entwickelt das Modell über eine detaillierte Organisationsbefragung weiter, um die Messbarkeit der GAPs zu erhöhen.

2.3 100 % Erlebnisqualität

Infolge der zunehmenden Interaktion (Co-Production und Co-Creation) zwischen Unternehmen und Kunden gewinnt für die Zielsetzung, die Kundenerwartungen zu erfüllen, das Serviceerlebnis des Kunden weiter an Bedeutung. Die Rolle des Kunden im Wertschöpfungsprozess hat sich in den vergangenen Jahren verändert. Während der Kunde früher passiver Konsument von Produkten und Serviceleistungen war, wird er heute immer mehr zum aktiven Nutzer. Kunden übernehmen heute Unternehmensaufgaben. So führen sie anbieterübergreifende Produktvergleiche durch, gestalten ihre Produkte und geben ihre Erfahrungen an andere Kunden weiter. Ermöglicht wird dies durch die Digitalisierung von Produkten und Serviceleistungen sowie die Interaktivität des Internets und die wachsende online verfügbare Informationstiefe und -breite. Die Interaktivität des Internets ermöglicht bspw. die aktive Mitarbeit des Kunden bei der Sortimentsgestaltung, indem er die Produktdetails online selbst mitbestimmt. Das so individuell zugeschnittene Produkt erhöht die Kundenzufriedenheit [33].

▶ Insbesondere die für Unternehmen attraktive Zielgruppe der LOHAS (Lebensstil, der von Gesundheitsbewusstsein und -vorsorge sowie von Nachhaltigkeit geprägt ist/„Lifestyle of Health and Sustainability") ist besonders internetaffin und geprägt von dem Wunsch nach Gemeinschaft und Mitgestaltung.

Sie sucht nach nachhaltigen[3] [36] und service-orientierten Produkten. Die LOHAS lassen sich nicht schnell überreden, aber sind sie einmal überzeugt von dem Gesamterlebnis aus Produkt und Service, bestehen hohe Bindungspotentiale und eine hohe Weiterempfehlungsrate [34].

Eberwein und Luyken bringen die Situation mit der Frage, was zu tun ist, wenn die bisherigen Differenzierungsmerkmale der Kundenorientierung zu einer Grundanforderung werden, auf den Punkt [8]. Die Antwort lautet Kundenerwartungsmanagement.

▶ Das Erlebnis, das der Kunde beim Kauf eines Produktes, Erhalt einer Dienstleistung oder einer Kontaktaufnahme mit dem Anbieter hat, gilt es zu gestalten.

Kundenerwartungsmanagement zielt auf die Unterschiede zwischen den Kundenerwartungen und den Kundenwahrnehmungen (s. o. Gap 5) ab. Die Ausrichtung der Unternehmen auf den Kunden und seine Erwartungen – Kundenzentrierung – ist auch die Grundlage für die Gestaltung differenzierter Kundenerlebnisse, die beispielsweise in Kenntnis des Kundenwertes bestimmt werden [2, 8].

---

[3] Viele Unternehmen haben noch Defizite, nachhaltiges Wirtschaften in Vermarktungschancen umzuwandeln. Soziale Netzwerke bieten jedoch großes Potential, die auf Nachhaltigkeit ausgerichtete Kundengruppe der LOHAS zu erreichen, vgl. Steria Mummert Consulting/IMWF Institut für Management- und Wirtschaftsforschung 08/2012, S. 8, 53.

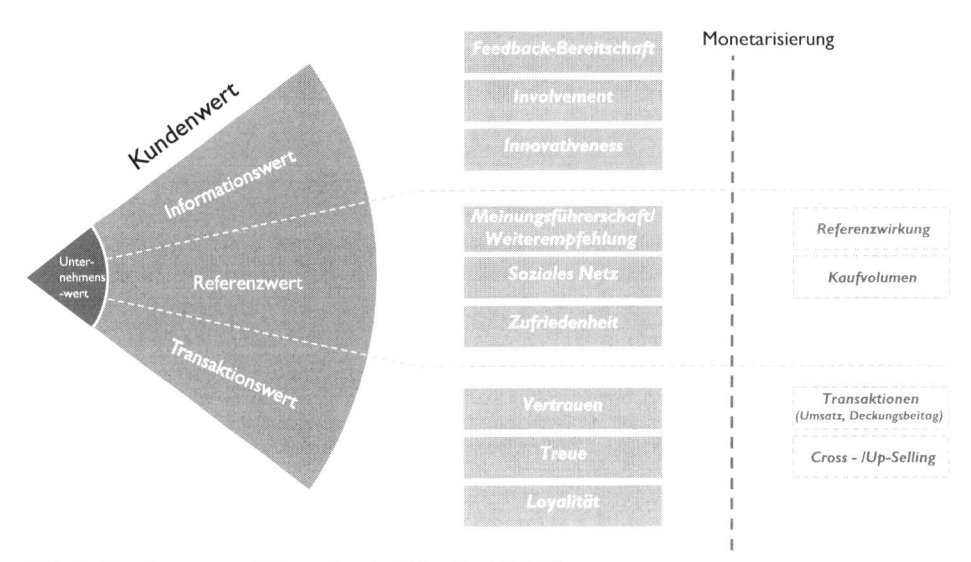

Abb. 2 Kundenwertmodell von ServiceValue GmbH [35]

Wong zeigt die hohe Bedeutung der emotionalen Zufriedenheit des Kunden für die Wahrnehmung der Servicequalität, die Kundenloyalität sowie die Kundenbindung. Eine Empfehlung, die daraus für Unternehmen abgeleitet wird, ist bereits während des Serviceprozesses auf die emotionale Kundenwahrnehmung zu achten [15, 42]. Die psychologische und emotionale Abgrenzung gegenüber Wettbewerbern ist entscheidend, um aus zufriedenen Kunden loyale Kunden zu entwickeln. Investitionen in ein Kundenerwartungsmanagement lohnen sich vorrangig bei wertvollen Kunden im Sinne eines Kundenwertmodelles, das dazu beiträgt, die vorhandenen Ressourcen in die Zufriedenstellung der dem Unternehmen Gewinn bringenden Kunden zu investieren [35]. Dabei kann das Unternehmen ein Stück weit selbst dazu beitragen, aus Kunden „wertvolle" Kunden zu machen. Denn sobald die Kundenorientierung des Unternehmens einen positiven Effekt auf Kaufentscheidungen und Weiterempfehlungen hat, beeinflusst sie mittelbar auch den Kundenwert und damit den Profit, den ein Unternehmen durch einen Kunden längerfristig realisieren kann. Der Servicewert eines Unternehmens ist also ein Stellhebel für den Kundenwert [6]. Dies zeigt, dass sich ein intelligentes Kundenerwartungsmanagement letztlich bei allen Kunden lohnen kann. Die nachfolgende Abbildung gibt einen Überblick wie ein „wertvoller Kunde" dem Unternehmen nicht nur durch seine Wiederkaufbereitschaft, sondern auch durch seine Rückmeldung („Feedback") und Weiterempfehlung auf mehreren Wegen nützt.

Wie in Abb. 2 visualisiert, sind hierfür alle Kontaktkanäle und auch soziale Medien kundenzentriert zu gestalten, aufmerksam zu verfolgen, die Erkenntnisse zu analysieren und die geeigneten Schritte einzuleiten.

Frage: Haben Sie bei (...) sehr guten Kundenservice erlebt?

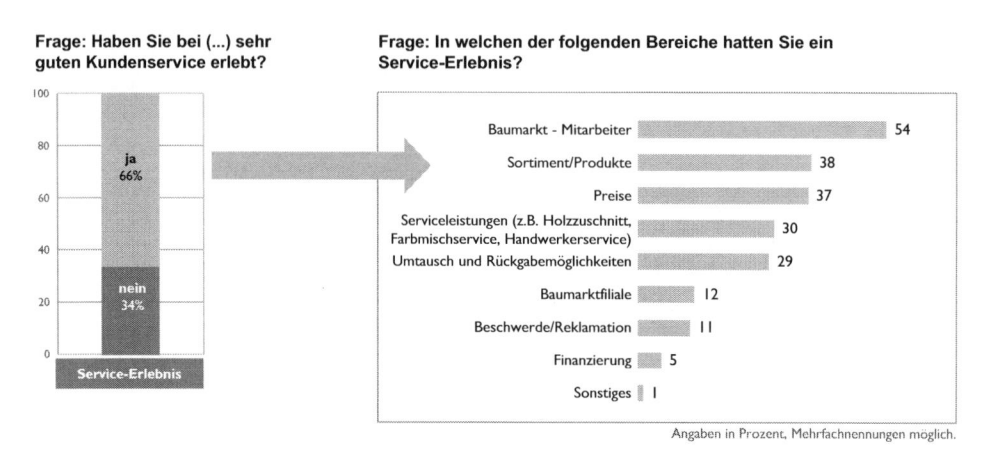

ja 66%
nein 34%
Service-Erlebnis

Frage: In welchen der folgenden Bereiche hatten Sie ein Service-Erlebnis?

- Baumarkt - Mitarbeiter: 54
- Sortiment/Produkte: 38
- Preise: 37
- Serviceleistungen (z.B. Holzzuschnitt, Farbmischservice, Handwerkerservice): 30
- Umtausch und Rückgabemöglichkeiten: 29
- Baumarktfiliale: 12
- Beschwerde/Reklamation: 11
- Finanzierung: 5
- Sonstiges: 1

Angaben in Prozent, Mehrfachnennungen möglich.

Abb. 3 Beispiel Service Experience Score der Branche Baumärkte [30]

Eine erste Messung der Erlebnisqualität des Kunden ist bspw. durch die Ermittlung eines Service Experience Scores[4] [31] möglich. Dieser basiert auf einer Kundenbefragung zu dem Thema: „Haben Sie sehr guten Kundenservice erlebt?" und „In welchen Bereichen haben Sie sehr guten Kundenservice erlebt?" und bringt – wie Abb. 3 am Beispiel der Branche Baumärkte zeigt – einen differenzierteren Blick auf das Serviceerlebnis des Kunden.

2.4 Sechs Kernanforderungen an das Controlling

Um die in den Abschn. 2.1, 2.2 und 2.3 formulierten Ziele in Form eines optimalen Serviceelebnisses für den Kunden erreichen zu können, müssen Controllinginstrumente und Vorgehensweisen aus dem Qualitätsmanagement folgende Kernanforderungen erfüllen:

1. Kundenerwartungsmanagement
   Kundenerwartungsmanagement fokussiert auf den Kunden (Kundenzentrierung) und seine Erwartungen im Rahmen der Interaktionen mit den Anbietern. Erst in Kenntnis der Kundenerwartungen kann die Servicequalität gezielt abgefragt und die geeigneten innerbetrieblichen Erfolgsfaktoren fixiert werden (vgl. Abschn. 2.1 und 2.2).
2. Kundenwahrnehmung
   Die tatsächliche Kundenwahrnehmung muss gemessen werden, um die Abweichung zur Kundenerwartung ermitteln zu können. Der mögliche „Saldo" ist gleichzeitig der Ansatzpunkt für Verbesserungen.
3. Kundenzentrierung

---

[4] Der „Service Experience Score" als Messinstrument ist eine Entwicklung der Firma ServiceValue.

Zur Beseitigung der Differenzen zwischen Kundenerwartung und Kundenwahrnehmung sind Zielsetzungen, Abläufe und Strukturen der Unternehmen auf den Kunden auszurichten.
4. Strategisches Controlling
Die kundenorientierten Zielsetzungen (strategische Ziele) sowie die erforderlichen Weiterentwicklungen der Unternehmensabläufe (prozessuale Ziele), aber auch die damit verbundenen finanziellen Ziele sind in der Unternehmensstrategie zu berücksichtigen und deren Umsetzung ist zu verfolgen.
5. Operatives Maßnahmen-Controlling
Die Kenntnis der definierten Erfolgsfaktoren und der Differenzen zwischen Kundenerwartung und Kundenwahrnehmung reichen für die Gewährleistung eines positiven Kundenerlebnisses nicht aus. Auch die Beziehung zwischen den Erfolgsfaktoren und den konkreten Maßnahmen ist sowohl transparent zu machen als auch in der Umsetzung zu überwachen um die übergeordneten (strategischen) Ziele zu erreichen.
6. Qualitätsmanagement der Standardprozesse
Die konsequente und nachhaltige Ausrichtung auf den Kunden gelingt nur, wenn neben den kontinuierlich einzuleitenden Weiterentwicklungen die Qualität durch reibungslos funktionierende Standardprozesse gewährleistet ist. Hierzu ist ein geeignetes Qualitätsmanagement zu implementieren.

Dieser Abschnitt zeigt, dass es für ein den Kunden nachhaltig begeisterndes Serviceerlebnis mehr bedarf, als ein Service-Team bereit zu stellen. Das Unternehmen muss zunächst herausfinden, was die Bedürfnisse des Kunden sind; die Erfolgsfaktoren hierfür müssen sich in der Strategie widerspiegeln. Auf der Strategie aufbauend muss der Serviceprozess ausgearbeitet werden.

▶ Die gesamte Mitarbeiterschaft des Unternehmens muss sich für das Gelingen des Serviceerlebnisses verantwortlich fühlen, indem die Unternehmensstrategie verinnerlicht und täglich gelebt wird.

Damit sich die Leistung des Unternehmens stetig verbessern kann bzw. ein hoher Qualitätslevel gehalten wird, muss die Umsetzung der in der Strategie identifizierten Erfolgsfaktoren auf allen Ebenen engmaschig überwacht werden.

3 Traditionelle Instrumente im Controlling und Qualitätsmanagement

In diesem Abschnitt wird dargelegt, inwieweit heute genutzte Werkzeuge und Vorgehensweisen die im Abschn. 2.4 aufgeführten Kriterien an Controlling und Steuerungswerkzeuge im Sinne eines service-orientierten Geschäftsmodells erfüllen.

3.1 Key Performance Indicators (KPIs)

Als Key Performance Indicators (KPIs) werden Kennzahlen bezeichnet, die zur Messung des Erfüllungsgrades der zentralen Erfolgsfaktoren des Unternehmens genutzt werden. Klassische Kennzahlen hierfür sind Finanzkennzahlen wie Kosten, Rendite oder Liquidität. Darüber hinaus gibt es viele weitere, die man im Wesentlichen den Gruppen generische, marktspezifische sowie ziel- und strategiespezifische Kennzahlen zuordnen kann [13].

Generische Kennzahlen sind wichtig für die Kontrolle der wirtschaftlichen Situation des Unternehmens, unabhängig vom Markt und der Wettbewerbssituation. Sie gehören zur Basis, die jedes Unternehmen messen muss. Zu Ihnen gehören die klassischen Finanzkennzahlen.

Marktspezifische Kennzahlen vergleichen die Leistungen des Unternehmens mit dem Marktstandard. Die Erfüllung dieser Kennzahlen ist zumeist wettbewerbsrelevant. Zu diesen Kennzahlen gehören branchenübliche Serviceleistungen, Lieferzeiten und bestimmte Qualitätsstandards.

Ziel- und strategiespezifische Kennzahlen sollen den Erfolg der Strategie des Unternehmens messen.

Kennzahlen zu Serviceaspekten sind der Gruppe der ziel- und strategiespezifischen Kennzahlen zuzuordnen.

Der Anspruch an alle Kennzahlen ist es, anhand der gemessenen Werte eine Situation umfassend überschauen zu können, indem man Zielgrößen definiert und diesen den Erfüllungsgrad gegenüber stellt. Kennzahlen sind niemals Selbstzweck, sondern dienen der Information und der Steuerung [25]. Sie zeigen, ob das Unternehmen bezüglich der den Erfolg bestimmenden Faktoren auf dem richtigen Weg ist oder ob Handlungsbedarf besteht. Löst eine Kennzahl grundsätzlich keinen Handlungsbedarf aus, ist sie überflüssig [13].

Ohne Kennzahlen ist kein Controlling im Sinne einer entscheidungsebenenbezogenen Informationsbereitstellung [28] möglich; sie sind die Basis für alle weiteren Handlungen.

Prozesskennzahlen wie Erreichbarkeiten und Durchlaufzeiten gehören bei serviceorientierten Unternehmen zu den essentiellen KPIs. Sie sind die Grundlage für Serviceberichte, mit denen Unternehmen regelmäßig ihre gemessenen Serviceleistungen dokumentieren. Bei der Festlegung von Schwellenwerten ist zusätzlich die grafische Darstellung, z. B. in Form von Ampeln oder Tachofunktionen, möglich (vgl. Abb. 4), die dem Management einen schnellen Überblick gibt.

Der technische Fortschritt in Form von immer ausgefeilteren Systemen zur Prozesssteuerung und Verfolgung ermöglicht teilweise eine Darstellung in Echtzeit. So kann z. B. der Status eines Bestellvorganges jederzeit von den verantwortlichen Führungskräften und ggf. sogar von Endkunden online eingesehen werden.

Auch bislang „Papier-getriebene" Vorgänge werden in diese Prozessketten eingebunden. In größeren Unternehmen ist es inzwischen weit verbreitet, den Posteingang umgehend zu scannen und elektronisch zum Sachbearbeiter zu routen. Aus diesem Prozess

Gruppe	Servicegrundsätze	Juni 2012			
		KV	LV	KfZ	SC
Neuanträge	Elektronische Neuanträge: innerhalb von 24 Stunden	●	●	●	
	Papier-Neuanträge: innerhalb von 3 Arbeitstagen	●	●	●	
Vertragsänderungen und Anfragen zum Vertrag	Allgemeine Vertragsänderungen: innerhalb von 5 Arbeitstagen	●	●	●	
Tel. Erreichbarkeit	Telefonserviceeinheiten: telefonische EK von > 85%	●	●	●	●

KV = Krankenversicherung; LV = Lebensversicherung; KfZ = Kraftfahrzeugversicherung; SC= Service Center

Abb. 4 Ampeldarstellung Erreichung von Servicezielen

lassen sich detaillierte Kennzahlen zu den Prozessabläufen generieren, z. B. zu Arbeitsrückständen und Durchlaufzeiten aber auch Fehlern und Prozessschleifen, in denen Vorgänge nachgearbeitet werden.

Eine Schwäche rein kennzahlenbasierter Steuerungssysteme ist die schiere Menge möglicher Kennzahlen und – infolge des fehlenden Bezugs zu den anderen Kennzahlen – das Erkennen und Berücksichtigen von Abhängigkeiten und Wirkungszusammenhängen.

Eine reine Kennzahlensteuerung reicht deshalb zum differenzierten Messen und Steuern von mehrdimensionalen, komplexen Zusammenhängen, wie der unternehmensweiten Kundenorientierung, nicht aus.

3.2 Balanced Scorecard (BSC)

Kaplan/Norton erkannten die Gefahr, dass eine reine Ausrichtung an Finanzkennzahlen zu einer Überbewertung kurzfristiger Ziele führt. Eine solche kurzfristige Gewinnorientierung führt dann häufig zu einer Zielformulierung, die zulasten der Kundenorientierung ausfällt. Daher entwickelten Kaplan/Norton die Balanced Scorecard (BSC), die Orientierungsgrößen zur Realisierung nachhaltiger strategischer Ziele liefert [21]. Die Balanced Scorecard als betriebswirtschaftliches Konzept hat in den letzten Jahren viel Aufmerksamkeit erhalten. Weltweit beschäftigen sich Unternehmen aller Größenklassen mit der Implementierung des Ansatzes [17].

Die BSC nimmt die im Abschn. 3.1 skizzierte Menge möglicher Kennzahlen auf und verdichtet den „Kennzahlendschungel" auf wesentliche Einzelgrößen.

Die BSC ermöglicht sowohl die Visualisierung der wesentlichen strategischen Ziele – zumeist in den vier Dimensionen Finanzperspektive, Kundenperspektive, Interne Prozessperspektive und Entwicklungsperspektive (siehe Abb. 5) – als auch die Vernetzung und Darstellung der Abhängigkeiten der Ziele untereinander. Grundidee ist eine „ausba-

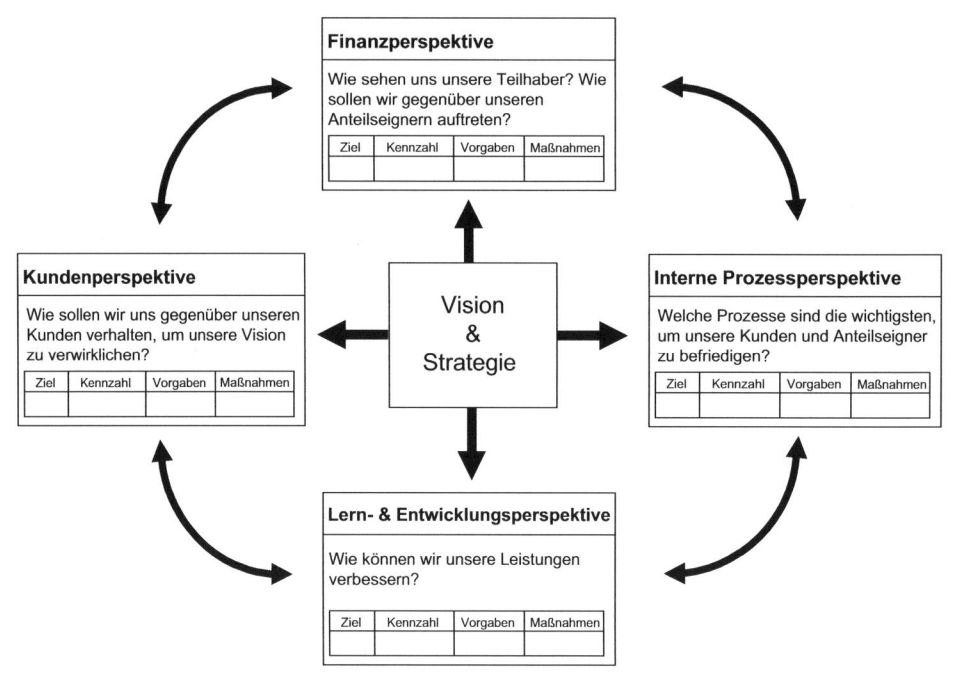

Abb. 5 BSC Systematik nach Kaplan/Norton [22]

lancierte" Steuerung des Gesamtunternehmens, da der Fokus auf eine Perspektive keinen nachhaltigen Unternehmenserfolg sicherstellt.

Beispielsweise wird ein Unternehmen, das sich ausschließlich auf Gewinnmaximierung – im Zweifel auch zu Lasten von Kunden und Mitarbeitern – ausrichtet, keinen nachhaltigen Erfolg haben.

Auf dieser Basis verdichtet die BSC wesentliche Kennzahlen (z. B. Marktanteile, Entwicklung von Zielkunden, Kundenrentabilität, Vertriebskostenanteil, Umsatz- und Eigenkapitalrentabilität, Kundenbindungsindex, Beschäftigungsstruktur, Krankenquote, Lagerdauer, IT-Kosten pro PC, Forschungskostenanteil [20]) aus den verschiedenen Perspektiven auf einer zentralen Scorecard. Kennzahlen zu Servicezielen stehen z. B. neben Kennzahlen zur Qualifikation der Mitarbeiter und Gewinn-/Umsatzgrößen oder Prozesskennzahlen. Auf dieser Grundlage steht dem Management eine stark komprimierte Kennzahlenbasis zur Prüfung/Bewertung der grundsätzlichen strategischen Ausrichtung des Unternehmens zur Verfügung. Über ein Ampelsystem kann zusätzlich auf „Zielabweichungen" hingewiesen werden.

Der strategische, ganzheitliche Blick auf das Gesamtunternehmen („aus 10.000 m Höhe") macht gleichzeitig die Grenzen der BSC deutlich. Das Management kann grundsätzliche Entwicklungen einschätzen und auf strategischer Ebene Gegenmaßnahmen einleiten. Eine konkrete Einschätzung, welche operativen Maßnahmen welche Wirkung auf die übergeordneten BSC-Kennzahlen oder auf die in den Abschn. 2.1–2.4 beschriebenen 360/100/100-Ziele bietet, ist nicht möglich, da die Steuerung ggf. noch bis auf die Ebene der wesentlichen Projekte erfolgt, aber nicht mehr bis auf die Ebene konkreter Maßnahmen. Letzteres ist aber erforderlich, um bei der unternehmenstypischen Vielzahl an Projekten die Ressourcen priorisiert den Maßnahmen und Projekten zuzuführen, die für das service-orientierte Geschäftsmodell die höchste Relevanz und Wirkung haben.

3.3 DIN ISO 9001

Neben einer rein internen service-orientierten Steuerung ist es sinnvoll, sich als Unternehmen von unabhängiger Stelle zertifizieren zu lassen, z. B. nach der im Folgenden dargestellten DIN ISO Norm, oder sich nach einem festen System selbst zu bewerten wie z. B. nach EFQM (s. Abschn. 3.4). Eine systematische Selbst- oder Fremdkontrolle zwingt das Unternehmen zur bewussten Auseinandersetzung mit bestehenden Qualitätslücken und deckt Verbesserungspotentiale auf, an denen dann zielgerichtet gearbeitet werden kann.

Ein Kernelement eines Qualitätsmanagementsystems nach DIN ISO 9001 stellt die angestrebte Zertifizierung durch eine unabhängige Zertifizierungsstelle am Ende des Umsetzungsprozesses dar. Die externe Zertifizierung soll einem Kunden bestätigen, dass alle Voraussetzungen vorliegen, um Produkte in einer gleichbleibend hohen Qualität zu liefern. Die Ursprünge dieser Art des Qualitätsmanagements lassen sich bis an den Anfang des 20. Jahrhunderts zurückverfolgen. Die industrielle Produktion war zu diesem Zeitpunkt etabliert, Konkurrenz und Kostendruck nahmen zu. Eine umfassende Endkontrolle, die unabhängig von der eigentlichen Produktion alle Produkte separat geprüft hat, wurde zu teuer. Ansatz war, Elemente der Qualitätssicherung in die Produktion zu verlagern und gleichzeitig den Voraussetzungen für gute Qualität mehr Aufmerksamkeit zu schenken.

Die DIN ISO fordert konkret folgende Elemente:

- Kundenorientierung [12]
- Verantwortung der Leitung [12]
- Qualitätspolitik [12]
- Qualitätsziele [12]
- Management von Ressourcen [12]
- Überwachung und Messung von Prozessen [12]
- Messung, Analyse und Verbesserung [12]
- Ständige Verbesserung [12]

Die DIN ISO ist als beschreibende Norm für alle denkbaren Geschäftsmodelle – auch rein produktionsbezogene – ausgelegt. Eine spezielle Service-Orientierung wie bei dem unter Abschn. 2.4 aufgeführten Punkten ist nicht vorgesehen, sondern zunächst nur die formale Beschreibung von Vorgehensweisen und Zuständigkeiten.

Ein Schwerpunkt sind deshalb nach wie vor die konkreten Anforderungen zur Prozessdokumentation – nicht nur beim eigentlichen Produktionsprozess, sondern auch bei Führungs- und Unterstützungsprozessen. Dies wird häufig als Formalismus bzw. Bürokratie kritisiert. Hinzu kommt, dass die Unternehmen häufig von ihren gewerblichen Kunden bzw. im medizinischen Bereich von staatlichen Organisationen „gezwungen" werden, sich zertifizieren zu lassen.

Dies führt oft dazu, dass zwar formale Kriterien eingehalten werden, das Qualitätsmanagementsystem aber nicht wirklich im Unternehmen gelebt wird. Unter diesen Umständen sind nur suboptimale Ergebnisse erreichbar.

Insgesamt gibt die DIN ISO zwar konkrete Handlungsfelder vor, betont aber zu stark den formalen Zertifizierungscharakter. Hinweise zu Wirkungszusammenhängen im Sinne eines service-orientierten Geschäftsmodells gibt die DIN ISO nur eingeschränkt.

3.4 EFQM

Die European Foundation of Quality Management (EFQM) wurde 1988 von 14 namhaften europäischen Unternehmen gegründet. Heute sind über 500 Unternehmen Mitglieder.

Die EFQM hat folgende Vision und Mission formuliert: Vision: Eine Welt, in der europäische Organisationen als marktführend für ihr nachhaltiges Wirtschaftswachstum anerkannt werden (A world where European organisations are recognized as the benchmark for sustainable economic growth).

Mission: Entscheidungsträger aktivieren, die auf Basis des gemeinsamen EFQM Excellence Models voneinander lernen, Erkenntnisse teilen und Innovationen vorantreiben möchten (To energize leaders who want to learn, share and innovate using the EFQM Excellence Model as a common framework [9]).

Das Modell für Excellence wurde 1991 von der EFQM veröffentlicht. Es liefert Grundlagen, um hohe Produkt- und Servicequalität in allen Unternehmensteilen zu erreichen und ermöglicht eine ganzheitliche Sicht auf das Unternehmen.

Das Modell kann zur Bewertung des Fortschritts einer Organisation in Richtung „Excellence" herangezogen werden. Der Begriff „Excellence" ist definiert als überragende Vorgehensweise beim Managen einer Organisation und Erzielen ihrer Ergebnisse auf Basis von neun Feldern, die aus fünf Voraussetzungen (enablers) und vier Ergebniskriterien (results) bestehen (Vergleiche hierzu Abb. 6 und 7)

Das EFQM-Modell beruht auf einem komplexen System der Selbstbewertung und ggf. Bewerbung für den Europäischen Qualitätspreis (European Quality Award). Den Unternehmen mit der höchsten Punktzahl werden medienwirksam Preise verliehen.

Im Vergleich zum DIN ISO Modell wird diesem freiwilligen, sehr umfassenden und weniger formalen Qualitätsmodell eine größere Wirkung zugeschrieben. Ein erfolgreicher Abschluss ist auch nur dann denkbar, wenn das gesamte Unternehmen auf das Ziel ausgerichtet wird.

Voraussetzungen/Befähiger	50 %	Ergebniskriterien	50 %
1. Führung	10 %	6. Kundenbezogene Ergebnisse	15 %
2. Strategie	10 %	7. Mitarbeiterbezogene Ergebnisse	10 %
3. Mitarbeiter	10 %	8. Gesellschaftsbezogene Ergebnisse	10 %
4. Partnerschaften & Ressourcen	10 %	9. Schlüsselergebnisse	15 %
5. Prozesse, Produkte & Dienstleistungen	10 %		

Abb. 6 EFQM Kriterien

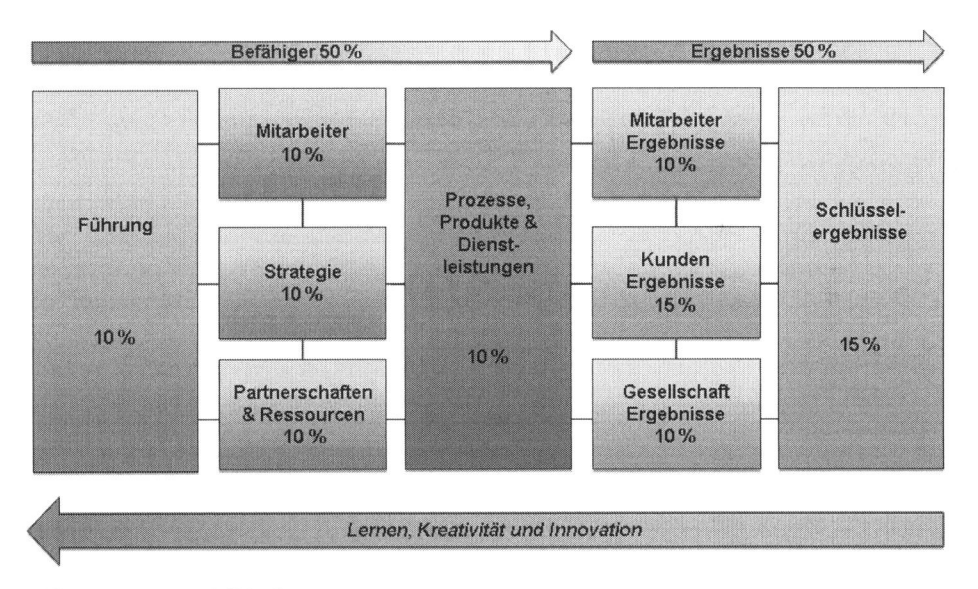

Abb. 7 EFQM-Modell [10]

3.5 Six Sigma

Six Sigma ist ein statistisches Qualitätsziel und zugleich eine Vorgehensweise zur Prozessoptimierung im Rahmen des Qualitätsmanagements. Mit Six Sigma werden primär bestehende Fertigungs- und Geschäftsprozesse auf Basis von statistischen Kennzahlen verbessert.

Die übliche Vorgehensweise eines Six-Sigma-Projekts orientiert sich am DMAIC-Zyklus [38]

- Define
  Definition des Projektumfangs und -ziels
- Measure
  Messung der Prozess- und Erfolgskennzahlen (auch Kosten)
- Analyze
  Prozessananlyse und Verbesserungsmaßnahmen
- Improve
  Umsetzung der Maßnahmen
- Control
  Erfolgskontrolle (vgl. Measure)

Six-Sigma-Projekte werden von speziell ausgebildeten Mitarbeitern durchgeführt. Die Gürtelfarben („Belt") orientieren sich dabei an den Leistungsgraden im asiatischen Kampfsport (Judo):

- Der Black Belt ist auf Vollzeitbasis als Verbesserungsexperte mit Projektmanagementaufgaben tätig. Die Aufgabenbeschreibungen sehen klare Kosteneinsparungen von mehreren 100.000 € pro Projekt vor.
- Der Green Belt ist im mittleren Management als Teammitglied in dem jeweiligen Projekt angesiedelt.

Daneben werden Six-Sigma-Projekte wie folgt begleitet:

- Eine höchstrangige Führungskraft (Vorstand, Geschäftsführer) als Mentor des Gesamtthemas.
- Eine Führungskraft der zweiten Ebene als Auftraggeber/Prozessowner.
- Ein neutraler Controller zur Messung des Erfolges.

Durch die straffe, fast militärische Vorgehensweise werden mit der Six-Sigma-Methode sehr gute Erfolge bei der Optimierung von Prozessen erzielt. Insbesondere sind hier die Erfolge bei General Electric ab 1996 zu nennen [27].

Allerdings erfordert die Methode eine entsprechende organisatorische Umgestaltung des Unternehmens, eine umfassende Unterstützung durch das Management und die Bereitschaft, bestehende Geschäftsmodelle und Vorgehensweisen nachhaltig zu hinterfragen und konsequent zu verändern.

Als Methodik zur Prozessoptimierung ist Six Sigma gut geeignet. Bei der Umsetzung eines service-orientierten Geschäftsmodells bietet die Methode wenig Unterstützung.

3.6 Servicepreise

In den letzten Jahren wurde der Verbraucher zunehmend mit einer Vielzahl von Service- und Qualitätspreisen, Rankings etc. konfrontiert. Dieser Markt wird durch Medienkooperationen und eine entsprechende Berichterstattung, beispielsweise in Fachmagazinen oder im Internet, immer präsenter.

In der Regel werden im Rahmen derartiger Preise kleinere Kundenbefragungen durchgeführt, Managementfragebögen ausgefüllt, Test-Stichproben erhoben und kurze Auditierungen in den Unternehmen durchgeführt.

Problematisch ist hierbei teilweise die Intransparenz der Vorgehensweise und der Bewertungsmodelle. Weiterhin ist die Anzahl der Test-Stichproben häufig sehr gering. Insbesondere ergeben sich aus den (intransparenten) Ergebnissen häufig keine konkreten Ansatzpunkte für Verbesserungsprojekte in den Unternehmen.

Der Grat zwischen vom Unternehmen beauftragter Marketingmaßnahme und wissenschaftlicher Vorgehensweise ist zudem oft schmal. Fundierter sind daher Servicepreise, die statt mit einem reinen Medienpartner mit einem universitären Wissenschaftspartner[5] umgesetzt werden.

4 Stärken-Schwächen-Analyse der traditionellen Instrumente

In diesem Abschnitt wird zusammengefasst, welche Anforderungen von den traditionellen Instrumenten und Vorgehensweisen abgedeckt werden und wo Bedarf für alternative Vorgehensmodelle gesehen wird.

Ausgangspunkt sind die sechs in Abschn. 2.4 formulierten Kernanforderungen an das Controlling service-orientierter Geschäftsmodelle:

1. Kundenerwartungsmanagement
2. Kundenwahrnehmung
3. Kundenzentrierung
4. Strategisches Controlling
5. Operatives Maßnahmen-Controlling
6. Qualitätsmanagement der Standardprozesse

---

[5] vgl. z. B. die „European Service Value Awards", die auf der Basis der Customer Value Forschung von der Universität St. Gallen durchgeführt werden (http://www.service-awards.eu) sowie die „Service Champions im geprüften Kundenservice" auf der Basis einer Potenzialanalyse, die wissenschaftlich von der Goethe-Universität Frankfurt begleitet wird (http://www.servicevalue.de/wettbewerbe/service-champions/). Beide Projekte werden von der Analysegesellschaft ServiceValue aus Köln als durchführendes Institut begleitet.

	KPI	Prozess-kennzahlen	BSC	DIN ISO	EFQM	Servicepreise
Kundenerwartungsmanagement	◐	○	◐	◐	●	◐
Kundenwahrnehmung	◐	◐	◐	○	●	◐
Customer Centricity	○	○	◐	◐	●	○
Strategisches Contr.	◐	◐	●	◐	◐	○
Operatives Controling	●	●	●	◐	◐	○
Qualitätsmgmt. der Standardprozesse	◐	◐	○	●	●	◐

Legende: ○ Keine Unterstützung ◐ teilweise Unterstützung ● vollständige Unterstützung

Abb. 8 Bewertung vorhandener Instrumente

In Abb. 8 wird ausgewiesen, inwieweit die Anforderungen durch die verschiedenen zuvor beschriebenen Instrumente unterstützt werden. Hierbei fallen folgende Punkte besonders auf:

1. Die primär am Kunden ausgerichteten Forderungen „*Kundenerwartungsmamagement*", „*Kundenwahrnehmung*" und „*Kundenzentrierung*" werden von den vorhandenen Instrumenten tendenziell schwach unterstützt. Lediglich das „EFQM" Modell bietet hier Unterstürzung. Hier besteht Bedarf für neue Vorgehensweisen.
2. Die Anforderung „*Strategisches Controlling*" wird ausschließlich durch die BSC ausreichend sichergestellt. Dies legt nahe, dass die BSC im Sinne einer ganzheitlichen strategischen Unternehmenssteuerung zwingend eingesetzt werden sollte.
3. Das Qualitätsmanagement der Standardprozesse wird durch verschiedene klassische Controllinginstrumente sichergestellt. Die stark an der Produktionsqualität orientierten Werkzeuge „DIN ISO" und „EFQM" sind hier führend.
4. Das operative Maßnahmen-Controlling wird von allen vorhandenen Instrumenten am schwächsten unterstützt. Das Ergebnis legt nahe, dass zwar genügend Informationen über grundsätzliche (strategische) Ausrichtungen vorliegen, die konkrete Maßnahmenplanung, -priorisierung und -umsetzung aber ohne erfolgsorientierte Leitlinien erfolgt.

Aus der Matrix in Abb. 8 kann abgeleitet werden, dass es trotz zahlreich vorhandener klassischer Instrumente beim Controlling an der direkten Schnittstelle zum Kunden, insbesondere bezüglich des Kundenerwartungsmanagements sowie der Begleitung der konsequenten Maßnahmenumsetzung Schwächen gibt

Einzelne Serviceleistungen oder Key-Performance-Indikatoren, wie z. B. Freundlichkeit im Telefonservice, können mit klassischen Instrumenten aus dem Controlling gemessen und reportet werden.

Allerdings fehlt diesen Ansätzen die ganzheitliche Ausrichtung am Kunden. Es ist unklar, wie Verbesserungen einzelner Serviceleistungen (z. B. telefonische Erreichbarkeit, die Durchlaufzeit eines Geschäftsvorgangs) auf den Erfolg des Geschäftsmodells wirken.

5 ISS-ServiceKompass

Wie in der Stärken-Schwächen-Analyse in Abschn. 4 dargestellt, reichen für das Aufsetzen und nachhaltige Umsetzen kundenzentrierter Erfolgsfaktoren und Maßnahmen (d. h. an der Erwartung der Kunden orientierter Alleinstellungsmerkmale) standardisierte Kennzahlen, klassische Controllinginstrumente und die Verfahren des Qualitätsmanagements nicht aus.

Zur Etablierung eines ergänzenden Steuerungs- und Controllinginstrumentariums wurde basierend auf einem Konzept von Prof. Dr. Markus Warg [41] von der International Business School of Service Management (ISS) in Kooperation mit der SIGNAL IDUNA Gruppe, der ServiceValue GmbH und der Steria Mummert Consulting AG der ISS-ServiceKompass entwickelt.

▶ Der ISS-ServiceKompass schließt – aufbauend auf einem Business Intelligence (BI)-Ansatz [23] – die im bisherigen Verlauf des Kapitels aufgezeigte Lücke zwischen strategischen Zielsetzungen und der operativen Planung und Umsetzung von service-orientierten Maßnahmen.

Im Mittelpunkt stehen dabei die Ursache-Wirkungszusammenhänge zwischen strategischen Zielen (Navigationspolen), Erfolgsfaktoren und Maßnahmen (vergleiche hierzu Abb. 9) Auf Basis der wissenschaftlich gestützten Wirkungszusammenhänge ist die Konzentration auf wesentliche, den maximalen Erfolg versprechende Serviceprojekte, sowohl bei der Planung und der Ressourcenallokation als auch im operativen Umsetzungscontrolling, möglich.

5.1 Navigationspole/Strategische Ziele

Die erste Ebene bilden neun strategische Ziele (siehe Abb. 10), die im Rahmen des ISS-ServiceKompass als „Navigationspole" bezeichnet werden.

ISS-ServiceKompass

Navigationspole   Erfolgsfaktoren   Maßnahmen

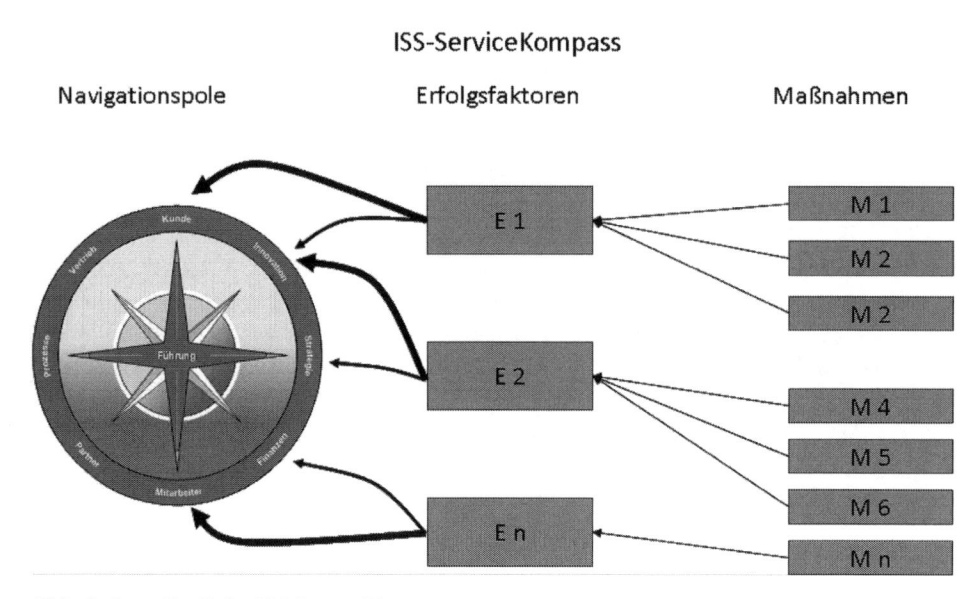

Abb. 9 Grundlogik des ISS-ServiceKompass

Abb. 10 ISS-ServiceKompass

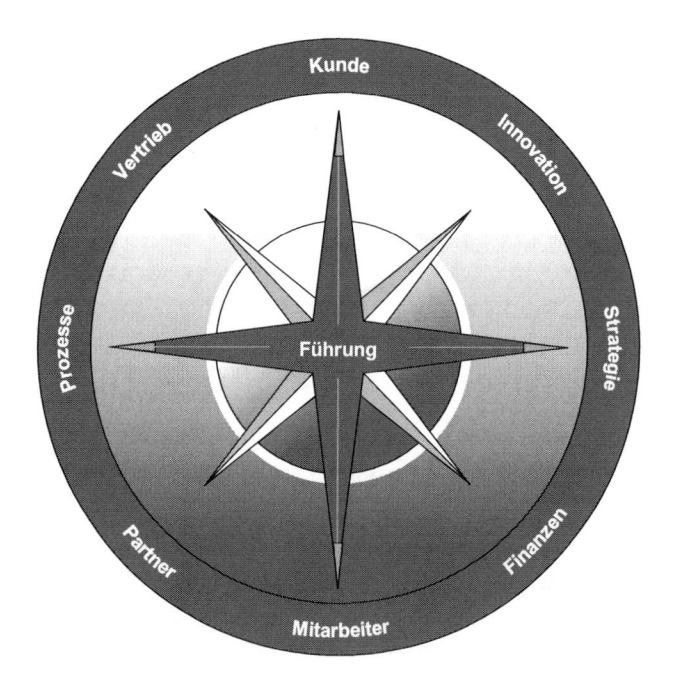

Zur eindeutigen Zuordnung von ggf. branchenspezifischen Erfolgsfaktoren und Maßnahmen zu den einzelnen Navigationspolen stehen folgende Kernfragen zur Verfügung:

1. Kunde
   Wie werden die Kontaktstellen „Kunde → Mitarbeiter" definiert und gemanagt?
2. Mitarbeiter
   Wie wird der Zusammenhang von „Mitarbeiter- und Kundenzufriedenheit" gelebt?
3. Strategie
   Ist die Servicestrategie auf die Unternehmensstrategie ausgerichtet und in dieser verankert?
4. Prozesse
   Welches sind die Kernprozesse der kundenzentrierten Servicestrategie, wer hat die Verantwortung, wie wird die Qualität der Kernprozesse gemessen und kontinuierlich verbessert?
5. Vertrieb
   Welchen Wert bringen die Serviceleistungen für den Vertrieb und wie unterstützt der Vertrieb die kundenzentrierte Interaktion?
6. Innovation
   Werden Innovationen, die der Erfüllung der Kundenerwartung dienen, erkannt und umgesetzt?
7. Partner
   Ist das Partnermanagement aktiver Bestandteil strategischer Überlegungen?
8. Finanzen
   Welche Serviceleistungen sind für welche Kunden kaufmännisch sinnvoll?
9. Führung
   Spiegelt sich die kundenzentrierte Unternehmensausrichtung auch in den Führungsinstrumenten wider (Teil der Zielvereinbarung, erfolgsabhängige Vergütung)?

5.2 Erfolgsfaktoren

Den strategischen Zielen (Navigationspole) werden in der zweiten Ebene Erfolgsfaktoren zugeordnet. Ein Erfolgsfaktor ist als Bündel von verschiedenen thematisch zusammenhängenden Einzelmaßnahmen definiert. Ein Erfolgsfaktor kann und darf auf verschiedene Navigationspole mit unterschiedlicher Intensität wirken.

5.3 Maßnahmen

In der dritten Ebene werden die Erfolgsfaktoren mit Maßnahmen unterlegt. Zu einem Erfolgsfaktor Beschwerdemanagement gehören verschiedene Maßnahmen wie Beschwerdestimulierung, Umgang mit Top-Beschwerden, Erfassung von Massenbeschwerden, Auswertung der Beschwerdegründe, Systematische Ableitung von Maßnahmen zur Beschwerdevermeidung, etc.

Mit dieser Vorgehensweise wird sichergestellt, dass alle erforderlichen Maßnahmen auch vom Management wahrgenommen und von diesem begleitet werden.

Im Erfolgsfaktor Beschwerdemanagement ist z. B. die „Erfassung von Beschwerden" eine Einzelmaßnahme, die nur in Verbindung mit den Maßnahmen „Auswertung der Beschwerdegründe" und „Ableitung von Maßnahmen zur Beschwerdevermeidung" eine umfassende Wirkung entfaltet [32].

In diesem Implementierungsstand hat ein Unternehmen einen guten Überblick, mit welchen Einzelmaßnahmen das service-orientierte Geschäftsmodell weiter entwickelt bzw. aufgebaut werden kann und welche Wertbeiträge für Kunden und Unternehmen mit der Einzelmaßnahme verbunden sind.

5.4 Umsetzungscontrolling

Im Rahmen des laufenden Umsetzungscontrollings wird der Umsetzungsstand jeder einzelnen Maßnahme bewertet.

Der Umsetzungsstand wird in folgenden Stufen bewertet:

- Nicht vorhanden (0)
- Ansatzweise vorhanden bzw. in Umsetzung (1)
- Basisanforderungen erfüllt aber deutliches Potenzial (2)
- Gut mit Optimierungspotenzial (3)
- Perfekt (4)

Der Umsetzungsstand steuert im ISS-ServiceKompass ein gewichtetes Ampelsystem über alle Ebenen bis hin zum Navigationspol.

Die Pfeile in der Abb. 11 stellen die jeweilige Unterstützung Maßnahme ➔ Erfolgsfaktor ➔ Navigationspol dar. In der flexiblen Systematik des ISS-ServiceKompass ist dabei vorgesehen, dass die Erfolgsfaktoren entsprechend ihrer Wertbeiträge mit unterschiedlichen Gewichtungsfaktoren auf die Navigationspole wirken.

Abbildung 12 verdeutlicht am Beispiel des Erfolgsfaktors „Beschwerdemanagement" wie eine strategiekonforme und nachhaltig kundenzentrierte Umsetzung aussehen kann. Die für den Erfolgsfaktor Beschwerdemanagement relevanten Maßnahmen werden systematisiert, zugeordnet und der Umsetzungsstand der einzelnen Maßnahmen wird transparent gemacht.

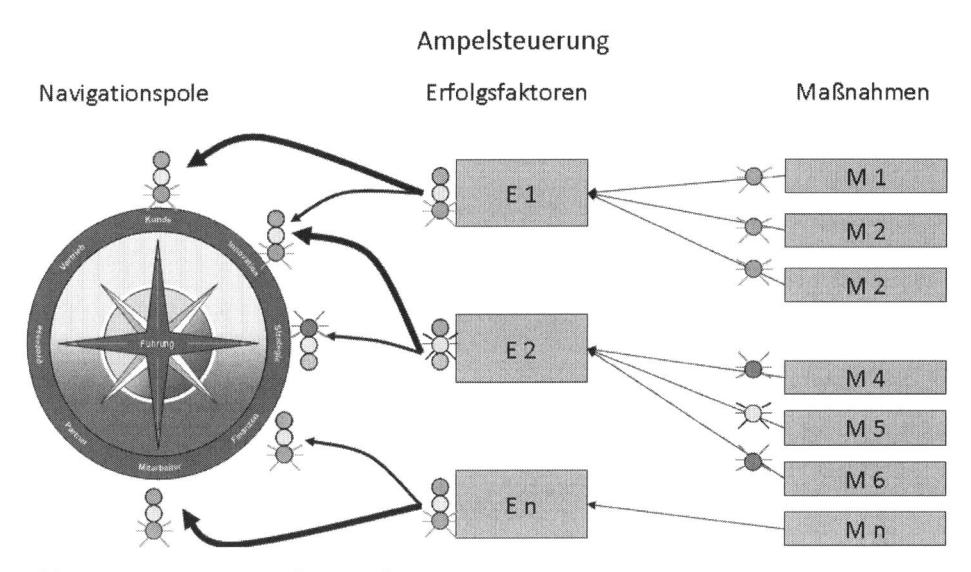

Controlling service-orientierter Geschäftsmodelle

Abb. 11 ISS-ServiceKompass – Ampelsteuerung

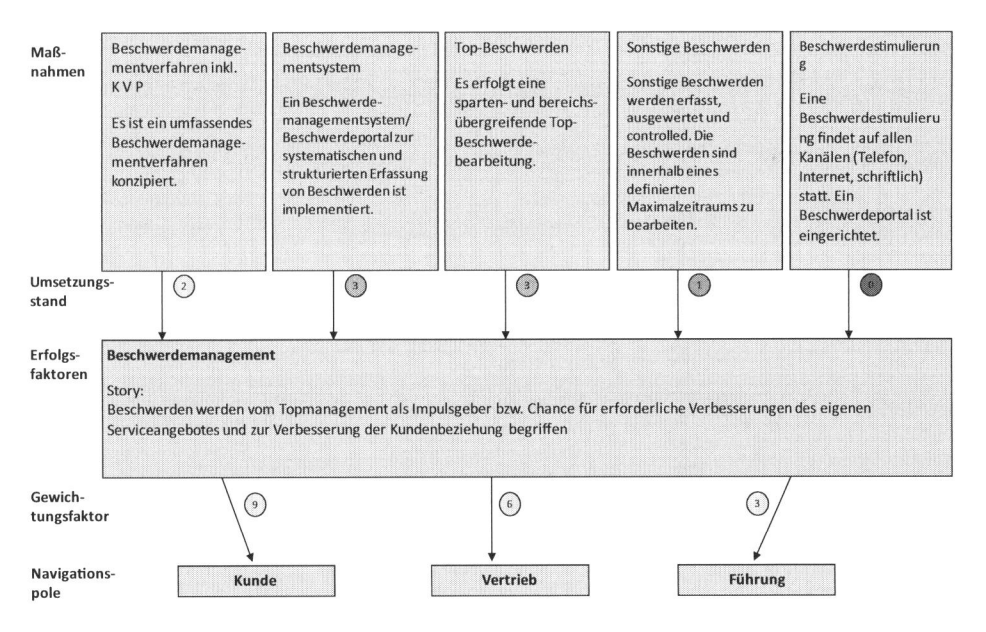

Abb. 12 ISS-ServiceKompass – Bsp. Logische Kette Beschwerdemanagement

5.5 Kollektive Intelligenz/Benchmarking

Um einen branchenübergreifenden Erfahrungsaustausch bzgl. der Wertbeiträge einzelner Maßnahmen für die relevanten Erfolgsfaktoren und Navigationspole zu ermöglichen, wird über die ISS eine Datenbank für Benchmarking und weiterführende empirische Untersuchungen zur kontinuierlichen Verbesserung des Modells aufgebaut.

Dazu werden von den teilnehmenden Unternehmen anonymisierte Daten zu Umsetzung und Entwicklungsstand von Maßnahmen und Erfolgsfaktoren gesammelt und in eine zentrale Datenbank eingebracht. Ein Unternehmensprofil wird erfasst, u. a. Branche, Unternehmensgröße und -struktur, um eine branchenspezifische Auswertung zu ermöglichen. Alle teilnehmenden Unternehmen verwenden einheitliche Stammdaten, die durch das Modell vorgegeben werden. Auf diese Weise lassen sich die Vorteile der sogenannten kollektiven Intelligenz nutzen, indem vorher dezentral angelegtes Wissen und Erfahrungswerte der Teilnehmer gebündelt werden und auf diese Weise nachhaltige Ergebnisse und Erkenntnisse erzielt werden können.

▶ Der Ansatz der Kollektiven Intelligenz geht davon aus, dass die gebündelten Entscheidungen und Erfahrungen der Masse intelligenter und effizienter sind als die eines klugen Einzelnen [37].

Durch den Aufbau dieser Datenbank stehen der ISS und damit auch den teilnehmenden Unternehmen umfangreiche Informationen zu Trends und insbesondere zu Wirkungszusammenhängen zur Verfügung (vgl. hierzu auch Kap. Informationssysteme zur Gestaltung und Umsetzung von service-orientierten Geschäftsmodellen, Abschn. 7.3.3 Benchmarking). Den teilnehmenden Unternehmen werden von der ISS (ggf. über Kooperationen mit Consultingunternehmen) in regelmäßigen Abständen folgende Informationen zur Verfügung gestellt:

- Aktuelle Benchmarks für alle teilnehmenden Unternehmen
- Aktuelle Benchmarks für ihre jeweilige Branche/Vergleichsgruppe
- Gewichtungsfaktoren zur Wirkung einer Maßnahme auf die Navigationspole
- Informationen zu neuen, innovativen Servicetrends: „Welche Maßnahmen werden von anderen Unternehmen bereits umgesetzt und sind im eigenen Unternehmen noch nicht vorhanden?"

6 Fazit

Dieses Kapitel zeigt, wie wichtig eine umfassende Analyse und Kontrolle der servicespezifischen Erfolgsfaktoren ist. Viele bestehende Controllinginstrumente haben Defizite beim Controlling der innovativen, serviceorientierten Prozesse. Es besteht die Gefahr, im Dschungel traditioneller Kennzahlen die für den Erfolg des serviceorientierten Geschäftsmodells relevanten Faktoren nicht zu erfassen.

Der ISS-ServiceKompass ist geeignet, als ergänzender innovativer Ansatz und mit der entsprechenden technischen Unterstützung in Form eines einfach zu bedienenden Tools die im Abschn. 4 aufgezeigten Lücken der traditionellen Controllinginstrumente zu schließen.

Literatur

1. Abela A, Murphy P (2008) Marketing with integrity: ethics and the service dominant logic for marketing. J Acad Mark Science, Heft 36:39–53
2. Allen C, Sullivan M (2011) Building a differentiated service experience strategy – using the power of expectation setting and customer choice to drive high performance; accenture. http://www.accenture.com/SiteCollectionDocuments/PDF/Accenture-Building-Differentiated-Service-Experience-Strategy.pdf. Zugegriffen: 08. Aug 2013
3. Asubonteng P, McCleary K, John E (1996) SERVQUAL revisited: a critical review of service quality. The Journal Of Service Marketing 10(6):62–81
4. Bibb R, Gehm E (2001) The 360-degree view, The key to effective relationship management is crafting a comprehensive customer view, CRM Media. http://www.destinationcrm.com/Articles/Older-Articles/Customer-Care/The-360-Degree-View-46757.aspx. Zugegriffen 06. Aug 2013
5. Coenen C (2011) Auf dem Weg zu Service Centricity – Customer Centric Company, Marketing Review St. Gallen, 1/2011, S 41–47
6. Dethloff C (2010) Durch Service Werte schaffen. In: Steria Mummert Consulting/F.A.Z. Institut 10/2010, Managementkompass „Servicequalität", S11 f.
7. Dethloff C (2001) Das erweiterte GAP-Modell, unveröffentlichtes Seminar-Manuskript an der Universität Köln, Köln
8. Eberwein P, Luyken A (2009) Customer Experience Management – Kundenerlebnisse profitable gestalten. Opinion Paper Detecon Consulting. http://www.detecon.com/media.php/publications/themes/de/cem_opinionpaper.pdf?dl=1. Zugegriffen: 08. Aug 2013
9. EFQM (2012) Fundamental Concepts, EFQM. http://www.efqm.org/efqm-model/fundamental-concepts. Zugegriffen: 06. Aug 2013
10. EFQM (2012) Model criteria, EFQM. http://www.efqm.org/efqm-model/model-criteria. Zugegriffen: 19. Sept 2013
11. Ellis A, Kauferstein M (2004) Dienstleistungsmanagement. Berlin
12. EN ISO 9001 (2008) Qualitätsmanagementsysteme – Anforderungen. Europäisches Komitee für Normung, Brüssel
13. Fischer D (2009) Controlling. München
14. Grönroos C (2004) What can service logic offer marketing theory? *http://ipam5ever.com.sapo.pt/profile/New%20Dominant%20Logic%20Gronroos.pdf, Helsinki*. Zugegriffen: 08. Aug 2013
15. Helkkula A (2010) Service experience in an innovation context, economics and society. Publication of the Hanken School of Economics, Helsinki, No. 213
16. Heumann C, Wagenheim F, Hummel C (2011) A customer experience management: a concept to manage and assess service performance? An Exploratory Study in the Telecommunication Sector, RESER Conference Papers, Hamburg
17. Horvárth & Partners (2004) Balanced Scorecard umsetzen, 3. Aufl. Stuttgart
18. International Business School of Service Management (ISS) www.iss-hamburg.de/de/ueber-uns/philosophie. Zugegriffen: 06. Aug 2013
19. Janawade V (2011) Consumer perceptions of service quality of complex services: an application to airline alliances. RESER Conference Papers, Hamburg

20. Jankowiak S (2013) Balanced scorecard, controlling portal, reimus net GmbH. http://www.controllingportal.de/Fachinfo/BSC/Balanced-Scorecard.html. Zugegriffen: 05. Aug 2013
21. Kaplan R, Norton D, The Balanced Scorecard (1996) Translating strategy into action, USA
22. Kaplan R, Norton D, Balanced Scorecard (1997) Strategien erfolgreich umsetzen, Stuttgart
23. Kemper H, Baars H, Mehanna W (2010) Business Intelligence, Grundlagen und praktische Anwendungen, 3. Aufl. Wiesbaden
24. Koch R (1998) Das 80/20-Prinzip. Mehr Erfolg mit weniger Aufwand. Frankfurt/M., New York
25. Küpper H (2001) Controlling, Konzeption, Aufgaben und Instrumente, 3. Aufl. Stuttgart
26. Mitreanu C (2005) Next-Generation Customer Centricity. RedefiningStrategy.com, www.redefiningstrategy.com/NextCCentricity.pdf. Zugegriffen: 06. Aug 2013
27. Pande P, Neuman R, Cavanagh R (2000) The six SIGMA way: how GE, motorola, and other top companies are honing their performance. Mcgraw-Hill Professional, New York
28. Reichmann T (2011) Controlling mit Kennzahlen, 8. Aufl. München
29. Rosenthal B (2009) Customer need customer expectation management because successful customers create profitable business, Outsourcing-Center. http://www.outsourcing-center.com/2009-10-companies-need-customer-expectation-management-because-successful-customers-create-profitable-businesses-article-37441.html. Zugegriffen: 06. Aug 2013
30. ServiceValue GmbH (2012) Studie service-champions und service-rankings 10|2012 – Fragestellung, Methode, Auswertung, Köln
31. ServiceValue GmbH (2012) ServiceAtlas Bau- und Heimwerkermärkte. Köln
32. Stauss B, Seidel W (2007) Beschwerdemanagement: Unzufriedene Kunden als profitable Zielgruppe. Hanser, 4. Aufl. München/Wien
33. Steria Mummert Consulting/F.A.Z. Institut (06/2012) Managementkompass „Channelmanagement"
34. Steria Mummert Consulting/F.A.Z. Institut (09/2012) Managementkompass „Nachhaltige Wertschöpfung", S16
35. Steria Mummert Consulting/F.A.Z. Institut (03/2011) Managementkompass „Zielgruppenmanagement"
36. Steria Mummert Consulting/IMWF Institut für Management- und Wirtschaftsforschung (08/2012) Studie „Potentialanalyse Nachhaltige Wertschöpfung"
37. Surowiecki James (2005) The wisdom of crowds, New York
38. Toutenburg H, Knöfel P (2009) Six Sigma, Methoden und Statistik für die Praxis, Berlin
39. Urban W (8/2009) Service quality gaps and their role in service enterprises development, technological and economic development of economy. Baltic Journal of Sustainability, S 631–645
40. Vargo S, Lusch R (2008) Service-dominant logic: continuing the evolution. J Acad Mark Science, Heft 36:1–10
41. Warg M (2011) Strategien in service-orientierten Unternehmen erfolgreich umsetzen – mit dem Servicekompass, ursprünglich veröffentlicht bei Haufe-Lexware GmbH & Co KG unter www.haufe.de, nun abrufbar unter: http://www.iss-hamburg.de/fileadmin/downloads/SK_Haufe.pdf. Zugegriffen: 06. Aug 2013
42. Wong A (2004) The role of emotional satisfaction in service encounters. Managing Service Quality, Emerald Group 14(3):365–376
43. Zeithaml V, Bitner M, Gremler D (2009) Services Marketing, 5th edn. Mc Graw Hill, Boston
44. Zeithaml V, Parasuraman A, Berry L (1992) Qualitätsservice. Campus Verlag, Frankfurt/Main

Informationssysteme zur Gestaltung und Umsetzung von service-orientierten Geschäftsmodellen

Peter Weiß

Zusammenfassung

Das Kapitel beleuchtet die Perspektiven und Möglichkeiten von Informationssystemen zur Gestaltung und Umsetzung von service-orientierten Geschäftsmodellen (SOGM). Die Bedeutung von Informations- und Kommunikationstechnologien (IKT) für die Gestaltung und Umsetzung wird aufgezeigt. Ausgehend von der Unterscheidung von drei konkreten Analyse- und Gestaltungsebenen, die es erlauben, eigene Lösungsansätze auf drei Ebenen zu entwerfen, zu diskutieren und umzusetzen, wird der Zusammenhang von Geschäftsmodell und IKT-Infrastruktur beleuchtet. Geschäftsprozesse bilden ein zentrales Konzept des Kapitels, welches die Ebenen Strategie und IKT-Infrastruktur verknüpft. Anschließend wird auf den Einsatz von integrierten Informationssystemen im Service eingegangen. Die Bedeutung von Information wird aufgezeigt. Weiter wird die Verbindung zu Produktivitätsbetrachtungen von Dienstleistungen hergestellt. Die Kundenperspektive wird in diesem Zusammenhang behandelt und ihre Bedeutung zur Gestaltung des Kundenerlebnisses charakterisiert. Der Ansatz der interaktiven Wertschöpfung unterscheidet zwei wesentliche Typen von Informationen, welche die Grundlage zur Generierung von zusätzlichem Kundennutzen und zur Unterstützung des Kundenprozesses darstellen. Dienstleistungen lassen sich nach Charakteristika und Merkmalen in unterschiedliche Kategorien einteilen. Auf diese Weise wird der im Rahmen des Kapitels erarbeitete strukturelle Rahmen zur Einordnung und Unterscheidung von Dienstleistungen ergänzt. Eine abschließende Fallstudie präsentiert den ISS-ServiceKompass als Modell und Grundlage für eine systematische Vorgehensweise zur ganzheitlichen Umsetzung von service-orientierten Geschäftsmodellen. Der ISS-ServiceKompass unterstützt die Gestaltung und Umsetzung einer unternehmensweiten

P. Weiß (✉)
Stadel 1, 88677 Markdorf, Deutschland
E-Mail: peter.weiss@web.de

Dienstleistungsstrategie zur Erhöhung der Dienstleistungsqualität. Grundlegende Konzepte und Aspekte für die softwaretechnische Umsetzung werden beleuchtet. Mögliche Anwendungsszenarien werden motiviert. Schließlich werden die wesentlichen Ergebnisse und Erkenntnisse am Ende des Kapitels zusammengefasst. Ein kurzer Ausblick auf offene Fragestellungen und zukünftige Herausforderungen wird gegeben.

Nach der Lektüre dieses Kapitels können Sie

- Die Einsatzgebiete von Informationssystemen argumentieren und mögliche Einsatzszenarien anhand der Unterscheidung von Dienstleistungstypen und am Beispiel der interaktiven Wertschöpfung nennen.
- Die Vorgehensweise beschreiben, wie service-orientierte Geschäftsprozesse anhand von drei konkreten Analyse- und Gestaltungsebenen umzusetzen sind.
- Die Notwendigkeit zur Unterscheidung von zwei konkreten Perspektiven zur Gestaltung und Umsetzung der Dienstleistungserbringung erklären und argumentieren.
- Die Bedeutung von Informationen für die erfolgreiche Umsetzung von service-orientierten Geschäftsmodellen beschreiben.
- Die Vorteile und Notwendigkeit einer systematischen Vorgehensweise zur ganzheitlichen Umsetzung von service-orientierten Geschäftsmodellen argumentieren und anhand des ISS-ServiceKompass beschreiben und erklären.

1 Einleitung und Motivation

Für die erfolgreiche Umsetzung von service-orientierten Geschäftsmodellen bildet der gezielte Einsatz von Informations- und Kommunikationstechnologien (IKT) einen wichtigen Erfolgsfaktor und bietet großes Potenzial zur Steigerung der Leistungsfähigkeit von Unternehmen. Das Kapitel fokussiert auf die Anforderungen und Fragen der konkreten Umsetzung von service-orientierten Geschäftsmodellen (SOGM) im Kontext der zuvor motivierten Inhalte. Durch die IKT entsteht neues Kundenverhalten und flexible Kooperations- und Organisationsformen bieten neue Chancen und Wege zur Gestaltung von Geschäftsmodellen [1, S. 52; 23, S. 37 ff.]. Kundenzugang und Kundenbindung mit Hilfe von IKT werden zu entscheidenden Erfolgsfaktoren für bestehende Geschäftsmodelle [14, S. 31].

Personalisierung, individuelle Kundenansprache und Lösungskompetenz sind ein vorherrschendes Paradigma für die Entwicklung und Nutzung von Produkten. Begriffe in diesem Zusammenhang sind „Open Innovation", „Mass Customization" und „Industrie 4.0". Diese Begriffe sind unweigerlich mit den rasanten Entwicklungen auf dem Gebiet der IKT verbunden. Dienstleistungen erlauben eine individuelle Kundenansprache und eine notwendige Differenzierung von Wettbewerbern. Unternehmen müssen daher auf neue Medien und Kanäle zur Kommunikation und zum Herstellen der virtuellen Nähe zum Kunden reagieren.

Nur durch Dienstleistungen lässt sich auf die zunehmende Transparenz hinsichtlich Produkten und Dienstleistungen sowie der Entwicklung zu Käufermärkten begegnen. Beide Entwicklungen setzen Unternehmen verstärkt unter Druck, sich von der Konkurrenz durch Kundenerlebnisse und zusätzlichen Kundenmehrwert von der Konkurrenz zu differenzieren. Diese Trends werden im Folgenden nicht weiter vertieft und dargestellt. Der Leser wird auf die zugehörige Fachliteratur und Quellen verwiesen. Eine ausführliche Darstellung dieser Trends findet sich unter anderem in BDI [1], McKinsey [18], Berlecon [3].

Zwischen IKT und Geschäftsmodell-Innovationen wird von Kagermann et al. [14] ein direkter Zusammenhang gesehen. Die Transformation von Geschäftsmodellen basiert stark auf der IKT-Infrastruktur eines Unternehmens sowie der Handhabung und dem Management von Informationen und Informationssystemen (und/oder Informationsservices) [14. S.171 ff.]. Allerdings sind IKT ohne ein durchdachtes und solides Geschäftsmodell ohne Wirkung. IKT sind ein Verstärker bzw. Beschleuniger in Unternehmen, um die Geschäftstätigkeit eines Unternehmens zu unterstützen [4, S. 152 f.].

Im weiteren Verlauf des Kapitels wird zunächst die Produktivität von Dienstleistungen beleuchtet. Anschließend wird die Problemstellung und die gewählte Vorgehensweise zur Konzeption und Planung des Einsatzes von IKT zur Umsetzung von service-orientierten Geschäftsmodellen betrachtet. Dann werden die Bedeutung und verfügbare Ansätze zur Klassifikation von IKT-Systemen im Service beschrieben. Anschließend werden integrierte Informations- und Entscheidungsunterstützungssysteme (Business Intelligence) als zentrales Konzept für den Aufbau von IKT-Lösungen betrachtet.

Nachfolgend wird immer wieder speziell auf die Dienstleistungsqualität und die Erlebniskomponente Bezug genommen. Für die konkrete Messung der Dienstleistungsqualität und der Produktivität der Dienstleistungserbringung bietet der Einsatz von IKT-Systemen neue Möglichkeiten und öffnet neue Wege zur Gestaltung und Umsetzung von Lösungen.

Am Beispiel der softwaretechnischen Umsetzung des ISS-ServiceKompass wird aufgezeigt, wie Informationen zur Entscheidungsunterstützung zum Einsatz kommen. Das Kapitel endet mit einer Zusammenfassung der wesentlichen Ergebnisse und Erkenntnisse sowie einem Ausblick auf offene Fragen und nächste Entwicklungsschritte.

2 Systematische Vorgehensweise zur Umsetzung von service-orientierten Geschäftsmodellen

Eine wesentliche Herausforderung für die Gestaltung von IKT-Systemen zur Unterstützung von service-orientierten Geschäftsmodellen ist die Verbindung bzw. Abstimmung von Strategie und IKT (oft auch „Business Alignment" genannt). Zukünftig rückt eine prozessorientierte Sichtweise gegenüber der bisher meist vorherrschenden primär datenorientierten Sichtweise zu Beginn des Entwurfs und der Gestaltung von betrieblichen Informationssystemen in den Fokus [30, S. 325].

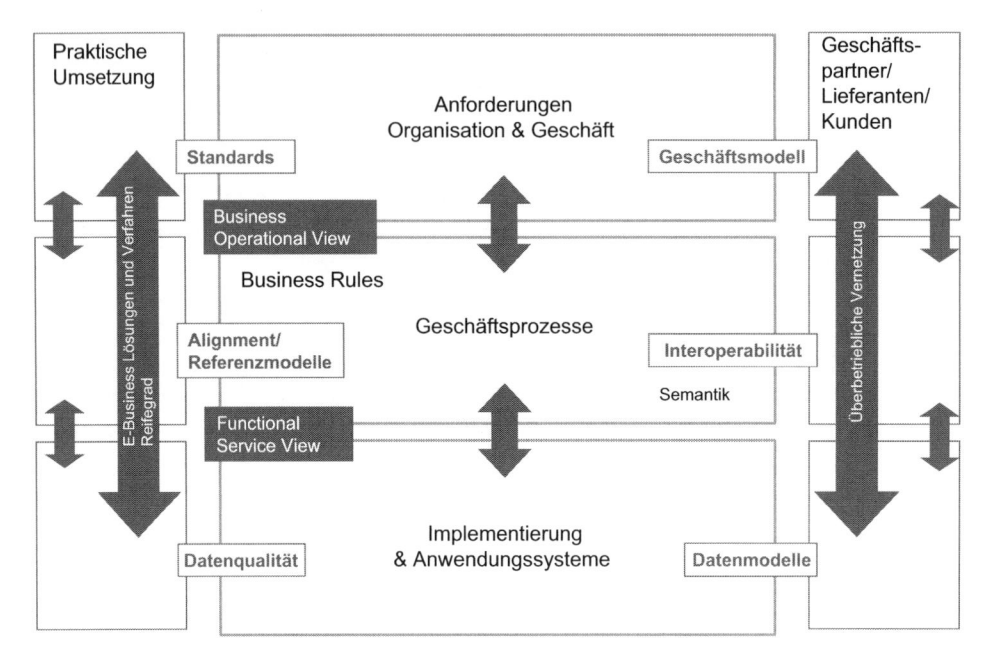

Abb. 1 Integrierte Informationssysteme: Analyse- und Betrachtungsebenen

▸ Eine wesentliche Herausforderung für die Gestaltung von IKT-Systemen zur Unterstützung von service-orientierten Geschäftsmodellen ist die Verbindung bzw. Abstimmung von Strategie und IKT.

Die Planung des Dienstleistungserstellungsprozesses selbst sowie des Informationsbedarfs zur kontinuierlichen Überwachung des Ressourceneinsatzes und des Dienstleistungsergebnisses verlangt die Betrachtung von drei konkreten Analyse- und Gestaltungsebenen (siehe Abb. 1). Zur systematischen Konzeption, Planung, Umsetzung und Bewertung von Lösungsansätzen sind Anforderungen auf den drei Ebenen zu analysieren.

2.1 Geschäftsmodelle/Strategische Ebene

Geschäftsmodelle beziehen sich auf die erste strategische Ebene, die Fragen zu Interaktionen und Einsatz von Standards beleuchtet und hierzu Entscheidungen trifft. Grundbegriffe, Konzepte und die Klassifikation von service-orientierten Geschäftsmodellen wurden bereits in den vorhergehenden Kapiteln detailliert betrachtet. Deshalb soll an dieser Stelle das Thema Geschäftsmodelle nicht weiter vertieft und auf die vorhergehenden Kapitel verwiesen werden.

Kundenerlebnis und -zufriedenheit und damit die Dienstleistungsqualität sind die zentralen Erfolgsfaktoren für die Umsetzung. Die IKT eröffnen in diesem Zusammenhang neue Möglichkeiten und Wege, um gezielt diese Faktoren zu stärken. Sie stellen damit selbst einen wesentlichen Einflussfaktor für die erfolgreiche Umsetzung von Geschäftsmodellen dar. Auf Basis des Geschäftsmodells und der dort festgeschriebenen strategischen Zielsetzungen sind die wichtigsten Erfolgsfaktoren zu ermitteln und darauf wiederum die zu verwendenden Kennzahlen festzulegen, um die Zielvorgaben für die operative Umsetzung festzulegen. Eine geeignete Methodik zur Umsetzung stellt die Balanced Scorecard (BSC) [11] dar. Anhand der abgeleiteten Erfolgsfaktoren lassen sich dann konkrete Messgrößen entwickeln, anhand derer die strategische und operative Zielerreichung überprüfbar und nachvollziehbar wird.

In den vorhergehenden Kapiteln wurde deutlich, dass das Kundenerlebnis und der erzeugte Kundenwert bei service-orientierten Geschäftsmodellen im Mittelpunkt der Betrachtungen stehen. Deshalb ist, neben den klassischen finanziellen und ressourcenbezogenen Dimensionen und Kennzahlen zur Überwachung des Leistungserstellungsprozesses, speziell die Kundendimension tiefergehend zu beleuchten [13, 8, S. 79 ff.].

▶ Kundenerlebnis und der erzeugte Kundenwert stehen bei service-orientierten Geschäftsmodellen im Mittelpunkt der Betrachtungen.

2.2 Geschäftsprozesse

Die Verbindung zu den IKT wird durch die nächst tiefer liegende Ebene „Geschäftsprozesse" hergestellt. Auf dieser Ebene kommt das Geschäftsprozessmanagement zum Einsatz. Für das weitere Verständnis sind zunächst zwei wesentliche Begriffe zu definieren, nämlich der Geschäftsprozess und das Geschäftsprozessmanagement.

Ein Geschäftsprozess ist eine Abfolge von Aktivitäten, die der Erzeugung eines Produktes oder einer Dienstleistung dienen. Er wird durch ein oder mehrere Ereignisse gestartet und durch ein oder mehrere Ereignisse abgeschlossen. Es liegt eine Organisationsstruktur zu Grunde. Geschäftsprozessmanagement wird im Folgenden definiert als Methoden, Verfahren und Software für den Entwurf, Ausführung, Steuerung und Analyse von operationalen Prozessen, die Menschen, Organisationen, Anwendungen, Dokumente und andere Quellen von Informationen einbinden.

Zwischen den zwei oberen Ebenen dominiert eine operationale Sicht auf die Wertschöpfung und die damit verbundenen konkreten geschäftlichen Aktivitäten. Auf dieser Ebene kommen Referenzmodelle zum Einsatz, die eine standardisierte Abwicklung von Geschäftsvorfällen sicherstellen. Hierzu werden Geschäftsregeln („Business Rules") und Interoperabilität sowohl zwischen internen Geschäftseinheiten als auch externen Geschäftspartnern bzw. Lieferanten explizit spezifiziert und dokumentiert.

Die Modellierung von Geschäftsprozessen ist für den Erfolg eines Unternehmens von zentraler Bedeutung. In den letzten Jahren wurden verschiedenste Sprachen, Methoden und Werkzeuge auf dem Feld der Geschäftsprozessmodellierung entwickelt. Allerdings zeichnen sich bei der Modellierung zunehmend Spannungen im Übergang der betriebswirtschaftlichen Abbildung zur informationstechnisch fundierten Ausführung eines Geschäftsprozesses ab. Im Fokus sollten allerdings nicht Sprachen und Technologien stehen. Sprachen und Technologien kommen und gehen. Das Grundverständnis der fundamentalen Elemente, Konzepte und Paradigmen des Geschäftsprozessmanagement sind Treiber, die die Organisation zukünftig stärker auf „Prozesse" ausrichten.

> ▶ Eine große Chance für Unternehmen besteht darin, im Rahmen der Einführung und Planung sowie Design und Entwicklung von IKT-Systemen und Applikationen, die eigenen Geschäftsprozesse und die Verwendung von Datenobjekten zu verstehen, zu analysieren und zu dokumentieren

Die Geschäftspraktiken werden in Form von Geschäftsprozessen umgesetzt [17, S. 34 f.]. Eine große Chance für Unternehmen besteht darin, im Rahmen der Einführung und Planung sowie Design und Entwicklung von IKT-Systemen und Applikationen, die eigenen Geschäftsprozesse und die Verwendung von Datenobjekten zu verstehen, zu analysieren und zu dokumentieren [17, S. 35]). IKT-Systeme setzten typischerweise bestimmte Abläufe voraus und geben die Ausführung von Geschäftsaktivitäten vor.

Die Geschäftsprozesse sind meist „hartverdrahtet" in den Systemen programmiert bspw. in ERP-Systemen von SAP, Oracle, Microsoft, oder unzähligen alternativen Anbietern. Deshalb ist es erforderlich, die „gelebten", realen Geschäftsprozesse der Organisation mit den strikten Vorgaben durch Systemprozesse und Transaktionen der Softwareanwendungen aufeinander abzustimmen [31, 30, S. 42 f.].

Falls große Abweichungen bestehen, müssen notwendige Veränderungsprozesse im Unternehmen initiiert und durchgeführt werden, um aufkommenden bzw. bestehenden Widerständen der Mitarbeiter bereits bei der Einführung von Systemen vorzubeugen. Mitarbeiter, Geschäftspartner und Kunden sind aus diesem Grund von Beginn an in die Einführung und Erprobung von IKT-Systemen einzubinden. In der Praxis existieren zahlreiche Ansätze und Praktiken, insbesondere auf dem Gebiet des Geschäftsprozessmanagement, die die unterschiedlichen Problemfelder und Perspektiven während der Implementierung von IKT-Systemen und E-Business adressieren. Diese werden aber im Rahmen des Kapitels nicht weiter ausgeführt und vertieft [9, 17, 24, 30, 32, 35].

In letzter Zeit haben sich zunehmend Ansätze zur Flexibilisierung durchgesetzt wie zum Beispiel das Enterprise Service Computing [35, S. 57 ff.; 30, S. 48] oder das Paradigma der service-orientierten Architekturen für die Entwicklung von Softwaresystemen. Auf diese Ansätze und zugrundeliegende Konzepte wird in den nachfolgenden Abschnitten noch tiefer gehend eingegangen.

Die Ebene der Geschäftsprozesse muss dabei zwei Perspektiven gerecht werden. Zuallererst müssen die Geschäftsprozesse konform zur realen Praxis sein und die Anforderungen der strategischen Ebene abbilden. Dies sollten sie in einer Form tun, die die dokumentierten Geschäftsprozesse und -modelle von Anwendern ohne größeren Aufwand lesbar macht. Heutzutage besteht zunehmend die Anforderung, Geschäftsprozesse gemeinsam mit Lieferanten, Geschäftspartnern und Kunden abzustimmen, zu entwickeln und hinsichtlich Schwachstellen zu analysieren.

Identifikation, Analyse und durchgängige Beschreibung und Verwendung von Geschäftsobjekten und Datenobjekten spielen in diesem Rahmen eine wichtige Rolle, um Datenaustausch und Interoperabilität sicherzustellen. Diese Perspektive gewinnt durch die aktuellen Entwicklungen auf dem Gebiet des Enterprise Service Computing rasant an Bedeutung. Hierzu ist der Einsatz von geeigneten und verfügbaren Standards und Technologien zur Beschreibung und Anbindung der jeweiligen Schnittstellen zu beleuchten. Beide Sichten sind elementar und lassen sich nur schwer voneinander trennen.

Im Übergang zur untersten, dritten Ebene gewinnt eine formale, verfeinerte Darstellung und Repräsentation der Geschäftsprozesse an Bedeutung. Hierbei kommen ausdrucksstärkere Sprachen und Darstellungsformen zum Einsatz, die meist auf formalen Modellen und Methoden basieren.

Die erfassten Geschäftsprozessmodelle werden hinsichtlich bestehender Anforderungen in eine präzisere und eindeutig interpretierbare Darstellung bzw. explizite Spezifikation von Kontrollflüssen und Informationsflüssen sowie der Modellierung von Datenobjekten weiterentwickelt. In diesem Zusammenhang wird von sogenannten Workflows gesprochen. Workflows sind teilweise oder vollständig automatisierte Geschäftsprozesse, in denen Dokumente, Informationen oder Aufgaben von einem zum nächsten Teilnehmer zur Bearbeitung weitergeleitet werden. Die Bearbeitung von (Anwendungs-)Fällen (sogenannte „Cases") werden unter der Beachtung von prozeduralen Vorgaben und Regeln ausgeführt und abgearbeitet [35, S. 50]. Typischerweise sehen Workflows eine mehr oder stärker ausgeprägte Interaktion mit Personen, den ausführenden Mitarbeitern, vor. In diesem Fall wird von „Human Interaction Workflows" gesprochen [35, S. 53 ff.]. Wenn keine Interaktion mit Anwendern auftritt, sondern alle Aktivitäten von Softwaresystemen ausgeführt werden, ist von Systemworkflows („system workflows") die Rede [35, S. 52 f.]. Die funktionale Sicht gewinnt im Übergang zur unteren IKT-Ebene an Bedeutung.

2.3 IKT-Infrastrukur

Die dritte Ebene schließlich beleuchtet primär Aspekte der Implementierung und Anwendungssysteme. Auf dieser Ebene werden die Datenobjekte selbst analysiert und beschrieben. Daten liegen typischerweise in Datenbanken oder anderer Form, bspw. in Form von elektronischen Dokumenten, entweder strukturiert, semi-strukturiert oder unstrukturiert vor [6, S. 404 ff.]. Die erforderlichen Schnittstellen und die Anbindung von IKT-Systemen werden betrachtet. Meist sind IKT-Systeme historisch über viele Jahre entstanden, gewachsen und verändert worden. Funktionen im Unternehmen, wie bspw. Marketing, Vertrieb, Einkauf, Produktion oder Kundendienst, benutzen unterschiedlichste Softwareanwendungen und IKT-Systeme, um spezifische Dokumente, Informationen und Daten für ihr spezielles Aufgabengebiet zu organisieren. In den meisten Unternehmen resultiert dies, wie bereits in der Einleitung erwähnt, in sogenannten „Datensilos", die uneinheitlich und nur im Zuständig- und Verantwortungsbereich der jeweiligen Funktion gepflegt werden.

Das Resultat sind eine immer komplexer werdende IKT-Infrastruktur und Anwendungslandschaft, in der regionale Trennung, kulturelle Aspekte und globale Ausrichtung der Geschäftstätigkeiten zu komplexen Konstellationen und Beziehungen in den IKT-Systemen führen. Geschäftsprozesse und -orientierung sind ein wichtiges Bindeglied, um die enge Verzahnung zwischen Strategie und IKT-Infrastruktur zu erreichen. Beide Ebenen beeinflussen einander sehr stark und sind aufeinander abzustimmen. Ein stärkerer Fokus auf Geschäftsprozesse ist der Schlüssel zum Erfolg, um Datensilos und redundante Datenhaltung im Unternehmen in den Griff zu bekommen [35, S. 32].

▶ Den Kern jeglicher Anwendungsszenarios von IKT-Systemen im betrieblichen Alltag bildet die vorhandene Datenbasis. Die gilt es in geeigneter Weise zu organisieren und zu harmonisieren. Der Ansatz einer „Process- und Data-Governance" erlaubt es, die Datenqualität in direktem Bezug zu den operativen Geschäftsprozessen zu steuern.

Daten werden idealer Weise von zentraler Stelle aus in die unterschiedlichsten Anwendungen gespeist und dort für Geschäftsprozesse und Entscheidungsunterstützung verfügbar gemacht. Der Ansatz einer „Process- und Data-Governance" [25, 163 ff.; 26] erlaubt es, die Datenqualität in direktem Bezug zu den operativen Geschäftsprozessen zu steuern. Die zu beantwortende Kernfrage in diesem Zusammenhang ist, welches Qualitätsniveau in den jeweiligen Geschäftsprozessen konkret anzustreben ist. Die Grundlage für Strategien und Entscheidungen bildet eine kontinuierliche Registrierung, Zuordnung und Analyse von auftretenden Fehlern in den operativen Geschäftsprozessen.

▶ Für innovative Unternehmensanwendungen gewinnen Echtzeit-Anforderungen und In-Memory-Datenbank-Konzepte an Bedeutung.

In diesem Zusammenhang gewinnen für innovative Unternehmensanwendungen verstärkt Echtzeit-Anforderungen und In-Memory-Datenbank-Konzepte an Priorität [21, S. 163 ff.]. Die resultierenden Echtzeit-Systeme, sollen in der Lage sein, auf aktuelle Ereignisse und Geschäftsvorfälle spontan und flexibel zu reagieren. Vor dem Hintergrund dieser Szenarien ist die zuvor diskutierte Herstellung der erforderlichen Datenqualität eine Grundvoraussetzung und wichtiger Erfolgsfaktor für die Umsetzung geworden. Stammdaten-Management (oder Master Data Management) [17] ist deshalb ein aktuell heiß diskutiertes weil hoch relevantes Thema durch alle Branchen und Unternehmen hinweg.

Das Stammdaten-Management wird im Wesentlichen von einer informationstechnischen und einer betriebswirtschaftlichen Perspektive dominiert. Der resultierende Konflikt lässt sich auf die allgemein auftretende Diskussion um die Messung des konkreten Wertbeitrags der IT zum Geschäftserfolg des Unternehmens zurückführen. Auftretende Interdependenzen innerhalb der Organisation und der damit verbundene Wettbewerb um knappe Ressourcen gelten es aufzulösen bzw. proaktiv zu steuern. Aus betriebswirtschaftlicher Betrachtung steht heutzutage in besonderem Maße der konkrete Wertbeitrag von durchzuführenden Stammdaten-Maßnahmen und Projekten im Fokus [25, S.176 ff. und S. 204 f.] [17, S. 69 ff.]. Dieser Wertbeitrag lässt sich nur in direktem Bezug auf die operativen Geschäftsprozesse zufriedenstellend aufzeigen.

▶ Bei der praktischen Umsetzung von Lösungsansätzen im Unternehmen sind der Reifegrad und Entwicklungsstand zu reflektieren und in Entscheidungen miteinzubeziehen.

Bei der praktischen Umsetzung von Lösungsansätzen im Unternehmen sind der Reifegrad und Entwicklungsstand zu reflektieren und in die Entscheidungen miteinzubeziehen. Meist divergieren der vorliegende Reifegrad und die technologischen Fähigkeiten signifikant zwischen den einzelnen Akteuren (zum Beispiel zwischen Kunde, Hersteller und Lieferant). Oberstes Ziel ist die überbetriebliche Vernetzung durch IKT-Systeme. Die Unterscheidung von drei Analyse- und Gestaltungsebenen reduziert die Komplexität und ermöglicht es, notwendige Entscheidungen auf den jeweiligen Gestaltungsebenen anzugehen.

3 Dienstleistungsqualität und Kundenproduktivität

In den vorhergehenden Abschnitten wurden grundlegende Trends und Konzepte beleuchtet, die für die konkrete Umsetzung von service-orientierten Geschäftsmodellen relevant sind. Die Umsetzung rückt den Kunden und die Interaktionen zwischen Dienstleistungsanbieter, -erbringer und -empfänger bzw. Kunde in den Mittelpunkt der Betrachtungen.

Service-orientierte Geschäftsmodelle streben nach der Generierung eines zusätzlichem Nutzens und Mehrwerts für den Kunden. In diesem Zusammenhang stellen die Dienstleistungsqualität [8, S. 76 ff.] und die Erlebniskomponente [13] zentrale Erfolgsfaktoren für die Umsetzung dar.

Beide Konzepte stellen unmittelbar die Verbindung zu Produktivitätsbetrachtungen der Dienstleistungserbringung her. Die Analyse der Produktivität von Dienstleistungen nimmt zwei Perspektiven ein:

- operationale Produktivität („operational productivity") und
- Kundenproduktivität („customer productivity") [13]).

Das erste Konzept stellt meist die klassische Produktivitätsbetrachtung dar, die die Effizienz im Einsatz und die Nutzung von verfügbaren Ressourcen und Kapazitäten in den Mittelpunkt der Betrachtungen stellt.

Die erfolgreiche Umsetzung von service-orientierten Geschäftsmodellen verlangt aber insbesondere die Betrachtung der zweiten Perspektive, der Kundenproduktivität. Letztere ermittelt die Kundenzufriedenheit und das Ergebnis des Leistungserbringungsprozesses unter Betrachtung von Erlebnis und Mehrwert aus der Kundenperspektive [13, 8,

S. 453 ff.]. Kunden bringen als externe Faktoren selbst Ressourcen und Kapazitäten in den Leistungserstellungsprozess ein, die in Zeit, Kosten und Aufwand zu messen sind.

Spezifische Produktivitätsbetrachtungen und -analysen sind von zunehmender Bedeutung für die erfolgreiche Umsetzung service-orientierter Geschäftsmodelle [29, S. 45 f.]. In Wissenschaft und Praxis besteht allerdings bisher noch kein einheitliches systematisches Verständnis für die bestehenden Abhängigkeiten und Wirkungszusammenhänge zwischen operationaler und kundenbezogener Produktivität im Dienstleistungserbringungsprozess.

Die IKT muss für das Produktivitätsmanagement Lösungen, Methoden und Verfahren sowie geeignete Werkzeuge bereitstellen. Aktuell stehen für die Umsetzung von service-orientierten Geschäftsmodellen keine standardisierten Ansätze und kaum in der Praxis erprobte Ansätze und Instrumente zur Steuerung der Produktivität zur Verfügung. In den vorhergehenden Ausführungen wurden die wesentlichen Bausteine und Elemente überblickt, die entsprechende Ansätze und Konzepte zur Entwicklung von geeigneten Lösungsansätzen bereitstellen.

Für die Steuerung der Dienstleistungsproduktivität sind prozessorientierte Instrumente geeignet, die die einzelnen Prozessschritte bzw. Aktivitäten zur Dienstleistungserbringung dokumentieren und analysieren. Die einzelnen Aktivitäten der Geschäftsprozesse können aus ressourcen- und kapazitätsbezogener Perspektive tiefergehend untersucht werden.

Der klassische Produktivitätsbegriff bildet eine Kennzahl aus dem Quotienten von Output und Input, der das Verhältnis von Ressourceneinsatz und -verbrauch zum Ergebnis (Output) zueinander ins Verhältnis setzt. Bezugsrahmen ist das Dienstleistungserbringungssystem, das in einem Transformationsprozess die eingebrachten Ressourcen in Produkte und Dienstleistungen umwandelt. Ressourceneinsatz und -verbrauch (Input) sind typischerweise Materialien, Ausrüstung, Kunden, Mitarbeiter, Technologien und Anlagen bzw. Räumlichkeiten [8, S. 79]. Weitere typische Kennzahlen, die in diesem Zusammenhang zum Einsatz kommen, sind der Nutzungsgrad („Utilisation") und Effizienz („Efficiency") [13].

▸ Der Grund, warum traditionelle Produktivitätsansätze im Zusammenhang mit Dienstleistungen versagen bzw. nur eingeschränkt oder nicht sinnvoll anwendbar sind, liegt in der Tatsache, dass im Unterschied zur Produktion von Gütern, die Qualität des Ergebnisses stärker variiert und nur eingeschränkt für Dienstleistungen definiert werden kann.

Der Grund, warum traditionelle Produktivitätsansätze im Zusammenhang mit Dienstleistungen versagen bzw. nur eingeschränkt oder nicht sinnvoll anwendbar sind, liegt in der Tatsache, dass im Unterschied zur Produktion von Gütern, die Qualität des Ergebnisses stärker variiert und nur eingeschränkt für Dienstleistungen definiert werden kann. Die Mitwirkung des Kunden im Leistungserstellungsprozess (oft als „externer Faktor" oder „Co-Creation" beschrieben) erschwert zusätzlich die Anwendung von traditionellen Produktivitätsregeln und -verfahren und führt zu ungewollten, negativen Effekten.

Die Planung der vorzuhaltenden Kapazitäten und Ressourcen zur Dienstleistungserbringung ist dennoch eine wichtige Aufgabe und stellt die Basis für die erfolgreiche Umsetzung von service-orientierten Geschäftsmodellen dar. Für die Planung und Analyse von vorzuhaltenden Ressourcen und Kapazitäten sind simulationsbasierte Geschäftsprozessanalysen geeignet, die auf Basis von kleineren Simulationsexperimenten das Verhalten und die Auslastung des Dienstleistungserbringungssystems bereits in der Planungsphase zu prognostizieren helfen. Mögliche Konfigurationen des Erbringungssystems können evaluiert werden. Die simulationsbasierten Geschäftsprozessanalysen basieren auf einem Ressourcenmodell sowie Wahrscheinlichkeitsfunktionen und Zufallsvariablen, die das reale Verhalten des Systems bzw. die Abwicklung von Anwendungsfällen in geeigneter Weise abbilden [30, S. 189 ff., S. 281 ff.].

Diese Betrachtungen konzentrieren sich allerdings primär auf die operationale Produktivität und vernachlässigen die Kundenperspektive, die zur Messung der Dienstleistungsproduktivität berücksichtigt werden muss. Dieser Sachverhalt zeigt die Schwachstellen existierender Ansätze und Lösungen auf und macht deutlich, dass geeignete Instrumente zur ganzheitlichen Steuerung der Dienstleistungsproduktivität aktuell eine Lücke in Forschung und Praxis darstellen.

Die Kundenperspektive ist sehr eng mit der Dienstleistungsqualität verknüpft. Letztere wird nach subjektiven Kriterien vom Kunden unterschiedlich wahrgenommen (vgl. [8, S. 79]). Modelle zur Dienstleistungsqualität identifizieren die Differenz zwischen den Kundenerwartungen und der vom Kunden wahrgenommenen Dienstleistungsqualität als sog. „Service-Gap". Diese festzustellende Lücke bzw. Differenz der erbrachten zur erwarteten Dienstleistungsqualität wiederum unterteilt sich in fünf „Gaps", oder in eine technische und funktionale Perspektive [8, S. 79].

Die Kundenproduktivität kann als Erweiterung des klassischen Produktivitätsverständnisses um die Dimension Kunde („Customer") dargestellt werden. Neben der bereits dargestellten Dienstleistungserbringung als Transformationsprozess („Operation") wird zusätzlich die Kundenperspektive betrachtet, die das Kundenerlebnis („Experience") in die Betrachtungen mit einbezieht.

Das Ergebnis der Dienstleistungserbringung („Output") wird in weitere Dimensionen unterteilt, nämlich Wert, Gefühle, Urteil/Bewertung und Absicht. Ferner bringt der Kunde selbst Ressourcen und Kapazitäten in den Dienstleistungserstellungsprozess ein. Aktuelle Ansätze und Kennzahlensysteme bilden aus Dienstleistungssicht bisher nur unzureichend die dargestellte Kundendimension ab.

▶ Die IKT können einen wesentlichen Beitrag zur Steigerung der Effizienz und Effektivität von Dienstleistungserbringungsprozessen beitragen.

Die IKT können einen wesentlichen Beitrag zur Steigerung der Effizienz und Effektivität von Dienstleistungserbringungsprozessen beitragen. Neben einer reinen Betrachtung von ressourcen- und kapazitätsbezogenen Kriterien spielen die IKT in der Steigerung des Kundenerlebnisses und des Kundenmehrwertes zukünftig eine gewichtige Rolle. Die Bereitstellung von relevanten Informationen zur Verbesserung der Dienstleistungserbringung (bspw. durch Kundendaten, Informationen zu Produkten und Dienstleistungen (Katalogen) sowie Kundenprofilbildung (was interessiert den Kunden) und Portfoliomanagement (was verlangen die Kunden zukünftig), Empfehlungen und Bewertungen durch Kunden, etc.) und der gezielte Einsatz von multimedialen Inhalten und multi-modalen Unterstützungssystemen (Customer-Self-Services) stellen wichtige Erfolgsfaktoren für die Umsetzung von service-orientierten Geschäftsmodellen dar.

▶ Aus IKT-Sicht sind zur Umsetzung die Anforderungen zu spezifizieren, die durch das Dienstleistungserbringungssystem zu erfüllen sind, um die erforderliche Dienstleistungsqualität zu erreichen.

Aus Sicht der IKT sind für eine erfolgreiche Umsetzung von Dienstleistungserbringungssystemen die Anforderungen hinsichtlich Systemperformanz und Ausführung (Operations) zu analysieren und zu dokumentieren.

Geschäftsprozessanalysen stellen hierzu eine geeignete Methodik und Werkzeuge bereit, um eine ganzheitliche Analyse vorhandener Geschäftsprozesse und des Erbringungssystems selbst vorzunehmen. Neben physischen Ressourcen (wie Erscheinung, Zugriff, Maschinen, Materialien, Räumlichkeiten und Anlagen sowie Technologien) sind die Menschen bzw. Mitarbeiter (technisches Wissen und Fähigkeiten, Dienstleistungsorientierung und -kultur, Verfügbarkeit und Beziehungen) im Erbringungssystem zu berücksichtigen.

Die zusätzliche Betrachtung der Dimension Kunde resultiert in einem neuartigen Verständnis des Erbringungsprozesses zur Erreichung des erforderlichen Qualitätsniveaus.

Aus Produktivitätsbetrachtung macht das Anbieten eines zu hohen Qualitätsniveaus nur Sinn, wenn der Kunde dies auch wertschätzt und beim Empfang bzw. Verbrauch der Dienstleistung bewusst erfährt, bspw. durch ein gesteigertes Kundenerlebnis und die Generierung von zusätzlichem Kundennutzen. In Verbindung mit produktbegleitenden Dienstleistungen stellt die Erhöhung des Kundennutzens im Einsatz des Produkts einen wesentlichen Schwerpunkt für die Dienstleistungserbringung dar.

Die Steigerung der operationalen Produktivität, bspw. durch Erhöhung von eingesetzten Ressourcen, führt gegebenenfalls zu einer Steigerung der Effizienz und des Nutzungsgrades des Systems, kann aber gleichzeitig zu einer Reduzierung des Kundenerlebnisses bzw. -nutzens führen und damit die Kundenproduktivität verringern.

Der Kunde empfindet die reduzierte Erbringungszeit als negativ. Die ursprünglich angestrebte Verbesserung der Dienstleistung führt anstatt zu einem verringerten Kundenerlebnis und einem Rückgang der Kundenzufriedenheit. Ein Kennzahlensystem zur Produktivitätsmessung muss daher die unterschiedlichen Betrachtungsebenen aufgreifen, um zuverlässige Aussagen zur Dienstleistungsqualität zu ermöglichen. Weiter sind Kennzahlen zur Kundendimension (Kundenproduktivität) explizit in Produktivitätsanalysen einzubeziehen.

Der oben dargestellte Zusammenhang wird aktuell von einem Konsortium aus Wissenschaft und Praxis im BMBF-Forschungsprojekt PROMIDIS untersucht. Das Projekt betrachtet die Produktivität im Kontext von industriellen Dienstleistungen. Unter besonderer Berücksichtigung der speziellen Bedürfnisse von kleinen und mittleren Unternehmen (KMU) werden Instrumente und Werkzeuge zur Gestaltung, Messung und Verbesserung der Dienstleistungsproduktivität praxisnah entwickelt und erprobt [22].

4 Interaktive Wertschöpfung

Einen wichtigen Einfluss auf die Gestaltung, Entwicklung und Ausrichtung von IKT-Systemen stellen die Prinzipien und Eigenschaften der interaktiven Wertschöpfung nach Reichwald und Piller [23] dar. Bisher wurde die Wertschöpfung sehr stark durch den Hersteller dominiert. Kunden und externe Akteure nehmen zunehmend eine aktive Rolle ein, was zu einer interaktiven Wertschöpfung führt [23, S. 45].

Interaktive Wertschöpfung ist „[…] eine bewusste, arbeitsteilige Zusammenarbeit zwischen Anbieterunternehmen und externen Akteuren in der Peripherie des Unternehmens im Sinne eines sozialen Austauschprozesses. Die Besonderheit dabei ist die aktive und freiwillige Rolle der externen Beitragenden in der Wertschöpfung" [23, S. 45]. Im Mittelpunkt der interaktiven Wertschöpfung stehen die Kunden und Nutzer eines Produkts oder einer Leistung [23, S. 47].

Der interaktive Wertschöpfungsprozess betont explizit zwei Kategorien von Informationen, nach denen sich die zwei oben genannten Gruppen unterscheiden lassen, die in Tab. 1 dargestellt sind. „Bedürfnis- und Lösungsinformationen sind wichtige Inputfaktoren im Wertschöpfungsprozess [23, S. 47].

Um die Erlebniskomponente für den Kunden umzusetzen, bietet der gezielte und intensive Einsatz von IKT neue Möglichkeiten und Wege zur Interaktion mit Kunden und Geschäftspartnern. Dies führt zu einer neuen Dimension der virtuellen Nähe zum Kunden. Die Analyse und Auswertung von generierten Daten hinsichtlich Kundenbedürfnissen und Dienstleistungsqualität wird eine wichtige Kompetenz für Unternehmen. Auf Basis dieser Daten und Informationen lassen sich bestehende Geschäftsmodelle anpassen und verändern bzw. neue Geschäftsmodelle entwickeln. Produkt- und Leistungspakete werden personalisiert angeboten und auf Grundlage von Kundenwünschen und -anforderungen konfiguriert. Immer häufiger bringt sich der Kunde über sog. „Self-Services" aktiv in die Phasen der Wertschöpfung ein. Der Kunde tritt als Ko-Produzent auf, Reichwald und Piller [23] sprechen von „Prosumer". Dieser Sachverhalt wird in der wissenschaftlichen Literatur als Dienstleistungslogik („Service logic") charakterisiert [8, S. 56]. Hierzu sind kundenfreundliche Schnittstellen notwendig.

Drei konkrete Dimensionen sind in diesem Zusammenhang von Bedeutung:

1. Entwicklung des Lösungsraumes (individuelle Angebote und Pakete entwickeln),
2. Konfiguration und unterstützende Navigation des Anwenders durch die angebotenen Möglichkeiten (Reduktion der entstehenden Komplexität durch zu viele Auswahlmöglichkeiten, die den Anwender abschrecken und frustrieren),
3. Beherrschen der zugehörigen Geschäftsprozesse (Flexibilität und Individualisierung umsetzen).

Tab. 1 Bedürfnis- und Lösungsinformation nach Reichwald und Piller [23, S. 47]

Art der Information	Beschreibung	Träger
Bedürfnisinformation	Bedürfnisse und Präferenzen der Kunden bzw. Nutzer	Kunden, Nutzer
	Explizit oder latent	
	Relevant für Innovationsprozess als auch operatives Produktions- und Marketing-management	
	Steigerung der Effektivität	
Lösungsinformation	(Technisches) Wissen	Anbieter-unternehmen
	Konkrete Produktspezifikation und oder Dienstleistung zur Lösung eines Problems/Bedürfnis	
	Individuelle, latente Kundenbedürfnisse	
	Steigerung der Effizienz	

Dadurch entstehen für Unternehmen neue Potenziale: Leistungen von Geschäftspartnern verschmelzen mit den eigenen Produkten und Dienstleistungen zu personalisierten, integrierten Leistungsangeboten. Die IKT haben ein bisher nicht bekanntes Niveau von Transparenz für die Verbraucher erreicht. Dies stellt die Unternehmen zunehmend vor die große Herausforderung, den Kunden individuelle, auf ihre Bedürfnisse zugeschnittene Leistungspakete anzubieten.

Die Information in Verbindung mit Produkten und Dienstleistungen nimmt heutzutage eine immer zentralere Rolle ein, denn sie kann über IKT-Systeme problemlos zum Kunden transportiert und angeboten werden [20, S. 352 f.]. Digitale Produkte und Informationsdienstleistungen werden über elektronische Märkte neu gebündelt und wiederverwendbare Komponenten werden zu individualisierten Leistungspaketen kombiniert. Economies of Scale spielen auf elektronischen Märkten bei der (Re-)Produktion von Informationen eine wichtige Rolle.

IKT-Systeme automatisieren bestehende Dienstleistungen und schaffen neuartige Dienstleistungen (die die Nutzung von Gütern unterstützen können), die zu einem zusätzlichen Mehrwert beim Kunden führen. Die Bereitstellung von Informationsdienstleistungen unterstützt den Anwender im effizienteren und effektiveren Einsatz von Produkten oder trägt zur Verbesserung von Geschäftsprozessen beim Kunden bei. In diesem Zusammenhang sind hybride Produkte (Kombination aus Produkten und Dienstleistungen) oder sogenannte Produkt-Service-Systeme von steigender Bedeutung.

Aktuell ist ein Trend hin zu informations- bzw. datenintensiveren Dienstleistungen zu erkennen. Diese Entwicklung begründet sich in der bereits angeführten rasanten Entwicklung der IKT sowie dem in Abb. 1 dargestellten Zusammenhang. Durch diese neuen Möglichkeiten, sind Unternehmen bestreibt, ihren Kunden zusätzlichen Nutzen und Mehrwert durch Digitalisierung und Informationsdienste anzubieten. In diesem Zusammenhang spielt die gezielte Informationsversorgung und die Entwicklung von Informationsdiensten eine zentrale Rolle. Informationsdienste ermöglichen eine bessere und gezieltere Interaktion mit dem Kunden.

Aus diesem Grund nehmen die Anforderungen an Unternehmen, Informationen und Daten aufzubereiten und analysieren zu können, zukünftig stark zu. Entscheidungsunterstützungssysteme (Business Intelligence) und dazugehörige Verfahren und Technologien spielen eine wichtige Rolle. In Abschn. 6 wird dieses Gebiet deshalb nochmals separat betrachtet.

Aus Sicht der Produktivität von Dienstleistungen, kann sich der Kunde über die Dimension der Kundenproduktivität in den Wertschöpfungsprozess einbringen (vgl. Abschn. 3). In den vorhergehenden Kapiteln wurde das Kundenerlebnis als wichtiges Differenzierungsmerkmal und Element zur Steigerung der Dienstleistungsqualität herausgestellt.

Der Einsatz von „Apps" ist Sinnbild für diese Entwicklungen. Apps werden über Smartphones, Tablet-PCs, Fernseher und weitere Endgeräte vom Anwender genutzt. Es werden Datenströme erzeugt und digitale Spuren hinterlassen. Über Software und Sensoren werden Daten von intelligent vernetzten Geräten und Systemen in Echtzeit überwacht. Dies eröffnet insbesondere für Anbieter neue Wege, um gezielt sogenannte Produkt-Service-Systeme zu entwickeln und mit dem Kunden und der „installierten Basis" zu interagieren. Berichte zu Performanz und Produktivität der installierten Basis sind in Echtzeit möglich.

Eine Studie von McKinsey [18] unterstreicht das große Potenzial für die Entwicklung von neuartigen Dienstleistungsangeboten für die produzierende Industrie mit Hilfe neuer Technologien. Gleichzeitig nehmen die Anforderungen an Sicherheitslösungen mit zunehmender Vernetzung stark zu. Neue Kompetenzen werden an dieser Stelle von Unternehmen gefordert sein. Die verfügbaren Zeitspannen, um Berichte zu generieren, werden dabei immer kürzer. In-Memory-Technologien zur parallelen Verarbeitung großer Datenmengen, wie bspw. Googles Hadoop-Ansatz [34], versprechen zukünftig „on-the-fly" also Echtzeit-Berechnungen und Ad-hoc-Berichte.

5 Einsatz von integrierten Informationssystemen im Service

In diesem Abschnitt wird der Einsatz von integrierten Informationssystemen im Service überblickt. Hierzu wird mit Hilfe des Ansatzes der interaktiven Wertschöpfung sowie einer Dienstleistungstypologie ein Rahmen zur Einordnung und Unterscheidung von Dienstleistungen gegeben. Die zukünftige Bedeutung der Information für Dienstleistungsangebote wird aufgezeigt. Auf die tiefergehende Darstellung von technischen Konzepten und Technologien zur konkreten Umsetzung wird an dieser Stelle allerdings verzichtet und auf weiterführende Literatur verwiesen. In diesem Zusammenhang spielen insbesondere service-orientierte Paradigmen und Architekturen sowie Cloud-Technologien für zukünftige Unternehmensanwendungen eine gewichtige Rolle, denn sie versprechen zukünftig größere Flexibilität und Interoperabilität von bestehenden IKT-Systemen.

5.1 Einsatzgebiete von Informationssystemen

IKT-Systeme kommen auf unterschiedlichste Weisen und Ebenen im Unternehmen zum Einsatz. Der Einsatz von IKT-Systemen orientiert sich an der Wertschöpfungskette und kann nach operationalen Anwendungssystemen und eher strategischen bzw. Entscheidungsunterstützungssystemen (Decision Support Systems) grob in zwei Gruppen unterschieden werden.

IKT-Systeme dieser Kategorien unterstützen die unterschiedlichen Funktionen im Unternehmen und den mit diesen verbundenen Management- (oder auch Führungsprozessen), Kern- und Unterstützungsprozessen (oder auch primäre und sekundäre Geschäftsprozessen) [24, S. 72].

Typische Funktionen sind Marketing, Entwicklung, Fertigung, Vertrieb und Service [24, S. 72]. Um die IKT-Landschaft in Unternehmen zu verstehen und zu kategorisieren, hat sich die Orientierung an organisationalen Funktionen und Geschäftsprozessen bewährt. ERP-Systeme sind integrierte Standardsoftwaresysteme und bilden den Kern bzw. das Rückgrat in fast jedem Unternehmen. ERP-Systeme unterstützen die Abwicklung von betriebswirtschaftlichen Aufgabenfeldern. Sie ermöglichen über eine gemeinsame Datenbasis die Integration mehrerer Applikationen über Abteilungs- bzw. Unternehmensgrenzen hinweg. Typische Einsatzfelder sind Produktionsplanung und -steuerung, Einkauf, Logistik, Vertrieb, Versand, Controlling und Personalwesen [24, S. 31].

Im Unternehmen existieren typischerweise spezielle IKT-Systeme, die Geschäftsprozesse und Mitarbeiter bei der Erfüllung ihrer Aufgaben unterstützen, indem sie benötigte Informationen bereitstellen. Information wird deshalb als Wert für das Unternehmen verstanden [20, S. 68 f.]. Im Rahmen einer Enterprise Application Integration (EAI) werden diese Anwendungen in die Systemlandschaft integriert, um dort verfügbare Systeme anderen IKT-Systemen zugänglich zu machen. In diesem Kontext wird der Begriff einer Geschäftsplattform verwendet [10, S. 23 ff.]. Ein Enterprise Service Bus oder andere geeignete Middleware-Konzepte und Technologien kommen in diesem Zusammenhang zum Einsatz, um Daten zwischen den einzelnen Systemen auszutauschen.

Mit der Einführung von Managementkonzepten wurden spezielle IKT-Systeme und Applikationen im Unternehmen eingeführt. Beispiele hierfür sind Supply Chain Management (SCM), Customer Relationship Management (CRM), Supplier Relationship Management (SRM), Wissensmanagement, Balanced Scorecard und weitere. Neuerdings gewinnen internetbasierte Konzepte des Web 2.0 verstärkt Aufmerksamkeit (wie Wikis, Blogs, Soziale Netzwerke, Twitter, u. a.), weil sie die Interaktion und den Informationsaustausch im Unternehmen und darüber hinaus erleichtern. Die Konnektivität ist ein strategischer Erfolgsfaktor für Unternehmen geworden. Service-orientierte Geschäftsmodelle setzen auf diesen Entwicklungen auf und schaffen neue Wege für die Wertschöpfung. Speziell diese Technologien erleichtern die Koordination im Unternehmen und reduzieren Transaktionskosten [20, S. 49 ff.; 23, S. 35 ff.].

Zukünftig müssen dem Kunden zunehmend Dienstleistungen, integriert in die eigenen Produkte, angeboten werden. Dies kann konkret über Softwaredienste, Daten-Applikationen, Embedded-Software-Systeme und Sensoren erfolgen. Cloud-Dienste stellen aktuellste Softwareanwendungen auf neuem Weg über das Internet kostengünstig und flexibel für Kunden bereit. Auf diese Weise kann eine neue zusätzliche Funktionalität sowie mehr Intelligenz für die installierte Gerätebasis erreicht werden. Dies verbessert nachweislich den Kundenprozess und sollte vom Anbieter für den Kunden dokumentiert und eingefordert werden.

5.2 Typen von IT-unterstützten Dienstleistungen

In Zukunft werden Dienstleistungsangebote durch die intensive Nutzung von Daten und Informationen geprägt sein. Grönroos [8, S. 199 ff.] betrachtet in diesem Zusammenhang drei Dimensionen, die bestehende Dienstleistungsangebote gezielt mit Informationen unterstützen:

- Dienstleistungskonzept,
- Teilnahme (Participation) und
- Kommunikation.

Um die Kerndienstleistung sind Informationsdienste zu entwickeln, die zusätzlichen Nutzen und Mehrwert für den Kunden schaffen. Das „Kundenerlebnis" einer Kerndienstleistung kann durch Zusatzdienste und eine gezielte Informationsversorgung gesteigert werden. In diesem Zusammenhang nimmt die Schnittstelle (User-Interface) zum Kunden eine strategisch wichtige Rolle ein. Die IKT sind in der Lage, diese Schnittstelle zu gestalten und den Kunden Unterstützungs- und Erweiterungsdienste zeitnah und individuell anzubieten. Die Qualität der Interaktion mit Kunden wird somit zukünftig ein neues, bisher nicht erreichtes Niveau erreichen.

Die benötigten Informationen für die Zusatzdienste sind aus den bestehenden IKT-Systemen des Unternehmens bereitzustellen. Kunden erwarten zukünftig, dass Unternehmen in der Lage sind, notwendige Informationen zu Dienstleistungen individuell bereitzustellen und auf Kundenanforderungen angemessen zu reagieren. Die Segmentierung von Kunden ist hier eine wichtige Vorarbeit, um gezielt Dienstleistungen zu entwickeln und anzubieten. Der Kundenprozess steht dabei im Mittelpunkt der Betrachtung.

Das Konzept Service Encounter wird verwendet, um Formen von IKT-unterstützten Dienstleistungen zu unterscheiden [16, S. 35 ff.]. Dies ist ein sehr interessanter Ansatz, der die enge Verknüpfung zwischen IKT-Systemen und Dienstleistungstypen aufgreift und strukturiert diskutieren lässt. Nachfolgend wird der Begriff Service Encounter näher beleuchtet und die wesentlichen Typen von IT-unterstützten Dienstleistungen überblickt.

Im Service Encounter interagiert ein Kunde direkt mit einem Dienstleistungserbringer innerhalb eines bestimmten Zeitraumes. Der Dienstleistungserbringer ist ein System oder eine Person [16, S. 38]. Alle Teile, die mit dem Kunden in Interaktion treten können, sind in diesem Kontext zu beleuchten: bspw. die Mitarbeiter und die physische Infrastruktur.

Tab. 2 Dienstleistungstypologie in Anlehnung an Leimeister [16, S. 39]. (eigene Darstellung)

Dienstleistungssystem			
	Dienstleistungen		
	IT- unterstützte Dienstleistungen	IT- Dienstleistungen	*Hoch*
	Elektronische Dienstleistungen		↑
			IT-Einsatz
	Rein-personenbasierte Dienstleistungen	Mechanische Dienstleistungen	↓
			niedrig
hoch	← Personeneinsatz →	*niedrig*	

Zur Analyse des Service Encounter bieten sich Geschäftsprozessanalysen und –modellierungen an, die die Betrachtung der unterschiedlichen Sichten unterstützen. Zur Darstellung der Interaktionen selbst bieten sich die Modellierung der Geschäftsprozesse mit BPMN (Business Process Modeling Notation) mit Hilfe sog. Schwimmbahnen („Swim Lanes") sowie sogenannten Interaktionsmustern („Interaction Patterns") an [35, S. 248 ff.].

Der Service Encounter kann auf unterschiedlichste Weise mit Hilfe der IT umgesetzt werden. Leimeister [16] typiziert Dienstleistungen nach zwei Dimensionen: Personeneinsatz und IT-Einsatz (siehe Tab. 2). Jede Dienstleistung kann anhand dieser Dimensionen einem der Quadranten zugeordnet werden. Die zwei Extreme bilden IT-Dienstleistungen, die völlig ohne menschliche Erbringung auskommen, sowie personenbasierte Dienstleistungen, die den maximalen Anteil an physischer Erbringung repräsentieren können, also vollkommen ohne IKT auskommen können [16, S. 39].

Um den zuvor beschriebenen „Funken mehr an Service" umzusetzen, wird gerne auf die Dimension „Erlebnis" verwiesen. Die Dimension „Erlebnis" kann speziell durch den Einsatz von IKT unterstützt werden, in dem bestehende Kernleistungsversprechen und Dienstleistungen durch Personalisierung und Zuschneiden auf spezifische Kundenbedürfnisse zu Kundenerlebnissen weiterentwickelt werden.

▶ Dienstleistung erlaubt die Differenzierung von Konkurrenten und trägt damit zur gezielten Kundenbindung bei. Den Kundenprozess gilt es deshalb genau zu erfassen und tiefergehend zu analysieren.

Der Kundenprozess, den es gezielt mit Dienstleistungen zu unterstützen gilt, spielt hier eine zentrale Rolle. Den Kundenprozess gilt es zu erfassen und zu analysieren. Dazu ist die Anwendung von Methoden der Geschäftsprozessmodellierung und -analyse sinnvoll.

Dabei ist es notwendig, sich in die Position des Kunden zu versetzen und diesen durch die Unterstützung von IKT mit in den Entwicklungs- und Erbringungsprozess einzubinden.

Im Service Encounter lassen sich grundsätzlich zwei Parteien unterscheiden: Dienstleistungserbringer und Dienstleistungsempfänger. Die Dienstleistungen lassen sich im Wesentlichen nach der Art der Kundeninteraktion sowie der Intensität des IKT-Einsatzes unterscheiden. Auf diese Weise wird die Dienstleistungserbringung selbst bei IT-vermittelten und IT-basierten Customer Self Services unabhängig vom Ort. Gleichzeitig kann durch den Einsatz von IKT die Kommunikation zwischen Empfänger und Erbringer unterstützt und damit die Qualität der Dienstleistungserbringung wesentlich verbessert werden.

In diesem Zusammenhang stellt die gezielte Bereitstellung von Informationen während der Kundeninteraktion einen entscheidenden Erfolgsfaktor dar. Eine detaillierte Darstellung der Typen von Dienstleistungen findet sich in Leimeister [16, S. 40 ff.].

Folglich können weitere Kategorisierungen nach der Art und der Intensität von Informationen vorgenommen werden. Mehrkanal- und Mehrfach-Geräte sowie kontextsensitive Dienstleistungen können unterschieden werden [16, S. 46 ff.]. Eine weitere mögliche Kategorie bildet der Grad der Automatisierung bzw. Industrialisierung von Dienstleistungen [16, S. 50 ff.].

IT-Service Management bildet eine weitere wichtige Kategorie für elektronische Dienstleistungen und speziell für IT-Services [16, S. 53 ff.]. Die einzelnen Kategorien sollen an dieser Stelle nicht tiefergehend beschrieben werden. Der Leser wird zur vertiefenden Lektüre auf die entsprechende Literatur verwiesen.

5.3 Konzepte und Technologien zur Umsetzung

Nach dem der Einsatz von IKT im Kontext von Dienstleistungsmanagement tiefergehend beleuchtet wurde, werden im Folgenden einige der grundlegenden Technologien betrachtet, mit denen sich Dienstleistungserbringungssysteme und damit verbundenen Geschäftsprozesse umsetzen lassen.

Getrieben von den zuvor angeführten Entwicklungen, wie bspw. die rasante Entwicklung des Internets und E-Business, haben die Anforderungen an die IKT-Systeme (insbesondere hinsichtlich Flexibilität und Integrationstiefe) in den Unternehmen immens ansteigen lassen. Innovative Geschäftsmodelle erfordern die Herstellung einer ganzheitlichen Sichtweise auf die Geschäftstätigkeit eines Unternehmens.

Dieser Sachverhalt hat den Trend hin zu integrierten IKT-Systemen in den letzten Jahren stark gefördert und vorangetrieben. Auch hierzu existieren unterschiedlichste Ansätze, Konzepte und Technologien (wie bspw. Portaltechnologien, Enterprise- und Integrationsarchitekturen, In-Memory-Technologien und weitere) wie integrierte IKT-Systeme geeignet zu entwickeln und erfolgreich zu implementieren sind. Integrierte IKT-Systeme spielen insbesondere für service-orientierte Geschäftsmodelle eine tragende Rolle und stellen einen zentralen Erfolgsfaktor für die Umsetzung dar.

Die bereits erwähnten Flexibilisierungs- und Integrationsansätze der IKT-Systeme, die aktuell primär in den service-orientierten Ansätzen und Architekturen zu finden sind, spielen für Entscheider heutzutage eine zentrale Rolle. IKT-Systeme in den Unternehmen befinden sich im starken Wandel. Nicht jeder der aktuell propagierten Trends wird in der Praxis nachhaltig zum Tragen kommen und sich etablieren.

5.3.1 Aktuelle Entwicklungen und Trends

Aktuell werden Mobile Computing, Big Data, Soziale Netzwerke und Cloud Computing als die Megatrends für die weiteren Entwicklungen gesehen. Es ist davon auszugehen, dass diese Entwicklungstrends einen sehr starken Einfluss auf den zukünftigen Erfolg von Geschäftsmodellen haben werden. Gemeinsam ist allen diesen Trends, dass sie Auslöser und Mittel dafür sind, dass sich Dienstleistungen zukünftig zum entscheidenden Erfolgsfaktor für Unternehmen entwickeln.

Eine umfassende Betrachtung vorhandener Lösungskonzepte und Referenzlösungen würde den Rahmen dieses Kapitels ohne Frage sprengen. Deshalb beschränkt sich das Kapitel im Weiteren auf die Darstellung von zentralen Trends und zukünftigen Schlüsseltechnologien für die Umsetzung von Dienstleistungserbringungssystemen wie bspw. service-orientierte Architekturen (SOA) und die Darstellung der Grundprinzipien von verteilten Anwendungen und Systemen.

Der Einsatz von IKT-Systemen zur Unterstützung und Umsetzung von service-orientierten Geschäftsmodellen ist mannigfaltig. Ausgehend vom klassischen Schichten-Modell und der Client-Server-Architektur [35, S. 30; 19, S. 171 ff.] entwickeln sich die Unternehmenssoftware und die IKT-Systeme hin zu flexiblen, service-enabled Anwendungssystemen. Enterprise Services Computing und service-orientierte Architekturen sind in diesem Zusammenhang die vorherrschenden Trends und Paradigmen für das Business- und Software Engineering zugleich [35, S. 57 f.].

5.3.2 Service-orientierte Architekturen

Service-orientierte Architektur (SOA) ist aktuell ein sehr populäres Architektur-Paradigma für den Entwurf, das Design und die Entwicklung von verteilten (Software-)Systemen. Die Erwartungen an SOA waren von Beginn an mit sehr hohen, teilweise falschen Versprechen und unrealistischen Erwartungen an die Möglichkeiten zur Flexibilisierung von Unternehmensanwendungen geknüpft. Service-orientierte Integration setzt ein ganzheitliches ingenieurmäßiges Design voraus, um die entstehende Komplexität zu beherrschen. Prinzipien wie Modularisierung und die exakte Beschreibung aller Integrationsdienste als Dienste (Services) bilden dafür die Basis [10, S. 24].

Eine service-orientierte Architektur (service-orientierte Architekturen (SOA)) wird nach Weske [35, S. 58] definiert als Softwarearchitektur, die eine Umgebung bereitstellt, um Softwaredienste („software services") zu beschreiben, aufzufinden und an konkrete Dienste zu koppeln. Die Beschreibung von Softwarediensten muss so detailliert sein, dass die zugehörigen Variablen der Dienste durch Nachfrager („service requestors") mit konkreten Werten versehen und aufgerufen werden können. Dienste bzw. „Services" sind im

Kontext einer SOA lose gekoppelte Computing-Aufgaben, die über das Internet miteinander kommunizieren. Services spielen eine zunehmend wichtigere Rolle in aktuellen und zukünftigen geschäftlichen Interaktionen.

Aktuelle Trends um Enterprise Services zu entwickeln werden in Weske [35, S. 60 f.] übersichtlich dargestellt:

- Zunehmende Macht des Kunden gegenüber dem Unternehmen
- Gesteigerte Anforderungen an die Systeme durch mehr Transparenz (durch Integration von externen Parteien und Anbindung an E-Business Systeme)
- Zunahme der IKT-basierten Interaktionen mit Kunden und Lieferanten
- Produkte als Services (Integration von Services von Drittanbietern bzw. Partnern sowie flexiblere, individualisierte Angebote)
- Multi-tier Anwendungen (Trend zu Mehrwert-Services, die komplex sind und aus unterschiedlichsten Komponenten-Services zusammengesetzt werden).

Die bereits angeführte Interaktion zwischen den Akteuren wird zunehmend durch Informationssysteme unterstützt. Dienstleistungen stellen aktuell für viele IKT-Systeme eine große Herausforderung an den Schnittstellen zwischen den Akteuren (bspw. Kunde und Lieferant) dar. Die Schnittstellen sind flexibel zu gestalten und standardisiert zu beschreiben. Der Kern einer SOA sieht die Wiederverwendung und die flexible Kombination von Ressourcen und Diensten vor. In diesem Kontext sind die Verfügbarkeit von Standards und ausdrucksstarken formalen Beschreibungsverfahren ein wichtiges Element für die erfolgreiche Umsetzung solcher Systeme.

Die Modelle und Beschreibungen von Systemen erfolgen heutzutage typischerweise objekt-orientiert, d. h. es werden Konzepte wie Objekte, Klassen, Verhalten, Operationen, verwendet, um abstrakt die Struktur und das Verhalten von Systemen zu beschreiben. Typischerweise wird die vorhandene Komplexität von Systemen reduziert, indem das Gesamtsystem in Bausteine zerlegt (bspw. Pakete, Komponenten, etc.) sowie Beziehungen und Schnittstellen zwischen diesen Bausteinen beschrieben werden [19, S. 171 ff., S. 208 ff.].

Ein wichtiges Ziel dieser Vorgehensweise ist u. a. die Wiederverwendung von Bausteinen bzw. Komponenten. In modernen dienst- und nachrichtenorientierten Ansätzen und Architekturen wie bspw. SOA werden diese Komponenten/ Bausteine über Nachrichten oder Dienste miteinander verbunden bzw. verwendet. Ein Dienst („Service") wird im Kontext von SOA als eine fachlich motivierte und daher grobkörnige Komponente verstanden. Wichtige Charakteristika von SOA sind Wiederverwendung und Komponenten. Dennoch ist klar zwischen SOA und Middleware-Technologien wie bspw. Corba, RPC oder Jini zu trennen. Web-Services sind eine von vielen möglichen technologischen Grundlagen zur Implementierung einer SOA. Eine SOA ist umgekehrt eine sinnvolle, gar natürliche, aber keineswegs zwangsläufig notwendige (Software-)Architektur für Systeme auf der Basis von Web-Services [19, S. 84 ff.; 35, 58 ff.].

Web-Services sind als ein eher technologisch bzw. von der Middleware-Ebene her getriebener Ansatz zu sehen. Als Trend ist eine zunehmende Dezentralisierung oder Verteilung von diesen Bausteinen bzw. Komponenten, die dann auf unterschiedlichen Ressourcen (wie bspw. Geräte, Speicher, etc.) im Netzwerk ausgeführt werden, zu erkennen. Die exakte, einheitliche und durchgängige Beschreibung von Integrationsdiensten bilden die Grundlage für die unternehmensweite Verfügbarkeit und Wiederverwendung von (Software-)Diensten. Ein Knoten in einem Netzwerk ist ein zur Laufzeit physisch vorhandenes Objekt, das über Rechenleistung bzw. Speicher verfügt, also Computer (Prozessoren), Geräte, u.ä.. Design-Elemente sind Komponenten oder Objekte. Verteilungsdiagramme dokumentieren bzw. veranschaulichen auf welchen Knoten (Prozessen, Computern) diese Elemente laufen, d. h. wie diese konfiguriert sind und welche Kommunikationsbeziehungen zwischen diesen Elementen bestehen [19, S. 332]. Zur weiterführenden Lektüre hinsichtlich Software-Architekturen und Designaspekten wird auf Starke und Hruschka [28] sowie Oestereich [19] verwiesen.

6   Entscheidungsunterstützung (Business Intelligence)

Dieser Abschnitt beschäftigt sich mit Entscheidungsunterstützungssystemen (Business Intelligence). Dieses umfangreiche und facettenreiche Gebiet unterliegt in den letzten Jahren einer rasanten Entwicklung. Dieser Abschnitt erhebt keinen Anspruch auf Vollständigkeit und ist nicht bestrebt, das Gebiet in seiner ganzen Breite und Vielfalt darzustellen. Das Ziel des Abschnitts ist es, eine kurze Einführung zu geben und den Leser mit einigen grundlegenden Konzepten, Begriffen und Technologien vertraut zu machen. Auf aktuelle Entwicklungen und Trends sowie weiterführende Literatur wird an geeigneter Stelle verwiesen. Die im nachfolgenden Abschnitt vorgestellte Fallstudie und softwaretechnische Umsetzung (vgl. Abschn. 5.7.4) auf Basis von Qlikview nimmt Bezug zu den Inhalten dieses Abschnitts.

Business Intelligence stellt einen wichtigen Bereich für die Umsetzung von service-orientierten Geschäftsmodellen dar. Daten-intensive Dienstleistungen liegen aktuell stark im Trend und machen eine Verbindung zwischen Geschäftsprozessmanagement und Produktivitätsmanagement notwendig.

Im Zuge der aktuellen Entwicklungen der IKT, insbesondere des elektronischen Handels, sowie der Priorisierung von service-orientierten Geschäftsmodellen, wird die Verfügbarkeit von Informationen für Entwurf und Produktion von personalisierten und kundenspezifischen Leistungsversprechen sowie Lösungsangeboten entscheidend für den zukünftigen Erfolg von Unternehmen sein. Nur auf diese Weise lassen sich Kunden langfristig an das Unternehmen binden. Neben der Kundenbindung stellt der Kundenzugang einen wichtigen Erfolgsfaktor dar, um sich im internationalen Wettbewerb gegen die Konkurrenz behaupten zu können.

Maschinen werden über das Internet vernetzt und erlauben neue Möglichkeiten der Interaktion zwischen den beteiligten Wertschöpfungspartnern. Das Internet der Dinge stellt in diesem Zusammenhang einen zentralen Trend dar. Die reale Welt wird durch Sensoren und IKT zur interaktiven Umgebung, die Dienstleistungen anbietet und den Menschen im Alltag unterstützt.

Dienstleistungen werden datenintensiver. Ein weiterer Trend ist der Einsatz von wissensbasierten Systemen, die sämtliche Schritte des Geschäftsprozesses unterstützen und Mitarbeiter mit Daten und Informationen unabhängig von Raum und Zeit in ihren Aktivitäten und Aufgaben unterstützen [2, S. 52 ff.; 3].

In Zukunft werden Daten daher zunehmend integraler Bestandteil von Geschäftsmodellen sein [34, S. 15 ff.; 18]. Diese Geschäftsmodelle fokussieren sich durch mehr Service-Orientierung und IKT auf die Unterstützung der Kundenprozesse. Die Auswahl und Analyse von Daten spielen insbesondere für service-orientierte Geschäftsmodelle eine zentrale Rolle. Aus den gesammelten Daten werden neue Erkenntnisse hinsichtlich des eigenen Leistungsportfolio, des Konkurrenzverhalten, der Kundenpräferenzen und -profile sowie der Zusammenhänge und Abhängigkeiten zwischen den Produkten und Dienstleistungen erkannt [33, S. 479; 18].

Insbesondere die „Silobildung" aufgrund historischer Entwicklungen von Systemen stellt ein aktuelles Problem für die meisten Organisationen dar. Die „Datensilos" resultieren aus uneinheitlich und nur im Zuständig- und Verantwortungsbereich der jeweiligen Funktion gepflegten IKT-Systemen und Datenbeständen (vgl. hierzu auch Abschn. 2).

Der Einsatz von Datenlagern (Data Warehouse) hat sich als Basis für die Umsetzung von Entscheidungsunterstützungssystemen in der Industrie etabliert. Unablässig wachsende Datenbestände speziell in Anwendungen und immer komplexer und schneller werdende operative Prozesse machen den Einsatz dieser Systeme notwendig [33, S. 481]. Datenlager sind themenbezogen, integriert (d. h. heterogene Quellen werden eingebunden und Bereinigungs- und Integrationstechniken kommen zum Einsatz) sowie zeitveränderlich und nicht flüchtig [33, S. 480].

In den letzten Jahren gewinnen verstärkt Ansätze an Bedeutung, die zusätzlich schlankere Lösungen meist auf Basis heterogener Datenquellen ermöglichen. Dieser Entwicklungstrend und die zugehörigen Ansätze stellen den Anwender und dessen Bedürfnisse in den Mittelpunkt und werden unter dem Begriff „Business Discovery" oder „Business Intelligence 2.0" [7, 1; 15, S. 34] oder neuerdings Self-Service Business Intelligence zusammengefasst. In diesem Zusammenhang ist es wichtig zu bemerken, dass Datenlager durch diese Entwicklungen nicht an Bedeutung verlieren. Viel mehr hat sich ein neuer Zweig an Lösungen aus den neuen technischen Möglichkeiten entwickelt. Die starke Einbindung des Anwenders in die Entwicklungsschritte und die Reaktion auf sich verändernde Kundenanforderungen (in Anlehnung an agile Entwicklungsansätze) sind Gegenstand der Betrachtung [15, S. 34].

Ein Beispiel für diesen Entwicklungstrend ist die zunehmende Popularität und starke Verbreitung von Business-Intelligence-Lösungen auf Basis von In-Memory-Technologien, wie bspw. Qlikview [7, S. 9 ff.]. Sie ermöglichen schnelle Abfragen und Auswertungen von Daten ohne den typischerweise großen administrativen Aufwand im Zusammenhang mit Data Warehouse-Ansätzen. Bei diesen Techniken wird meist auf einen aufwendigen Aufbau von Datenmodellen verzichtet; statt dessen werden Daten schnell und zeitnah für Anwender zur Auswertung aus unterschiedlichsten Quellen und Systemen aufbereitet.

Die Bewältigung dieser Herausforderungen ist Aufgabe der IT-Abteilung, speziell des Business Intelligence, in den Unternehmen. Zur Überwachung der Unternehmensaktivitäten dienen geeignete Kennzahlen-Systeme, die durch spezielle Software-Systeme das Management bei Entscheidungen und Planungsaktivitäten unterstützen.

Der verfügbare Werkzeugkasten des Business Intelligence [15] wird genutzt, um mit zugehörigen Methoden und Verfahren Berichte zur Unternehmens- und Geschäftsentwicklung sowie bei Bedarf gezielte Datenanalysen zu realisieren. Als Grundlage zur Wahrnehmung dieser Aufgaben dienen sog. Data Warehouses (Datenlager). Typischerweise werden Daten von den operationalen IKT-Systemen extrahiert und in separierte Datenbanken (bspw. Datenlager oder Data Warehouse) über ETL-Prozesse eingespielt [15, S. 18 ff.]. In den erzeugten Datenlagern werden die Daten logisch getrennt von den operationalen Systemen für statistische Auswertungen und Analysen gesammelt und gehalten [33, S. 480].

Data Warehouse-Systeme sind typischerweise themenbezogen, d. h. sie sind auf die Auswertung einer thematischen Ausrichtung fokussiert (wie bspw. Umsätze, Produkte, Dienstleistungen, Kundenbeobachtungen) [33, S. 480]. Diese Systeme extrahieren, sammeln und strukturieren verfügbare Daten aus den operativen Systemen. Ansätze der Datenintegration und -analyse (wie bspw. ETL-Prozesse) [15, S. 18 ff., S. 481 ff.] sind deshalb genauso von steigendem Interesse für betriebliche Anwendungen wie die Fähigkeit zur Verarbeitung großer Datenmengen („Big Data") [12, 15, S. 527 ff.; 18, 34, S. 16, 21].

Die Daten in Data Warehouse-Systemen werden im Regelfall mit Hilfe von OLAP-Techniken [15, S. 8 f.] ausgewertet. Zusätzlich wird mit Data Mining und Knowledge Discovery Techniken gearbeitet, um Informationen aus den zusammengeführten Daten zu gewinnen [33, S. 479]. Die Auswertung großer, häufig unstrukturierter Datenmengen („Big Data") setzt heutzutage neue Ansätze und Frameworks voraus, wie zum Beispiel „Hadoop" [34, S. 21 ff.], die Probleme von aktuellen Data-Warehouse-Systemen hinsichtlich Big-Data-Szenarien kompensieren.

Beispiel-Anwendungen sind der Kundenservice im Manufacturing, das User Profiling und die Segmentierung im Handel, im Bereich der Finanzdienstleistungen die Risikoanalysen, die Analyse von Kreditkartennutzung, im Transportwesen das Flottenmanagement, in der Telekommunikation die Analyse des Anrufprofils bzw. der Tarifnutzung aber auch die Missbrauch-Entdeckung sowie bei Stromgesellschaften der private Stromverbrauch in Abhängigkeit von Tages- oder Jahreszeiten sowie der Region, im Gesundheitswesen die Analyse von Behandlungsergebnissen und der Medikamentenverträglichkeit [33, S. 483].

Im nächsten Abschnitt wird nun abschließend eine Fallstudie zur softwaretechnischen Umsetzung des ServiceKompass betrachtet. In den vorhergehenden Kapiteln wurde die Bedeutung der Dienstleistungsqualität beleuchtet. Der ServiceKompass stellt eine adäquate Methodik bereit, um die Dienstleistungsqualität im Unternehmen kontinuierlich zu verbessern und eine adäquate Strategie zu gestalten.

7 Fallstudie ISS-ServiceKompass

Der ServiceKompass[1] stellt eine Methodik zur ganzheitlichen Erfassung des Entwicklungsstands eines Unternehmens hinsichtlich Dienstleistungsorientierung bereit. Das Ziel des ServiceKompass ist die kontinuierliche Verbesserung der Dienstleistungsqualität im Unternehmen durch die Auswahl und Realisierung von gezielten Maßnahmen, die einzelnen Erfolgsfaktoren zugeordnet werden können, die auf neun unterschiedliche Dimensionen (sog. Navigationspole) wirken. Das Modell bietet ein standardisiertes Vorgehen, das den direkten Vergleich mit anderen Unternehmen bzw. Gruppen von Unternehmen (Benchmarking) ermöglicht und somit den Weg zu exzellenten Dienstleistungen (Service-Exzellenz) bereitet. Im weiteren Verlauf des Kapitels werden die Bausteine und Artefakte des ISS-ServiceKompass vorgestellt.

7.1 Zielsetzung des ISS-ServiceKompass

Die Verbesserung der Qualität von Dienstleistungen ist ein wichtiges Handlungsfeld für das Dienstleistungsmanagement im Unternehmen. In diesem Zusammenhang steht die Erzielung von Exzellenz im Vordergrund. Die „Service-Excellence"-Pyramide [5, S. 7] der DIN SPEC 77224 beschreibt vier unterschiedliche Ebenen zur Erbringung von exzellenten Dienstleistungen. Die unterste Ebene bilden die „Kernleistungsversprechen" („Versprochenes Leisten"), die nächst höhere Ebene fokussiert das Management der Kundenrückmeldungen („Pro-aktives Beschwerdemanagement"), die dritte Ebene „Persönlicher Service" konzentriert auf die individuelle Note der erbrachten Dienstleistung, sowie die vierte und höchste Ebene, die schließlich die „Überraschungsdienstleistungen" als einen „Funken mehr an Service" beschreibt [5, S. 7]).

Die konkrete Umsetzung von service-basierten Geschäftsmodellen stellt eine große Herausforderung dar. Die Gestaltung und Anpassung einer einheitlichen Dienstleistungsstrategie stellt viele Unternehmen aktuell vor große Herausforderungen. Verfügbare „Best Practices" und Einblicke in bestehende Wirkungszusammenhänge zwischen einzelnen Erfolgsfaktoren und Gestaltungsdimensionen helfen, eine Wissensbasis und ein Vokabular (Konzeptualisierung im Sinne einer Business-Ontologie) für die beteiligten Akteure aufzubauen und zu pflegen. Eine gemeinsame Sprache und ein Grundverständnis hinsichtlich der Dienstleistungsstrategie und der relevanten Gestaltungsdimensionen wirken unterstützend, um die richtigen Entscheidungen gemeinsam zu treffen, Widerstände gegenüber Veränderungen abzubauen und zielgenaue Maßnahmen unter Einbeziehung aller Interessengruppen zu planen und auf den Weg zu bringen.

Unternehmen mangelt es häufig an einem einheitlichen Dienstleistungsverständnis und der unternehmensweiten Gestaltung und Umsetzung einer auf die Bedürfnisse des Unternehmens zugeschnittenen Dienstleistungsstrategie.

---

[1] Der ISS-ServiceKompass wurde bereits in Kap. 4 hinsichtlich Modell und Aufbau vorgestellt.

▶ Unternehmen mangelt es häufig an einem einheitlichen Dienstleistungsverständnis und der unternehmensweiten Gestaltung und Umsetzung einer auf die Bedürfnisse des Unternehmens zugeschnittenen Dienstleistungsstrategie.

Ein einheitliches Begriffssystem mit zugehörigen Dimensionen und Merkmalen erlaubt die Klassifizierung von geplanten und durchgeführten Maßnahmen und Aktivitäten. Ein einheitliches System erreicht die Harmonisierung von Denkansätzen und zugehörigen Konzepten, Begrifflichkeiten und Vokabular. Dies bildet die Basis zur Initiierung von unternehmensweiten Lernprozessen und einem Erfahrungsaustausch hinsichtlich Ergebnis, Erfolg und Wirkung von durchgeführten Maßnahmen.

Der ISS-ServiceKompass eignet sich somit als ein praxisnahes Werkzeug zur strategischen Planung. Er hat eine eher qualitative Ausrichtung, kann aber zur Überprüfung von Wirkung und Erfolg mit Hilfe von bestehenden Ansätzen, wie bspw. einer Balanced Scorecard, mit quantitativen Analysemethoden kombiniert werden. Sollen Erfolgsprüfungen der durchgeführten Maßnahmen verlässlich und aussagekräftig sein, setzt dies eine enge Verzahnung mit Kennzahlen zur Bewertung der Performanz voraus. Ebenfalls auf dieser Ebene kann der ISS-ServiceKompass als ein unternehmensweit eingesetzter Referenzrahmen einen wertvollen Beitrag leisten.

7.2 Referenzrahmen und Wirkungszusammenhänge

Abbildung 2 zeigt den Wirkungszusammenhang von Maßnahmen, die der Methodik des ISS-ServiceKompass zugrunde liegen. Die Überprüfung findet im Rahmen eines Assessments hinsichtlich Zustandsbewertung und Zielanpassung (Phase 4) statt.

Ausgehend von den Kundenanforderungen sind Maßnahmen zur Produktivitätssteigerung zu planen und einzuleiten. Der ISS-ServiceKompass kann als Berichtssystematik für den in Abb. 2 abgebildeten Zusammenhang eingesetzt werden. Das Konzept „Maßnahmen" ist mit Projekten gleichzusetzen, die auf die Veränderung bzw. Verbesserung von Leistungsmerkmalen abzielen. Maßnahmen sind auf die Erzielung bestimmter Effekte bzw. Verbesserungen von Erfolgsfaktoren der einzelnen Navigationspole ausgerichtet.

Als Einsatz (Input) stehen notwendige Ressourcen für die Durchführung von konkreten Maßnahmen. Maßnahmen können auch direkt darauf abzielen, bestimmte Schwachstellen in den Dienstleistungsprozessen zu beseitigen. Gegenstand dieser Betrachtungen und Analysen sind Dienstleistungsprozesse oder konkrete Kundenaufträge, die als Anwendungsfälle (sog. „Use Cases") zur Bestandsaufnahme und Schwachstellenanalyse dienen. Als Ergebnis dieses Vorgehens können konkrete Verbesserungspotenziale aufgezeigt werden.

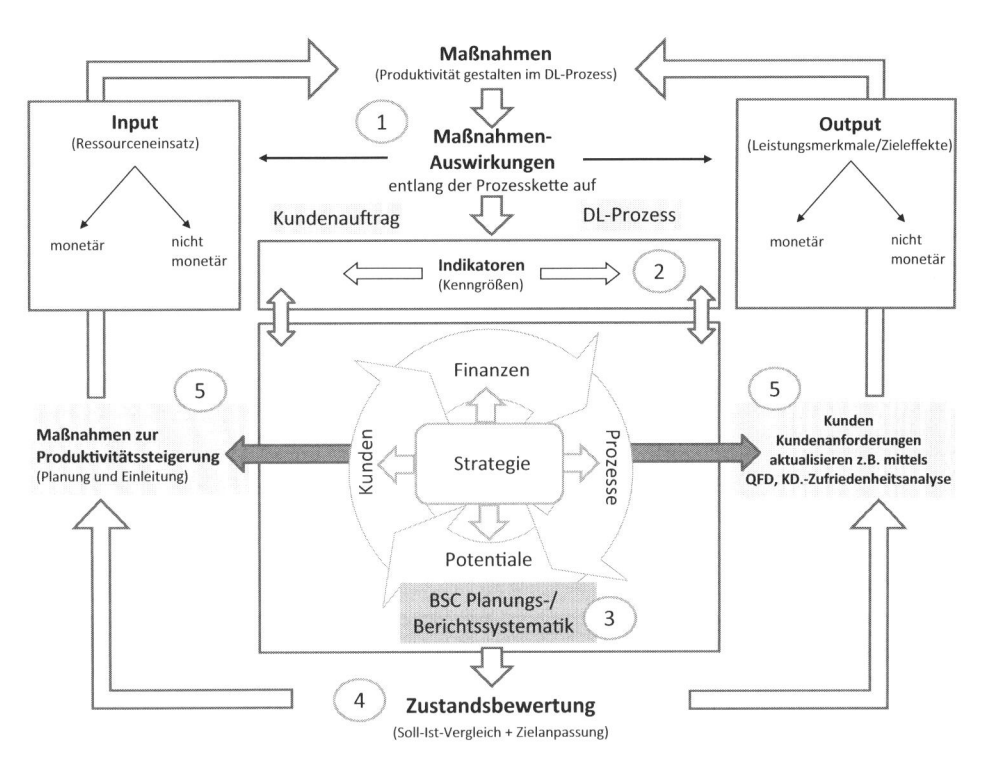

Abb. 2 Maßnahmen zur Produktivitätssteigerung im Dienstleistungsprozess (PROMIDIS 2012, eigene Darstellung)

Die subjektiv wahrgenommene Qualität der erbrachten Dienstleistungen kann von Kunde zu Kunde sehr unterschiedlich sein.[2] Deshalb stellt die Entscheidung hinsichtlich des richtigen Qualitätsniveaus zur Erbringung von Dienstleistungen ein wichtiges und zugleich schwieriges Entscheidungsfeld dar. Unternehmen sind sehr daran interessiert, sich im Rahmen von unabhängigen Benchmarks mit anderen Unternehmen zu messen, um eine strategische Positionierung und objektive Bewertung der eigenen Leistungsfähigkeit zu erhalten. Meist handelt es sich bei Benchmarks, um Vergleiche von zuvor festgelegten Kriterien und deren konkreten Ausprägungen.

Auf Basis der konkreten Ausprägungen lassen sich dann Ranglisten erstellen. Die Positionierung des Unternehmens stellt in diesem Zusammenhang lediglich eine Momentaufnahme dar. In der Regel werden keine Aussagen getroffen, wie und durch welche Maßnahmen sich das Unternehmen hinsichtlich der Dienstleistungsqualität verbessern kann. Ziel des ISS-ServiceKompass ist es, aus möglichen Maßnahmen, diese mit dem höchsten „Fit" hinsichtlich strategischer und konkreter Qualitätsziele auszuwählen.

---

[2] Eine Übersicht zu Modellen zur Messung und Gestaltung der Servicequalität findet sich in Grönroos [8, S. 78 ff.].

Eine Balanced Scorecard setzt strategische Ziele abgeleitet aus der Mission, Vision und Strategie der einzelnen Perspektiven Finanzen, Kunden, Prozesse und Potenziale (Lern- und Wachstumspotenziale) um.

Dazu werden relevante Kennzahlen, Soll-Werte und die Maßnahmen (strategische Aktionen) zueinander in Beziehung gesetzt [11, S. 72 f.]. Die Balanced Scorecard deckt eine stringente Umsetzung der Unternehmensstrategie auf der Management-Ebene bereits sehr gut ab. Sie zeigt aber Schwächen bei der Auswahl, Planung und Umsetzung konkreter Einzelmaßnahmen. Die Überprüfung der durchzuführenden Maßnahmen bzw. Aktionen verlangt daher den Einsatz eines geeigneten Kennzahlensystems.

Die Finanzperspektive steht im Mittelpunkt der Betrachtung, dennoch sind nicht-monetäre bzw. nicht-finanzielle Kennzahlen nicht zu vernachlässigen [11, S. 72 f.]. Der ServiceKompass verwendet neben den fünf Dimensionen bzw. Perspektiven der Balanced Scorecard, fünf weitere Dimensionen bzw. Erfolgsfaktoren, um die Effekte und Wirkungen von service-orientierten Maßnahmen zu erfassen.

Die fünf weiteren Erfolgsfaktoren sind Innovation, Mitarbeiter, Vertrieb, Partner und Führung. Zur Unterstützung von Entscheidungsprozessen mit Informationen wird in Unternehmen auf den bereits in Abschn. 2 beschriebenen IT-Architekturen und -Systeme (wie bspw. Datawarehouse und Business Intelligence) aufgesetzt. Entscheidend für den Erfolg ist die Integration des Werkzeugs in das Gesamtsystem der Managementinstrumente wie bspw. Planungsprozesse, Reportingsysteme, Zielvereinbarungen, Risikomanagement und Wertmanagement [11, S. 79].

Ein zentrales Konzept des Informationsmodells stellt der Maßnahmenkatalog dar. Maßnahmen werden hinsichtlich der Relevanz gewichtet und bewertet.

Die Werte werden dann nach oben auf der Ebene Erfolgsfaktor und Navigationspol weiter verdichtet. Für diesen Zweck werden die gewichteten Mittelwerte auf Basis der Einzelmaßnahmen berechnet. Der ISS-ServiceKompass setzt die einzelnen Erfolgsfaktoren über Ursachen-Wirkungsbeziehungen in konkreten Zusammenhang mit den Einzelmaßnahmen. Sind Maßnahmen aufgrund bestehender Kunden- und Qualitätsanforderungen identifiziert worden, werden diese mit Hilfe des in Abb. 2 gezeigten systematischen Vorgehens umgesetzt.

Die konkreten Auswirkungen der Maßnahmen sind über den Einsatz von Kennzahlen zu bestimmen. Im Kern dieses Vorgehens steht eine Planungs- und Berichtssystematik, wie bspw. eine Balanced Scorecard (BSC), die eine Zustandsbewertung unterstützt. Die Zustandsbewertung vergleicht die gemessenen Ist-Werte mit den zuvor festgelegten Soll-Werten. Notfalls ist eine Zielanpassung vorzunehmen, falls signifikante Abweichungen und Effekte vom Soll-Zustand auftreten.

7.3 Basiskonzepte und Anwendungsgebiete

Die Herstellung von Informationstransparenz und der Fokus auf das, was wirklich wichtig ist, werden als zwei von sechs Herausforderungen genannt. In der Praxis steht meist nur

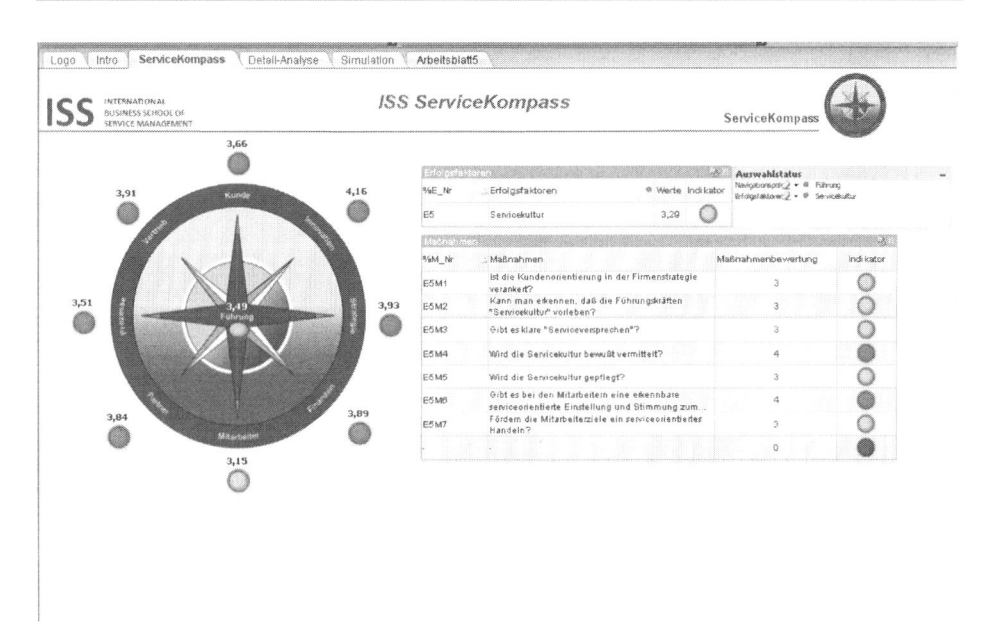

Informationssysteme zur Gestaltung und Umsetzung... 141

Abb. 3 ISS-ServiceKompass – Dashboard (eigene Darstellung)

ein begrenztes Finanzbudget zur Verfügung, um Maßnahmen zur Servicequalität auf den Weg zu bringen. Das Management muss zwischen unterschiedlichen Optionen entscheiden. Aus einem Katalog von Maßnahmen muss eine Priorisierung im Abgleich mit der Dienstleistungsstrategie des Unternehmens realisiert werden.

Mit Hilfe des Simulationsmoduls des ISS-ServiceKompass kann aus dem verfügbaren Maßnahmenkatalog, die Auswahl an geeigneten Maßnahmen und der erzielbaren Effekte für das Unternehmen individuell simuliert werden. Das Benchmark-Modul gibt Hinweise auf neue Maßnahmen und deren aktuellen Stand der Umsetzung in anderen Unternehmen in deren eigenen oder fremden Branchen.

Ein Ampelsystem erlaubt die Überprüfung des aktuellen Entwicklungsstands (Reifegrad) und die Planung sowie Evaluierung von geeigneten Maßnahmen und Projekten. Für die softwaretechnische Umsetzung müssen die einzelnen Navigationspole und Erfolgsfaktoren mit konkreten Maßnahmen verknüpft werden. Mit Hilfe des Dashboard (siehe Abb. 3) kann der Anwender die Daten untersuchen.

Die Daten können in den unterschiedlichsten Darstellungsformen dargestellt werden. Auf diese Weise erhalten Unternehmen eine umfassende und integrierte Sicht auf den Entwicklungsstand des Unternehmens. Verbindungen zwischen den Daten und den einzelnen Dimensionen werden deutlich. Das Dashboard informiert über den aktuellen Stand der Umsetzungen und ermittelt den Reifegrad des Unternehmens hinsichtlich Dienstleistungsqualität.

Die Lösung ermöglicht so eine ganzheitliche Servicesteuerung und bietet die notwendigen Informationen für Entscheidungen hinsichtlich eines effizienten Einsatzes der verfüg-

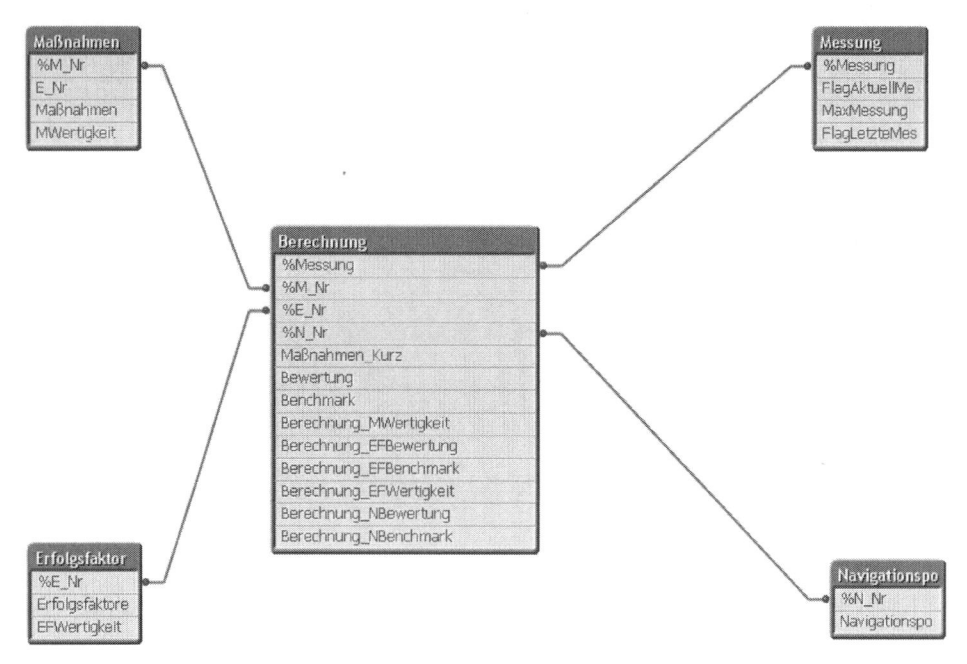

Abb. 4 Qlikview Datenstruktur des ISS-ServiceKompass als Sternschemata (eigene Darstellung)

baren Ressourcen. Das Ziel ist eine gemeinsame Denkweise, ein gemeinsames Vokabular und eine unternehmensweite Entscheidungsfindung zu fördern.

Barrieren zwischen unterschiedlichen Funktionsbereichen werden so überbrückt und langfristig abgebaut. Der Einsatz des ISS-ServiceKompass bietet Unterstützung zur Herstellung der notwendigen Transparenz durch eine integrierte Sicht über alle Erfolgsfaktoren.

Die Umsetzung von serviceorientierten Geschäftsmodellen wird gezielt unterstützt. Im Folgenden wird kurz auf drei wesentliche Konzepte des ISS-ServiceKompasses eingegangen:

1. Maßnahmenkatalog,
2. Reifegrad und
3. Benchmarking.

Die Konzepte werden im Folgenden kurz dargestellt.

7.3.1 Maßnahmenkatalog

Das Herzstück des ISS-ServiceKompass bilden die Stammdaten, die die zugrundeliegende Datenstruktur beschreiben und im Maßnahmenkatalog repräsentiert werden (vgl. Abb. 4). Die sogenannten Stammdaten beinhalten ferner die Beziehungen und die logische Zuordnung der einzelnen Maßnahmen zu den Erfolgsfaktoren der jeweiligen Navigationspole (vgl. Abb. 3).

Für den ISS-ServiceKompass werden regelmäßige Aktualisierungen bzw. Softwareupdates angeboten, die dem Anwender in regelmäßigen Zeitabständen (bspw. zwei Mal pro Jahr) zugesandt werden. Der aktualisierte Maßnahmenkatalog wird durch ein Ladeskript in die Qlikview-Anwendung eingelesen. Auf diese Weise werden dem Anwender neue Maßnahmen optional für die eigene Maßnahmenplanung verfügbar gemacht. Der Anwender bekommt Hinweise, welche Maßnahmen die teilnehmenden Unternehmen priorisieren und bereits erfolgreich umgesetzt haben. Durch diese Vorgehensweise erhält das Unternehmen Anregungen zu neuen Maßnahmen, um Verbesserungen in den einzelnen Dimensionen (Navigationspolen) zu erzielen.

In Form eines Web- bzw. Community-Portals werden dem Anwender weiterführende Informationen, auf Wunsch durch Webservices, zugänglich gemacht. Das Webportal realisiert eine erweiterte Suchfunktion, die anonymisierten Profildaten der teilnehmenden Unternehmen, wie bspw. Unternehmensgröße, Branche, befragte Organisationseinheit, etc., verfügbar macht. Das Resultat ist ein Wissensaustausch und die Initiierung eines unternehmensweiten Lernprozesses, wie die Servicequalität des Unternehmens verbessert werden kann.

Aus den verfügbaren Maßnahmen (evtl. ergänzt, um neu hinzugekommene Maßnahmen aus der Community) kann simuliert werden, welchen Effekt die Durchführung einer einzelnen Maßnahme auf den Erfolgsfaktor hat, auf den die einzelne Maßnahme wirkt. Ein Erfolgsfaktor wiederum kann auf bis zu drei Navigationspole wirken. In Abb. 3 ist der Navigationspol „Führung" (Spalte links) zu sehen und die zugehörigen Erfolgsfaktoren (mittlere Spalte) werden mit ihrem aktuellen Status angezeigt. In der rechten Spalte schließlich sind die zugehörigen Maßnahmen aufgelistet und je Maßnahme wird der aktuelle Status mit Hilfe eines Ampelsystems angezeigt.

7.3.2 Bestimmung des Reifegrades

Ein weiteres wichtiges Anwendungsgebiet stellt die Bestimmung des Reifegrades für das teilnehmende Unternehmen dar. Die einzelnen Maßnahmen sind jeweils bis zu drei Erfolgsfaktoren zugeordnet. Auf Basis der Auswertung der ermittelten empirischen Daten und Erfahrungswerte der Experten wird mittel- bis langfristig ein Reifegradmodell mit fünf Stufen entwickelt und zum Einsatz gebracht. Das Reifegradmodell befindet sich aktuell noch im Entwicklungsstadium.

Zur Bestimmung des Reifegrads eines Unternehmens dient die Anzahl der bereits erfolgreich umgesetzten Maßnahmen als Referenzpunkt. Erforderliche Maßnahmen sind unter Berücksichtigung von verfügbaren Ressourcen und erwarteten Nutzeneffekten zu priorisieren.

Das Ziel des Reifegradmodells ist es, die Unternehmen entsprechend ihrer Ausprägungen in den einzelnen Dimensionen den jeweiligen Stufen bzw. Klassen zuzuordnen. Auf diese Weise ist eine feinere Segmentierung der Teilnehmer realisierbar sowie konkretere Empfehlungen zur Umsetzung von konkreten Maßnahmen zur Erreichung der nächsten

Tab. 3 ISS Service Kompass: Status und Reifegrad (eigene Darstellung)

Status	Reife	Bewertung/ Beschreibung
Grün	[3.5, 5]	Vorbildlich bis gut, keine Aktivität gefordert, aber langfristig evtl. noch Potenzial und ausbaufähig;
Gelb	(2, 3.5)	Teilweise noch bestehende Schwächen, kurzfristig bzw. mittelfristig sind Maßnahmen notwendig zur Verbesserung notwendig
Rot	[0, 2]	Schwach; hier sind kurzfristig Maßnahmen notwendig

Stufe erreichbar. Der Maßnahmenkatalog wird so mit Hilfe der Stufen in grundlegende Maßnahmen (Basismaßnahmen) und darauf aufbauende (erweiterte und fortgeschrittene) Maßnahmen unterteilt. So wird verhindert, dass zuerst erweiterte bzw. fortgeschrittene Maßnahmen umgesetzt werden, bevor die erforderlichen Basis-Maßnahmen erfolgreich umgesetzt wurden.

Die Darstellung von Status und Reifegrad hinsichtlich der einzelnen Maßnahmen, Erfolgsfaktoren und Navigationspole wird mit Hilfe einer Ampellogik angezeigt (siehe Tab. 3). Der Erfolg der durchgeführten Maßnahmen ist durch die Auswahl von geeigneten Indikatoren bzw. Kennzahlen zu evaluieren.

Die einzelnen Werte der Maßnahmen als Ergebnis eines Audits werden schließlich für jeden Erfolgsfaktor zu einem gewichteten arithmetischen Mittelwert nach oben verdichtet. Für jeden der Erfolgsfaktoren berechnet sich ein Mittelwert aus den in Beziehung stehenden Maßnahmen. Die Bedeutung der einzelnen Maßnahmen wird anhand von Faktoren in der Berechnung gewichtet.

Die errechneten Erfolgsfaktoren werden ebenfalls nach oben weiter zu einem Mittelwert verdichtet, der dann wiederum eine Ampel entsprechend der in Tab. 3 dargestellten Logik anzeigt. Auf diese Weise wird im Unternehmen ein einheitliches System zur kontinuierlichen Verbesserung der Servicequalität in Gang gesetzt.

Alle Unternehmensteile und Funktionen bzw. Geschäftspartner können an diesem initiierten Lernprozess teilhaben, weil eine einheitliche Begriffssystematik zum Einsatz kommt und somit der Wissensaustausch zwischen den Akteuren gezielt unterstützt wird.

7.3.3 Benchmarking

Der ISS-ServiceKompass verfolgt einen community-basierten Ansatz, der Unternehmen erlaubt, sich kontinuierlich sowohl im internen als auch externen Vergleich weiterzuentwickeln. Die Messungen werden im Rahmen von individuellen Audits von den Unternehmen vorgenommen. Das Benchmarking bzw. der Vergleich mit anderen Unternehmen macht transparent, auf welche Maßnahmen andere Unternehmen fokussieren, bzw. welchen Entwicklungsstand das Unternehmen im Vergleich zu anderen Unternehmen der Branche oder anderen Branchen hat. Voraussetzung zur Teilnahme am Benchmark ist die Durchführung eines Audits des eigenen Unternehmens hinsichtlich des aktuellen Entwicklungsstands und Reifegrads bezüglich Dienstleistungsorientierung und -qualität.

Der Anwender exportiert die eigenen Messdaten in eine Excel-Datei, die in eine zentrale Benchmark-Datenbank eingelesen wird. Er lädt die Datei in das Community-Portal hoch bzw. versendet die Daten per E-Mail an die Koordinationsstelle des Benchmarks.

Auf Basis der gesammelten Benchmarkdaten aus den unterschiedlichen Messungen kommen multivariate Analysemethoden und statistische Verfahren zum Einsatz, die bestehende Wirkungszusammenhänge und Wirkungsgrade von Maßnahmen auf Erfolgsfaktoren und Entscheidungsfelder (Navigationspole) für das Management aufzeigen und validieren. Nach der abgeschlossenen Auswertung der Daten erhalten die Anwender eine Datei zurück, die u. a. Durchschnittswerte und Klassenbeste enthält.

Nach Einlesen der Datei sowie des aktualisierten Maßnahmenkatalogs kann das Unternehmen die eigenen individuellen Werte mit den eingelesenen Daten vergleichen. Der Reifegrad des Unternehmens wird bestimmt und angezeigt. Gleichzeitig sind neue Maßnahmen, falls von anderen Unternehmen erfolgreich zur Verbesserung der Servicequalität eingesetzt, in der Anwendung verfügbar.

7.4 Softwaretechnische Umsetzung

Die softwaretechnische Umsetzung des ISS-ServiceKompass basiert auf der Software Qlikview [7]. Qlikview unterstützt schlanke und anwenderfreundliche Lösungen für Businessanalysen. Die Software setzt im Vergleich zu herkömmlichen Business Intelligence-Lösungen nur wenig Vorarbeiten und geringe Investitionen in IKT-Infrastrukturen voraus. Die Softwarelösung steht stellvertretend für anwenderzentrierte und BI 2.0-Anwendungen, die ein „Datenerlebnis" und interaktives Lernen von Zusammenhängen von Daten unterstützen.

Die Grundkonzepte von Qlikview-Anwendungen orientieren sich an klassischen BI-Konzepten, -Verfahren und -Technologien. Die Besonderheit von Qlikview basiert auf einer nutzerzentrierten Vorgehensweise. Während sich viele BI-Anwendungen auf Berichte fokussieren und einer starken zentralen Kontrolle unterliegen, ist Qlikview bestrebt, Aspekte der „Business Discovery", also einer eher dezentralen Auswertung der Daten, durch die Anwender selbst umzusetzen. Der Anwender selbst soll Zusammenhänge in den Daten erkennen und auswerten [7, S. 9]. Als ein wesentlicher Vorteil von Qlikview wird die Möglichkeit zur Verarbeitung von unterschiedlichsten Quelldaten angeführt. Daten können aus unterschiedlichsten dezentralen Datenquellen eingelesen und ausgewertet werden. Beziehungen zwischen Entitäten werden automatisiert über klassische BI-Datenmodelle (Sternschemata, Fakten und Dimensionstabellen) hergestellt.

Qlikview-Anwendungen speichern eingelesene Daten als Tabelle im Hauptspeicher. Beziehungen werden in Form von Fakten- und Dimensionstabellen bspw. als klassische Sternschemata repräsentiert. Qlikview benutzt einen Algorithmus, der die Daten mit Hilfe mehrerer Vektoren repräsentiert und damit den Speicherbedarf der Anwendung im Verhältnis zu klassischen relationalen Datenbanken minimal hält. Eine Speicherung der Daten im Hauptspeicher wird so möglich. Beziehungen zwischen Fakten- und Dimensionstabellen werden mit Hilfe von Vektoren abgebildet.

Damit wird der Anwender in die Lage versetzt, bestehende Zusammenhänge und Beziehungen der eingelesenen Daten zu erkennen und explorativ zu erkunden. Zur Auswertung der Daten sind keine Spezialkenntnisse in OLAP oder SQL notwendig. Dennoch setzt die

Entwicklung einer Qlikview-Anwendung ein tiefergehendes Verständnis von relationalen Datenbanken voraus, beispielsweise im Zusammenhang der Modellierung der Daten und der Optimierung des Speicherbedarfs. Qlikview unterstützt den klassischen ETL-Prozess und den Aufbau von Cockpits zur übersichtlichen Darstellung der Daten. Dazu werden standardisierte Objekte zur visuellen Darstellung von Ergebnissen bereitgestellt und können mit etwas Einarbeitung leicht vom Anwender selbst erzeugt werden [7, S. 13 ff.].

Qlikview ist der Kategorie „In-Memory"-Softwarelösungen zuzuordnen, die aktuell einen starken Trend hin zu Echtzeit-Lösungen repräsentieren, und nun auch verstärkt im Bereich Business Intelligence Einzug halten.

Der Einsatz von Qlikview benötigt zunächst keine aufwändige Infrastruktur, sondern komprimiert eingelesene Daten so stark, dass in der Regel ein mobiler Speicher (USB) für den Transport der Daten ausreicht. Die Philosophie der Anwendung priorisiert ansprechende und leicht verständliche Dashboards und Benutzerschnittstellen. Der Anwender kann mit Hilfe des Werkzeugs intuitiv und explorativ die vorhandene Datenbasis analysieren.

Die Möglichkeiten zum Einlesen von Datenquellen ist flexibel und ermöglicht unterschiedlichste Formate zu verarbeiten (SQL, Excel, CSV, etc.).

Die Anwendung, selbst, bestehend aus dem Programmcode, welcher als Deklarationen, Befehle und Aufrufe der verwendeten Skriptsprache formuliert ist. Mit Hilfe des Skripteditors und der Skriptsprache, wird die zugrundeliegende Datenstruktur festgelegt und die einzelnen Ladeoperationen beschrieben. Die Vorgehensweise ähnelt der des zuvor motivierten ETL-Prozesses. Die verwendeten Statements innerhalb des Skripts ähneln dabei sehr den bekannten SQL-Befehlen (Festlegung von Schlüsseln bzw. Identifier sowie Auswahl von Tabellenzeilen und -spalten). Die Daten werden anschließend nach Ausführung des Skripts auf Basis der Statements aus den unterschiedlichen (Daten-)Quellen eingelesen. Eine Stärke von Qlikview liegt in der Fähigkeit schnell unterschiedlichste Datenquellen und –formate zu verarbeiten. Neben den eigentlichen Ladeoperationen können weitere Befehlstypen zur Organisation und Auswertung der Datenbasis eingesetzt werden. Auf diese Weise werden erste Vorbereitungen und Schritte für die spätere Auswertungslogik und Visualisierungen der Datenbasis realisiert. Die eigentliche Visualisierung wird dann mit Hilfe von bereitgestellten Standardobjekten und festzulegenden Parametereinstellungen in den Einstellungsmenüs der Anwendung umgesetzt. Die Entwicklung der Anwendung deckt die Bereiche Dashboard (Visualisierung), Analyse und Bericht (Reporting) ab. Das entwickelte Skript wird in einer QVW-Datei gespeichert. Diese Datei bildet den eigentlichen Kern der Anwendung. Die spezifische Konfiguration der Qlikview-Objekte des Dashboards wird über angebotene Einstellungsmenüs und Dialoge in den jeweiligen Eingabemasken der Einstellungsmenüs von Qlikview vorgenommen [7, S. 139 ff.]. Hier besteht die Möglichkeit zusätzliche Befehle zur Auswertung der Daten zu programmieren (Bildung von Mengen, Klassifikationen und Gruppierungen der Datenbasis).

Wird die QVW-Datei geöffnet und ausgeführt, so erzeugt Qlikview eine Datensammlung gemäß den definierten Ladeoperationen. Die gespeicherten Daten und deren Beziehungen bzw. Relationen in Form von logischen Assoziationen werden in den Hauptspeicher des Rechners geladen [27]. Abbildung 4 zeigt die Datenstruktur der softwaretechnischen Umsetzung des ISS-ServiceKompass mit Qlikview, welche die Beziehungen zwischen den einzelnen Dimensionen des Modells als Fakten- und Dimensionstabellen in Sternschemata darstellt.

Der Einsatz von Assoziationsvektoren erlaubt die schnelle Beantwortung von Suchanfragen und reduziert den benötigten Hauptspeicherbedarf der Anwendung erheblich. Die Relationen zwischen den Tabellen im Hauptspeicher wird durch Tabellenspalten mit gleichem Identifier definiert (in Analogie zum Schlüssel-Konzept von Relationen in relationalen) [6, 33]. Zur weiteren Vertiefung der Datenmodellierung, AQL und Qlikview-Technologie wird zur Lektüre auf Garcia und Harmsen [7], Sendin-Rana et al. [27], Kimball und Ross [15] verwiesen.

8 Zusammenfassung und Ausblick

Das Kapitel hat die Potentiale der IKT zur Umsetzung von service-orientierten Geschäftsmodellen aufgezeigt. Die Bedeutung einer systematischen Vorgehensweise zur Erfassung von Anforderungen für IKT-Lösungen wurde argumentiert. Wesentliche Entwicklungen und Trends im Bereich IKT wurden behandelt. Grundlegende Konzepte zur technologischen Umsetzung wurden überblickt und in kompakter Form dargestellt. Mit Hilfe einer Dienstleistungstypologie wurden Dienstleistungen anhand von Merkmalen unterschieden. Dienstleistungen haben sich unabhängig von Unternehmen und Wirtschaftsbranchen zu einem wichtigen Erfolgsfaktor zur Differenzierung von Leistungsangeboten und Produkten entwickelt. Insbesondere bisher stark produktzentrierte und ingenieurlastige Branchen wie beispielsweise Maschinenbau bzw. produzierende Unternehmen sehen verstärkt in Dienstleistungen eine wichtige strategische Komponente, um sich gegen direkte Konkurrenten auf dem Markt zu behaupten, sich gezielt durch Dienstleistungen von Wettbewerbern zu differenzieren, Kunden durch eine Erlebniskomponente langfristig ans Unternehmen zu binden und gleichzeitig den Ressourceneinsatz zu verbessern, um Profitabilität und langfristiges Wachstum zu erreichen.

Unternehmen brauchen allerdings eine Dienstleistungsstrategie. Der Wille zur kontinuierlichen und systematischen Verbesserung der eigenen Leistungsfähigkeit hinsichtlich Entwicklung und Erbringung von Dienstleistungen ist essentiell. Eine ganzheitliche Sicht auf das verfügbare Portfolio an Maßnahmen ist ein zentrales Element für die Vorbereitung von Entscheidungsprozessen sowie die erfolgreiche Steuerung und Umsetzung von Maßnahmen und Veränderungsprozessen. Dieser Beitrag hat diesen Zusammenhang am Beispiel des ISS-ServiceKompass beleuchtet. Die softwaretechnische Realisierung des ISS-ServiceKompass als Werkzeug wurde auf Basis von Qlikview dargelegt. Qlikview steht für eine neue Generation von Business-Intelligence (BI) Lösungen, die schlank und anwenderzentriert Entscheidungsunterstützungslösungen umsetzen. Der Vorteil dieser Entwicklungen für Anwender liegt auf der Hand: für den Einsatz und die praktische Anwendung sind keine größeren Aufwendungen und Anpassungen hinsichtlich Qualifikation von Mitarbeitern und IKT-Infrastruktur notwendig.

Die Fähigkeit, diese Informationen zur Verbesserung der Servicequalität zu nutzen, wird eine wettbewerbsentscheidende Wirkung auf die Entwicklung und die Wettbewerbsposition der Unternehmen haben. Servicequalität muss daher Bestandteil der Unternehmensentwicklung und der strategischen Ausrichtung eines Unternehmens sein.

Literatur

1. Bachmann R, Kemper G (2011) Raus aus der BI-Falle: Wie Business Intelligence zum Erfolg wird. Mitp, 2. Aufl
2. BDI (2011) Deutschland 2030: Zukunftsperspektiven der Wertschöpfung. BDI-Studie.. http://www.bdi.eu/download_content/Marketing/Deutschland_2030.pdf. Zugegriffen: 16. Aug 2012
3. Berlecon (2010) Das Wirtschaftliche Potenzial des Internet der Dienste. Studie im Auftrag des BMWi, Berlin, November
4. Collins J (2001) Good to great. HarperCollins Publishers Inc, New York
5. DIN (2011) DIN SPEC 77224 Erzielung von Kundenbegeisterung durch Service Excellence. Koordinierungsstelle Dienstleistungen (KDL) im DIN Bereich Innovation. DIN Deutsches Institut für Normung e. V. Juli 2011, Berlin
6. Elmasri R, Navathe SB (2011) Database Systems: Models, Languages, Design, and Application Programming. Pearson. 6th edn
7. Garcia M, Harmsen B (2012) Qlikview 11 for Developers: Develop Business Intelligence Applications with Qlikview 11. Packt Publishing Ltd., Birmingham, November 2012
8. Grönroos C (2007) Service management and marketing: customer management in service competition. 3d edn
9. Havey M (2005) Essential business process modeling. O'Reilley
10. Hufgard A, Krüger S (2012) SAP Business by Design: Geschäftsprozesse, Technologie und Implementierung anschaulich erklärt. Galileo Press. Bonn
11. Hügens T (2008) Balanced Scorecard und Ursache-Wirkungsbeziehungen. Dissertation Universität Duisburg-Essen, Campus Essen, Gabler Edition Wissenschaft
12. Jacobs A (2009) The Pathologies of Big Data. Communications of the ACM, vol. 52, No. 8, August 2009
13. Johnston R, Jones P (2004) Service productivity: towards understanding the relationship between operational and customer productivity. In: International Journal of Productivity and Performance Management. Emerald Group Publishing Limited, pp 201–213. Vol 53 No. 4, 2009
14. Kagermann H, Österle H, Jordan JM (2011) IT-Driven Business Models: Global Case Studies in Transformation. Wiley
15. Kimball R, Ross M (2013) The Data Warehouse Toolkit. 3rd edn. John Wiley & Sons
16. Leimeister JM (2012) Dienstleistungsmanagement und –engineering. Springer
17. Loshin D (2009) Master Data Management. Elsevier, Morgan Kaufmann Publishers
18. McKinsey (2011) McKinsey Global Institute: Big data: the next frontier for innovation, competition, and productivity
19. Oesterreich B, Bremer S (2009) Analyse und Design mit UML 2.3. 9. Auflage, Oldenbourg Verlag
20. Picot A, Reichwald R, Wigand RT (2003) Die grenzenlose Unternehmung: Information, Organisation und Management. 5. Aufl. Gabler

21. Plattner H, Zeier A (2012) In-Memory Data Management: Ein Wendepunkt für Unternehmensanwendungen. Springer Gabler, Wiesbaden
22. PROMIDIS (2012) Produktivitätsmanagement für industrielle Dienstleistungen stärken (PROMIDIS), BMBF-Forschungsprojekt, Programm: Innovationen mit Dienstleistungen, Bekanntmachung: Produktivität von Dienstleistungen, ISM Institute of Service Management, Hamburg, 2012. http://www.promidis.de. Zugegriffen: 02. August 2013
23. Reichwald R, Piller F (2009): Interaktive Wertschöpfung: Open Innovation, Individualisierung und neue Formen der Arbeitsteilung, 2. Aufl. Gabler
24. Schmelzer HJ, Sesselmann W (2008) Geschäftsprozessmanagement in der Praxis. Hanser
25. Schumacher J (2012) Prozess- und Data Governance im industriellen Anlagenmanagement. Dr. Hut, München
26. Schumacher J, Weiß P (2011) Prozess- und Data Governance als strategischer Ansatz zur Verbesserung der Prozess-und Datenqualität in Unternehmen, Bd. 48. Jahrgang der Reihe Praxis der Wirtschaftsinformatik, Kapitel 9. HMD 279, 48. Jahrgang, Juni 2011. ISSN 1436–3011
27. Sendin-Rana P et al (2010) Web-oriented business intelligence solution based on associative query logic. In: Softw. Pract. Exper. 2010; 40:779–796. Published online 17 May 2010 in Wiley InterScience (www.interscience.wiley.com)
28. Starke H, Hruschka P (2009) Software-Architektur kompakt: – angemessen und zielorientiert (Taschenbuch), Spektrum Akademischer Verlag; 1. Auflage
29. Teboul J (2006) Service is front stage: postioning service for value advantage. Insead Business Press
30. van der Aalst, Wil, Stahl, Christian (2011) Modeling business processes. MIT Press, Cambridge
31. Aalst W van der (2008) Challenges in business process analysis. In: Filipe J, Cordeiro J, Cardoso J (Eds) ICEIS 2007, LNBIP 12, pp 27–42, Springer
32. Aalst W van der, Hee K van (2002) Workflow management: models, methods, and systems. MIT Press
33. Vossen G (2008) Datenmodelle, Datenbanksprachen und Datenbankmanagementsysteme. 5. Aufl. Oldenbourg
34. Wartala R (2012) Hadoop. Open Source Press, München
35. Weske M (2007) Business process management: concepts, languages, architectures. Springer

Druck: KN Digital Printforce GmbH · Schockenriedstraße 37 · 70565 Stuttgart